体系聚优

未来作战制胜之道

王世忠　周东民　杨　巍　魏　凡　等◎著

电子工业出版社
Publishing House of Electronics Industry
北京·BEIJING

内 容 简 介

本书在深入研究体系聚优产生的时代背景、实践推动、研究方法等基础上,对体系聚优的概念内涵、制胜机理、主要样式、作战流程、核心支撑、关键技术、作战预实践等基本问题进行了探索性研究,力求从理论与实践相统一、技术与战术相结合的角度,建立联合全域作战场景下基于网络信息体系核心支撑的新型作战概念体系,为强化未来战争形态设计和加快作战概念理论创新,提供理论支撑和借鉴参考。

本书适合军队领导机关和作战部队、国防工业部门、军事和国防科技院校的相关研究人员、学者,以及其他需要对体系聚优战认识和应用进行全面了解的读者阅读。

未经许可,不得以任何方式复制或抄袭本书之部分或全部内容。
版权所有,侵权必究。

图书在版编目(CIP)数据

体系聚优:未来作战制胜之道 / 王世忠等著. —北京:电子工业出版社,2022.6
ISBN 978-7-121-43483-9

Ⅰ. ①体… Ⅱ. ①王… Ⅲ. ①作战能力-研究-美国 Ⅳ. ①E15

中国版本图书馆 CIP 数据核字(2022)第 084477 号

责任编辑:王 群　　文字编辑:徐蔷薇
印　　刷:北京天宇星印刷厂
装　　订:北京天宇星印刷厂
出版发行:电子工业出版社
　　　　　北京市海淀区万寿路 173 信箱　　邮编:100036
开　　本:787×1 092　1/16　印张:16.5　字数:302 千字
版　　次:2022 年 6 月第 1 版
印　　次:2025 年 3 月第 11 次印刷
定　　价:98.00 元

凡所购买电子工业出版社图书有缺损问题,请向购买书店调换。若书店售缺,请与本社发行部联系,联系及邮购电话:(010)88254888,88258888。
质量投诉请发邮件至 zlts@phei.com.cn,盗版侵权举报请发邮件至 dbqq@phei.com.cn。
本书咨询联系方式:xuqw@phei.com.cn。

本书撰写组成员

王世忠　周东民　杨　巍　魏　凡　裴永康

杨晨星　赵子骏　方　芳　李欣欣　邹　明

刘轶男　张　丹　邓彦伶　刘　从　高柯娇

苏小莉　段希冉

序

随着现代科学技术的迅猛发展和战争形态的加速演进，基于网络信息体系的一体化联合作战已成为未来一个时期的主要作战形式。深入研究这种作战形式的相关问题，为打赢基于网络信息体系的一体化联合作战提供理论参考和服务，是军事科研工作的重要任务。最近，我在看到中国电子科技集团有限公司发展战略研究中心送来的《体系聚优——未来作战制胜之道》（以下简称《体系聚优》）书稿时，感受到了这些军事理论研究工作者的科研情怀和责任担当。

科学的军事理论就是战斗力。因此，要认真研究军事、研究战争、研究打仗，把握现代战争规律和战争指导规律。近年来，研究现代战争理论，研究基于网络信息体系的一体化联合作战的理论成果不少，但是以研究作战概念为主题的理论专著并不多见。《体系聚优》则是这样一部探索性的研究成果，对于丰富完善现代作战理论体系、牵引军队网络信息体系建设、引领人们从作战概念角度研究未来战争和军事技术都具有重要意义。在军事理论体系中，作战理论是重心部分，而作战概念则是作战理论的核心。如果我们把作战理论比作军事理论体系中的皇冠，那么作战概念则是这顶皇冠上的一颗明珠。从这个意义上讲，《体系聚优》的探索和尝试是难能可贵的。

《体系聚优》聚焦信息时代，紧跟智能技术发展，探讨了未来战争背景下的战争规律和战争指导规律，以及由此反映出的基本作战理论和作战方式方法。如作者在书中指出的，这部理论专著能够使我们从多个维度和技术视角，认识信息化局部战争体系制胜的基本规律，了解研究作战概念的时代背景和基本方法，对体系聚优的基本内涵和内容体系能够有比较系统的认知。

军事理论的生命力在于不断创新。《体系聚优》以定义内涵为逻辑起点，从时代背景、研究方法、核心内容、网信体系、外军趋势、关键技术等方面，围绕基于网络信息体系的新型作战概念，形成了具有自身特点的、较为完整的理论体系，呈现给读者许多新的亮点。例如，初步提出体系聚优的本质是能力聚优，只有实现能力聚优才能赢得作战上的优势，进而转化为作战胜势。类似这样的理论创新观点给人们以思维启迪。

《体系聚优》研究和提出了作战概念的本质属性、主要特征、影响因素、开发方法、军事效益等基本理论问题，为掌握研究作战概念的方法提供了有益参考。

在战争形态由机械化战争向信息化战争进而向智能化战争转型的大趋势、大背景下，中国电子科技集团有限公司发展战略研究中心的科研人员紧扣时代脉搏跳动，紧跟战争形态演变，紧贴军队能打仗、打胜仗的使命任务，站在军事理论创新发展的前沿，以敏锐的视角、创新的精神、严谨的态度，深入研究体系聚优这一新型作战概念，为我们研究现代战争理论、开发新型作战概念提供了很好的学习平台和参考借鉴。

我作为一个长期从事军事理论研究的科研人员，衷心希望随着《体系聚优》这部理论专著的面世，有更多的军事理论研究人员以打赢未来战争的责任担当和聪明智慧，为繁荣发展具有时代特色、符合现代战争规律的军事理论体系作出应有贡献；也热切期待中国电子科技集团有限公司发展战略研究中心的科研人员再接再厉、继续奋斗，将更多更好的研究成果奉献给国防和军队现代化事业。

何雷

二〇二二年一月于北京西山

目 录

1 概览篇 认识体系聚优 ··· 1
  1.1 体系聚优顺应了时代发展潮流 ································· 2
    1.1.1 适应了战争形态的演变发展 ································· 2
    1.1.2 反映了建设世界一流军队的内在要求 ·················· 2
    1.1.3 体现了网络信息技术推动的客观结果 ·················· 3
    1.1.4 顺应了世界军事理论研究的大势 ························ 3
  1.2 体系聚优具有丰富内涵 ··· 3
  1.3 体系聚优依靠网络信息体系核心支撑 ························ 4
  1.4 体系聚优依赖网络信息关键技术突破 ························ 5

2 背景篇 体系聚优是信息时代军事革命的产物 ··················· 7
  2.1 科学技术发展为体系聚优提供了强大技术支撑 ·········· 8
    2.1.1 金属冶炼技术催生了集团阵列式作战理论 ·········· 8
    2.1.2 火药制作技术催生了线式作战理论 ····················· 9
    2.1.3 机械制造技术催生了机械化战争理论 ················· 9
    2.1.4 信息化、智能化技术催生了体系聚优理论 ········ 10
  2.2 战争形态演进对体系聚优产生深刻影响 ··················· 11
    2.2.1 冷兵器战争形态及特点 ······································ 12
    2.2.2 热兵器战争形态及特点 ······································ 13
    2.2.3 机械化战争形态及特点 ······································ 13
    2.2.4 信息化局部战争形态及特点 ······························· 14
  2.3 军队组织形态重塑奠定了体系聚优的基础 ··············· 15
    2.3.1 军队组织形态的阶段划分 ·································· 16
    2.3.2 军队组织形态的发展趋势 ·································· 17

参考文献 ··· 17

3 实践篇 体系聚优形成发展的沃土 ··· 19
3.1 局部战争实践凸显体系制胜新趋势 ···································· 20
3.1.1 海湾战争——空中战场主导下的空地一体战 ············· 20
3.1.2 科索沃战争——天基信息支撑下的空中战争 ············· 22
3.1.3 格鲁吉亚战争——多域力量协调行动的联合作战 ······ 25
3.2 军事冲突倚仗体系支撑 ·· 28
3.2.1 斩首本·拉登——网络信息手段支撑下的精准快速斩首战 ··· 28
3.2.2 刺杀苏莱曼尼——精准情报保障下的无人机杀伤网运用 ··· 30
3.2.3 纳卡军事冲突——凸显了无人机多手段运用优势 ······ 32
3.3 局部战争与军事冲突为体系聚优提供坚实实践基础 ············ 32
3.3.1 从能量主导到信息主导 ·· 33
3.3.2 从平台对抗到体系对抗 ·· 34
3.3.3 从概略作战到精确作战 ·· 35
3.3.4 从聚力制胜到智能制胜 ·· 36
参考文献 ··· 36

4 方法篇 体系聚优概念研究的方法论 ·· 38
4.1 作战概念的基本内涵和主要特征 ······································· 38
4.1.1 作战概念的基本内涵 ··· 38
4.1.2 作战概念的主要特征 ··· 40
4.2 作战概念的开发方法 ·· 41
4.2.1 作战概念的组成要素 ··· 41
4.2.2 作战概念的影响因素 ··· 42
4.2.3 作战概念研究要点 ·· 43
4.3 作战概念的军事效益 ·· 44
4.3.1 创新作战样式 ··· 44
4.3.2 牵引装备发展 ··· 45

  4.3.3 完善条令条例 ································ 45
  4.3.4 优化作战编组 ································ 46
  4.3.5 改革编制体制 ································ 46
  4.3.6 指导教育训练 ································ 47
  4.3.7 发展军事思想 ································ 47
  4.3.8 践行军事战略 ································ 47
  4.3.9 丰富军事文化 ································ 47
 4.4 作战概念研究的基本思路 ···························· 48
  4.4.1 转变思想认识，发挥作战概念引领作用 ············ 48
  4.4.2 创新组织模式，打造作战概念研究平台 ············ 49
  4.4.3 坚持理技融合，规范作战概念开发流程 ············ 49
  4.4.4 聚焦效能提升，夯实作战概念核心环节 ············ 50
参考文献 ·· 51

5 核心篇　体系聚优概念解析与主体内容 ···················· 52

 5.1 体系聚优是信息化局部战争制胜的基本策略 ············ 53
  5.1.1 顺应信息时代发展的产物 ······················ 53
  5.1.2 凸显信息化局部战争的作战规律 ················ 54
  5.1.3 体现军事技术和武器装备最新发展成果 ·········· 55
  5.1.4 基于网络信息体系形成整体优势 ················ 57
  5.1.5 体系与体系整体对抗的有效战策 ················ 58
 5.2 体系聚优的关键是实现能力聚优制胜 ················ 58
  5.2.1 强调将兵力集中转变为作战效能聚集 ············ 58
  5.2.2 延伸拓展了信息时代体系作战概念 ·············· 59
 5.3 体系聚优制胜是信息化局部战争作战指导新理念 ······ 61
  5.3.1 注重全局、整体对抗 ·························· 61
  5.3.2 高度融合、全域作战 ·························· 63
  5.3.3 动态聚优、非对称制敌 ························ 63
 5.4 体系聚优具有开放、融合、自主、动态、自适应等
  新特征 ·· 64

    5.4.1 结构开放性特征 ································· 64
    5.4.2 力量融合性特征 ································· 65
    5.4.3 编成动态性特征 ································· 67
    5.4.4 部署分布性特征 ································· 67
    5.4.5 行动同步性特征 ································· 69
    5.4.6 作战精确性特征 ································· 69
    5.4.7 协同自适性特征 ································· 70
  5.5 体系聚优制胜机理彰显新的制胜之道 ···················· 72
    5.5.1 基于数据驱动的"信息优势"是制胜的主导因素 ······ 72
    5.5.2 基于动态组合的"体系增能"是制胜的基本方式 ······ 79
    5.5.3 基于并行联动的"聚能集优"是制胜的主要形式 ······ 87
    5.5.4 基于失能控能的"降维打击"是制胜的崭新途径 ······ 91
  5.6 体系聚优是多种战法的"组合拳" ······················· 97
    5.6.1 整体威慑战 ····································· 97
    5.6.2 电磁扰阻战 ···································· 100
    5.6.3 网络破击战 ···································· 102
    5.6.4 认知控扰战 ···································· 103
    5.6.5 敏捷机动战 ···································· 105
    5.6.6 无人集群自主战 ································ 107
    5.6.7 精确点杀战 ···································· 110
    5.6.8 补给断链战 ···································· 112
    5.6.9 体系毁瘫战 ···································· 113
 参考文献 ·· 115

6 流程篇 体系聚优的流程再造和各环节活动创新 ·············· 118
  6.1 作战流程再造是对原作战流程的继承式发展和
    颠覆性创新 ·· 118
    6.1.1 业务流程再造的目的是通过流程革命释放技术
       创新活力 ······································ 118

目 录

- 6.1.2 作战流程的本质是明确规范各种作战行动的步骤和顺序 ………… 122
- 6.1.3 作战流程再造应坚持以形成整体作战能力为价值导向 ………… 125
- 6.2 作战流程再造的物质基础是以智能化为先导重塑作战体系 ………… 128
  - 6.2.1 着眼自组织、虚拟化和智能化重组作战指挥体系 …… 129
  - 6.2.2 立足无人化、精简化和模块化再构作战力量体系 …… 134
  - 6.2.3 突出对抗性、机理性和前瞻性创新作战规则体系 …… 135
- 6.3 作战流程再造的核心是实现网络信息体系支撑下的能力聚优 ………… 138
  - 6.3.1 全域态势智能认知 …… 138
  - 6.3.2 人机一体混合决策 …… 142
  - 6.3.3 有人无人自主协同 …… 145
  - 6.3.4 主动按需精确保障 …… 147
- 参考文献 ………… 152

7 网信篇 网络信息体系成为体系聚优的核心支撑 ………… 154

- 7.1 网络信息体系的时代背景 ………… 154
  - 7.1.1 网络信息体系是战争形态加速演变的必然产物 …… 154
  - 7.1.2 网络信息体系是技术迭代发展的必然产物 …… 155
- 7.2 网络信息体系的基本内涵 ………… 156
  - 7.2.1 体系的概念内涵及演进发展 …… 157
  - 7.2.2 网络信息体系的本质是重塑信息时代的作战体系 …… 161
  - 7.2.3 网络信息体系由组织、人员、网络、装备、数据、规则六类要素构成 …… 164
  - 7.2.4 网络信息体系是基于网-云-端架构的服务和应用新模式 …… 167
- 7.3 网络信息体系的核心支撑能力 ………… 168
  - 7.3.1 联合/全域态势感知能力 …… 169

7.3.2 联合/全域指挥决策能力······169
7.3.3 联合/全域协同打击能力······170
7.3.4 联合/全域支援保障能力······170
7.3.5 联合/全域业务管理能力······170
7.3.6 联合/全域基础支撑能力······171
参考文献······171

8 外军篇 作战概念研究凸显体系聚优特点规律······172
8.1 美军作战理论体系及典型作战概念······172
8.1.1 美军的作战理论体系······173
8.1.2 美军作战概念演变的历史脉络······175
8.2 美军联合作战概念不断迭代创新······183
8.2.1 联合全域作战——体系联动、智能协同······184
8.2.2 马赛克战——化繁为简、化整为零······188
8.2.3 新域作战概念——制胜新域、抢占先机······191
8.3 美军作战概念普遍强调以体系之力量夺取作战优势······193
8.3.1 强调各军种联合、陆海空天网电全域协同······193
8.3.2 信息发挥核心作用······194
8.3.3 敏锐应用先进信息技术······194
8.4 美军作战概念离不开 C^4KISR 系统的强力支撑······195
8.4.1 美军 C^4KISR 系统的发展历程······195
8.4.2 C^4KISR 系统成为美军作战概念的强力支撑······198
8.5 美军开发作战概念的典型做法与启示······200
8.5.1 明确界定概念内涵,以概念创新引领军事发展······200
8.5.2 分层构建概念体系,以体系融合丰富理论成果······201
8.5.3 合理统筹开发力量,以军工企业推动手段创新······201
8.5.4 科学开展概念研究,以试验演习检验作战效能······202
参考文献······203

9 技术篇 实施体系聚优亟待破解的关键技术······205
9.1 作战概念落地依靠技术推动······205

       9.1.1 技术推动作战力量优化聚合 ……………………………… 206
       9.1.2 技术推动作战部署动态敏捷 ……………………………… 207
       9.1.3 技术推动作战行动并行高效 ……………………………… 207
       9.1.4 技术推动作战保障及时精准 ……………………………… 207
   9.2 体系聚优的能力需求 ……………………………………………… 208
       9.2.1 实时准确、全时覆盖全域态势感知能力 ………………… 208
       9.2.2 全域可达、安全高效的信息传输能力 …………………… 209
       9.2.3 即时响应、精准优选的指挥控制能力 …………………… 210
       9.2.4 全域一体、信火一体的灵活协同打击能力 ……………… 211
   9.3 体系聚优的关键技术支撑 ………………………………………… 212
       9.3.1 战场态势感知环节的技术应用 …………………………… 212
       9.3.2 信息传输环节的技术应用 ………………………………… 214
       9.3.3 指挥控制环节的技术应用 ………………………………… 217
       9.3.4 打击环节的技术应用 ……………………………………… 220
   参考文献 …………………………………………………………………… 226

10 预实践篇 体系聚优走向战场的摇篮 ……………………………… 227
   10.1 作战实验对研究开发作战概念作用巨大 ……………………… 227
        10.1.1 分析战略问题的有效手段 ……………………………… 228
        10.1.2 创新作战概念的预实践孵化器 ………………………… 228
        10.1.3 评估作战方案的重要工具 ……………………………… 230
        10.1.4 验证武器装备的实验场所 ……………………………… 230
   10.2 依托作战实验探索新型作战概念成为共性做法 ……………… 231
        10.2.1 美陆军作战实验室及其实验 …………………………… 232
        10.2.2 美空军作战实验室及其实验 …………………………… 233
        10.2.3 美海军作战实验室及其实验 …………………………… 234
        10.2.4 美海军陆战队作战实验室及其实验 …………………… 235
        10.2.5 美军联合作战实验室及其实验 ………………………… 235
   10.3 体系聚优作战实验室模型设计 ………………………………… 237
        10.3.1 体系聚优作战实验室的核心功能 ……………………… 237

10.3.2　体系聚优作战实验室的体系模型 ………………………… 237
　　　10.3.3　体系聚优作战实验室的功能架构 ………………………… 238
　10.4　新一代信息技术为作战实验体系构建提供了支撑 ……………… 239
　　　10.4.1　虚拟现实技术 ……………………………………………… 239
　　　10.4.2　云计算和虚拟化技术 ……………………………………… 240
　　　10.4.3　人工智能技术 ……………………………………………… 241
　　　10.4.4　数据采集与共享技术 ……………………………………… 241
　参考文献 …………………………………………………………………… 243
后记　体系聚优是怎样提出的 ……………………………………………… 244

1 概览篇
认识体系聚优

伴随着人类战争形态由机械化战争向信息化战争转型发展，世界军事领域兴起了以信息化局部战争为背景的作战概念研究热潮，在信息技术视角下，一大批具有时代特色、反映信息化局部战争规律的新型作战概念不断被提出。它们既揭示了信息化局部战争的本质规律，极大地丰富了世界军事理论宝库，也从理论上具体研究并回答了信息化局部战争的作战思想、作战样式、制胜机理、行动方法等基本问题，更反映出作战概念作为军事理论体系的核心部分，对军队作战和建设所具有的理论牵引作用。从这个意义上讲，作战概念仿佛一把"金钥匙"，解开作战迷雾之锁，引领人们走进未来战场，把握战争规律，为军队赢得战争和准备战争提供强有力的理论支撑。体系聚优这一新型作战概念，正是在战争形态转型、作战概念研究热潮兴起的大背景下应运而生的。

体系聚优是指在联合全域作战中，充分发挥网络信息体系的核心支撑作用，将分散部署在陆海空天电网各作战域的作战力量、作战要素、作战单元融合成为联合作战体系，形成整体优势，实现能力聚优而组织的一系列作战活动。该作战概念强调在联合全域作战行动中，依托网络信息体系，实现全域态势共享、自主协同联动、跨域跨网聚能，最终实现"1+1>2"的作战能力聚优，达成联合制胜。

透过体系聚优的概念不难看出，未来人类面临的战争是具有智能化特征的信息化局部战争，其显著特征是智能化、信息化支撑下的体系与体系的整体对抗，是基于网络信息体系的即时自主聚优，是联合全域作战基本作战样式之下的总体战、体系战。研究提出体系聚优这一作战概念，旨在适应因信息技术不断发展应用而引起的战争形态演变，从宏观指导层面研究探讨联合全域作战下作战指导所涉及的一系列理论问题。它既是着眼信息化战争形态演变、探索创新作战理论的有益实践，也是牵引军事技术和武器装备发展的重要抓手，将对丰富发展现代作战理论、推进军队现代化建设提供理论参考。

1.1 体系聚优顺应了时代发展潮流

体系聚优作为一种新型作战概念，紧跟信息时代发展步伐，植根战争实践沃土，是信息时代特别是信息技术不断发展进步的产物。

1.1.1 适应了战争形态的演变发展

在信息技术的强力助推下，具有智能化特征的信息化局部战争已成为人类战争的基本形态。信息化战争加速演变，智能化战争初见端倪，战争形态正在向信息化深度演进和智能化加速发展，战争的基本表现形式是体系与体系之间的整体对抗。体系聚优紧贴信息化战争的特点规律，主动适应战争形态演变，瞄准明天的战争、对接未来战场，以作战需求为牵引，研析体系制胜机理，创新军事力量运用方式，推进新时代备战打仗，掌控未来战争主动权。

1.1.2 反映了建设世界一流军队的内在要求

一流军队的一个重要标志是以前瞻目光主动设计战争，如果不能在作战理论创新上高人一筹，就难以抢占制胜先机。体系聚优围绕建成世界一流军队的强军目标，着眼打赢未来战争和遂行使命任务，把握信息化局部战争作战指导思想，创新作战方式和军事力量运用方式，努力实现由被动适应战争向主动设计战争转变，既是实现军事理论现代化的应有内容，也是建成世界一流军队的应有之义。

1.1.3 体现了网络信息技术推动的客观结果

纵观人类战争历史,技术始终助推战术不断发展。网络信息技术必然带来作战思想、作战方式的改变,同时也推动军事理论创新发展。体系聚优紧紧扭住"技术"这个抓手,深入分析人工智能、云计算、大数据、物联网、区块链、5G 等信息技术在军事领域的广泛运用,把握信息技术对军事领域的深刻影响,以作战概念研究的方式丰富、完善了信息时代的作战理论。

1.1.4 顺应了世界军事理论研究的大势

当今世界军事领域正在兴起以作战概念为核心的军事理论研究热潮。纵观海湾战争以来美军作战概念的创新历程,其推出的"网络中心战""空海一体战""分布式作战""马赛克战""多域作战",以及最新提出的"联合全域作战"等一系列作战概念,其核心思想都体现了依托 C^4ISR 系统实现体系制胜的作战理念,强调依托网络信息技术和手段,把过去的一体化联合转变为内聚式联合,实现各种力量、各种行动和各种能力的无缝连接,形成作战优势。从世界军事理论研究维度看,体系聚优作为新型作战概念,具有超前性、引领性、探索性特征。

1.2 体系聚优具有丰富内涵

在信息技术的强力助推下,体系聚优的制胜机理较以往传统作战概念有很大不同,其表现形式不再是简单的力量和资源对比,而是强调在网络信息体系支撑下,在需要的时间、地点、空间实现信息优势、力量优势、决策优势、行动优势,力争在联合全域作战的每一个对抗回合中,都能始终保持能力优势,最终将这种优势转化为有利态势和胜势,实现战胜对手的作战目标。其制胜机理主要表现在:一是基于数据驱动的"信息优势"是制胜的主导因素,赢得了信息优势就赢得了作战主动;二是基于动态组合的"体系增能"是制胜的基本方式,在动态行动中不断为作战体系注入新能量、新活力；三是基于并行联动的"聚能优势"是制胜的主要形式，通过自主协同形成多域同步联动态势；四是基于失能控能的降维打击是制胜的有效途径，以我之优势遏控敌方优势，改变总体能力对比。

体系聚优是一系列具体战法的总称，强调打"组合拳"。以下典型作战样式构成了体系聚优的战法体系。一是整体威慑战。在联合作战设计的全部作战域中积极组织静态威力展示和威慑行动，力争不战或小战而屈人之兵。二是电磁扰阻战。灵活运用电子侦攻防等多种作战手段和行动样式，积极争夺电磁优势。三是网络破击战。运用软打击和硬摧毁等多种手段，破敌指挥网、情报网、通信网、后勤补给网，乱敌指挥保障。四是认知控扰战。通过信息攻击、舆论攻击、脑攻击，在认知空间形成控制优势。五是敏捷机动战。快速调整兵力兵器部署，在即设战场快速聚集能力，抢夺作战先机。六是无人集群自主战。广泛运用"蜂群""狼群""鱼群"等无人作战手段，自主组织行动、分布式攻击，实现人机联合制胜。七是精确点杀战。精准获取情报，实施多域精确打击，力争打一点撼全局，实现作战效益最大化。八是补给断链战。组织精锐力量，打敌后勤物资和装备供应补给链、补给线和补给基地，迫敌失去补给而退出战斗。九是体系毁瘫战。综合采取破网、断链、打节点等多种手段，干扰、迟滞、破坏甚至瘫痪敌作战体系有效运转，削弱敌作战体系功能。在体系聚优具体实施过程中，这些具体作战样式和行动战法既可以作为联合全域作战的一部分单独组织实施，又强调打"组合拳"，多策并举，整体制胜。

1.3 体系聚优依靠网络信息体系核心支撑

随着网络信息技术的不断发展和在军事领域的广泛应用，军队网络信息体系不断发展完善，为体系聚优奠定了坚实的技术基础和物质条件。体系聚优的本质是以网络信息体系为核心支撑，正是因为有了网络信息体系的核心支撑，才推动了军队机械化作战体系的加速转型，将传统的机械化作战体系塑造成具有智能化特征的信息化作战体系，并以其强大的核心支撑力，为军队实施体系聚优提供有力有效的支撑保障。

网络信息体系对体系聚优的核心支撑力主要表现在：一是融合推送全域战场态势信息。将部署在陆海空天电网各域的传感器获取的海量战场态势信息进行融合处理，快速生成统一战场态势信息，在恰当的时间将恰当的信息推送给恰当的用户。二是实现跨域跨网深度链接联通。依靠大宽带、广覆盖、高安全、强韧性的网络支撑，实现各级各类指挥机构、各种作战单元和不同功能主战武器平台之间的有机铰链，构建形成网络化作战体系。三是用智能化手段有力支撑辅助指挥决策。发挥网络信息体系算力算法的大数据优势，通过快速分析、精确计算、自主研判和反复推演生成作战任务规划方案，进行多案模拟选优评估，形成最佳作战行动方案。四是保障精确行动控制与自主协同。适时提供战场监视、威胁告警、目标识别、兵力火力控制和动态自主协同服务，构建精准控制、协调行动的杀伤链、杀伤网。五是提供作战效果即时回传与评估服务。实时获取战场打击信息，保障指挥人员迅速展开判读识别和评估目标毁伤效果，支撑新一轮打击方案制订。

1.4　体系聚优依赖网络信息关键技术突破

从人类历史发展看，军事技术和武器装备发展催生出许多新颖的作战概念和军事理论，而作战概念和军事理论转化为作战指导、实战运用，更需要军事技术和武器装备支撑。体系聚优概念的产生是人工智能、物联网、云计算等先进网络信息技术发展的结果，这一作战概念转化为实战运用，同样需要先进网络信息技术不断取得创新突破，使网络信息体系更加完善，为体系聚优实施赋能增能。

组织实施体系聚优应重点发展以下网络信息技术：一是智能化柔性网络技术。重点发展柔性组网、跨域联网、安全抗毁等技术，确保网络信息体系具有顽强韧性、高度自适应性和综合集成性。二是智能化态势信息融合处理技术。重点发展智能态势感知、多元异构信息融合处理、智能情报分析，以及气象水文、时空基准、测绘导航等技术，促进作战资源跨域融合、按需流动、高效应用，实现多域战场态势信息共享。三是智能化辅助决策技术。重点发展仿真模拟、方案对比、博弈学习等技术，辅助快速研判形势、精准任务规划、红蓝对抗演习、优选作战方案，提高指挥决策效率。四是智能化精确控制技术。重点发展智能任务规划、动态编制、跨域协同、全域联合数据链等先进技术，支撑全域一体联动、远程精确打击等行动。五是智能化敏捷响应与自主协同技术。重点发展智能化无人技术、蜂群技术、人机自主协同技术，支撑跨域跨武器平台同步并行作战。

2 背景篇
体系聚优是信息时代军事革命的产物

新军事革命是工业社会时代走向信息社会时代中，以信息技术为核心，并广泛运用于武器装备、军事领域带来的一系列根本变革。这种变革彻底改变了战争形态和军队组织模式，促使军事理论创新发展。一般讲，新军事革命源起于 20 世纪 60 年代，在机械化战争时代得到快速发展，目前正走向信息化、智能化战争时代。

新军事革命的目标是把工业社会的机械化军事形态改造成数字时代的信息化、智能化军事形态。其内容是对构成军事系统的一系列要素进行革新，包括军事技术革新、武器装备的信息化智能化发展、军队组织体制编制变革、军事理论发展创新等。

体系聚优是新军事革命的时代产物，新军事革命的演进发展为体系聚优提供了强大的推进力，特别是新军事革命中的科学技术发展，成为体系聚优发展演进的源动力。在人类发展的历史进程中，科学技术的发展对人类时代的演进和进步起到了巨大作用，反映在军事领域，最鲜明的特征就是技术决定战术，使军队建设和作战行动的方方面面发生了翻天覆地的变化。在军事变革进程中，军事技术革新、武器装备发展、军队组织体系改革及军事理论的发展创新，催生了一系列作战概念的出现，也孕育了体系聚优这一基本理念。

2.1 科学技术发展为体系聚优提供了强大技术支撑

科学技术是第一生产力,也是人类社会发展进步的重要动力。纵观历史、放眼四海,科学技术的进步必然带来人类社会的进步与拓展,促进了人类文明、经济和社会的发展。科学技术进步的初衷不是为了战争,但科学技术被运用于提高国家军事实力并用于战争,则能对战争和军队建设产生重大影响。无论从历史维度,还是从信息时代军事革命的角度看,体系聚优这一作战概念正是在科学技术推动下逐步演进发展而来的。

2.1.1 金属冶炼技术催生了集团阵列式作战理论

金属冶炼技术催生了金属兵器,随着金属兵器的产生,出现了强调集团阵列式的军事理论,交战双方对作战力量进行排列组合,多以协同阵列式方式展开,如方阵、圆阵、疏阵、锥形阵、鹤翼阵、水阵、火阵等,以形成作战能量的聚合,这是体系聚优思想最初的体现形式。

金属的冶炼、加工、铸造技术及其在战争中的应用,不仅是人类对物质应用认识的一次飞跃,也改变了人类对战争的认知和理解。其中,青铜和铁质冶炼技术的出现,大大改变了用于战争的武器装备和战术。青铜因其熔点低,其铸造和开采与当时的生产力非常一致,且其具有相对于石头和木材的良好性能,因此制造武器并非偶然。铁制武器的出现使武器的应用更加先进,在杀伤力和韧性方面达到了古代文明材料应用的极限。随着金属武器的兴起,人类开始在很大程度上追求能量的传递,弓、弩和抛石机开始出现,进一步改变了武器的射程和战术运用,为集团阵列式军事理论的形成奠定了基础。

从技术角度看,早期人类的军事对抗主要是物质材料的对抗。对抗双方谁在材料上拥有领先技术,谁就有可能赢得这场战争。因此,军事竞争手段的突破主要体现在新材料的发明上,从青铜器、铁器到炼钢都有所体现。特别是炼钢技术的出现使得冷兵器通过材料提高杀伤力的概念达到了极致。在这样一个军事技术时代,人们的战争观念通过思维和战争艺术的发展达到了前所未有的境界。战争中典型的对抗情景是，两军对垒时采用集团阵列式战术，形成大集群体系，士兵高举大刀长矛等冷兵器进行激烈厮杀。这就是金属冶炼技术影响下的最原始的体系作战。

2.1.2 火药制作技术催生了线式作战理论

火药制作技术催生了枪炮等热兵器，武器射程变远，出现了强调线式作战的军事理论。两军对垒时，交战双方兵力呈线式和纵队式展开，战场具有清晰的交战线，有明确的前后方区分，交战双方战场呈现互相对峙的线状界限。在第二次世界大战之前，线式作战一直是战场上的主流，这是热兵器时代体系聚优思想的体现形式。

火药的发现和使用是人类发展史上的一个重要里程碑。据推测，火药的发明早于中国的唐朝，其军事用途在10世纪的中国已有记载。此后，随着陆路贸易路线的扩大，火药通过阿拉伯传入西方。恩格斯指出，"火药是从中国经过印度传到阿拉伯，又由阿拉伯和火药火器一道经过西班牙传到欧洲。"蒙古军队在西征时开始将火药作为一种真正的战争手段。

热兵器的出现不仅增强了作战威力，也使作战思想朝着线式作战的方向演进。拿破仑时代"军官手册"强调，双方密集阵列交锋时，兵力和火力应聚合起来，避免个人单独射击，尽量只进行齐射，以增强威慑效果。这表明，火器技术的出现使战争走进了能量对抗的时代，战争不仅强调局部人力的优势，更多需要考虑火力和能量的整合。体系聚优思想伴随着火药技术的出现，也实现了维度的突破演进。

2.1.3 机械制造技术催生了机械化战争理论

机械制造技术催生了坦克、飞机等武器装备，进一步催生了机械化战争理论，强调将坦克和飞机集中起来使用，以达到闪击战等军事效果，典型的如苏联的航空集团军和坦克集团军，在战争中发挥了巨大的作用。这是机械兵器时代下体系聚优的典型体现形式。

随着机械制造技术在军事上的不断应用，不仅导致了军事技术的变革，而且在更大程度上引发了军事结构、作战方式和军事训练的一系列革命。随着技术在战争中的不断应用和实践及其自身的发展速度，军事战略家们逐渐开始对科学技术对战争过程乃至结果的影响给予新的关注和理解。

机械技术的发展颠覆了一方在一定时间内所能达到的作战效果。例如，机枪的出现使得防御似乎比攻击更有效。攻防矛盾围绕着机械技术不断更新和提高，有力地促进了军事技术的更快发展，进一步拓展了战场空间。机械技术和航空技术不断为火炮能量的发展注入新的活力，也从空间的扩展带来了火力打击效率的提高。机械技术在装甲和飞机上的应用导致了三维战争的兴起。它在船舶上的应用带来了"船舶时代"。技术的改进和提高，以及不断利用新技术拓展更大空间，提供更强大的作战平台，目的只有一个，就是不断提高能量释放的杀伤力和打击效果。

机械技术下的军事对抗依然主要围绕能量展开，但是随着陆、海、空各军种出现，军事力量的组合和多样性有了极大丰富。体系聚优理论面对越来越复杂的力量组合和空间选择，也逐步从单一维度的线性发展进入了多维度、非线性、体系化的快速演进期。

2.1.4 信息化、智能化技术催生了体系聚优理论

信息化、智能化时代助推数字化、网络化、精确化装备大量出现，以及指挥控制系统更加高效智能，形成了网络信息体系，在网络信息体系下，进而出现联合作战和全域作战的新型作战概念，这也是信息时代体系聚优思想的典型表现。

第二次世界大战后，计算机等一系列信息技术的出现和迅速发展，使武器装备的发展走上了精确化、智能化的道路。能源制胜的局面已经打破，人类的军事行动围绕着信息的竞争展开，技术的接触逐渐取代了距离的接触。与能量武器相比，信息武器的杀伤效果更具选择性和准确性。物质能量只有在信息的精确控制下才能有效地作用于战场。关于信息武器的出现，有学者指出在战争具有突发性的前提下，先发制人拥有绝对的战争控制权，因为精确制导武器可以在对方没有准备的情况下准

确摧毁其作战资源。因此，信息武器的优异作战性能及其应用，可以避免大规模杀伤性武器的可怕后果，代表着未来武器装备的发展方向。

20世纪中叶以来，世界范围内信息科学技术的迅猛发展引发了新一轮科技革命，同时客观上推动了军事信息技术革命的发展，一场以信息技术为核心和基础的新军事变革已经到来，将给未来世界军事力量平衡带来一场全面的革命。随着军队信息化程度的不断提高，以及战争形态的发展变化，军队武器装备成体系快速发展，体系作战思想更趋完善，进而引领军队建设由机械化向信息化、智能化加速转变。

随着大数据、云计算、5G、人工智能、区块链、物联网等新一代信息技术在军队武器装备上的融合运用，一大批信息化武器装备应运而生，网络信息体系的核心支撑力不断提高，出现了在网络信息支撑下的网络中心战、空海一体战、决策中心战、多域战、全域联合作战等新型作战概念，都体现出信息时代体系聚优的重要思想。网络信息体系是网络信息技术驱动和战争实践需求牵引的时代产物，是信息化作战体系的基本形态和打赢信息化战争的核心支撑，作战思想和作战组织方法呈现出网络中心、信息主导、体系支撑的鲜明特点，为体系聚优作战概念的形成发展注入了强劲动力和丰富源泉，奠定了体系聚优的坚实基础。

总之，技术进步引发战术变化，不同时代的技术条件催生了不同的战术方法，但都闪烁着体系聚优的思想。到了信息时代，随着技术和武器装备的飞速发展，使体系聚优更加具有时代特色，能够实现各种作战要素、作战单元、作战力量的整体组合优化，形成更大的作战体系，执行联合全域作战任务。纵观技术发展历史特征，体系聚优其实是技术装备进步的产物，其在不同时代体现出不同的特点，是动态发展的过程，这是体系聚优的基本特征。

2.2 战争形态演进对体系聚优产生深刻影响

战争形态是由武器装备、军队编制、作战思想、作战方式等战争要素构成的战争总体形态和状态。战争形态是人类社会生产方式运动的军事表现，这与历史时代和经济发展是一致的。随着人类政治、经济、军事、科技、文化的发展，战争形态由低级向高级发展。冷兵器战争、热兵器战争和机械化战争是人类经历过的战争形态，信息化、智能化战争是正在形成的战争形态。随着现代信息技术、智能技术的快速发展和在军事领域的广泛运用，信息化、智能化战争已成为人们公认的战争形态趋势。从体系聚优角度看，传统的冷兵器和热兵器战争主要强调力量、装备和手段的聚优，到了信息化、智能化战争时代，在网络信息体系的支撑下，通过体系聚优的集成组合，形成大的作战体系，从而形成作战上的优势。这些优势将改变双方态势对比，也形成了信息化、智能化战争形态下的体系聚优力。可见，科学技术进步深刻影响着战争形态构成要素的发展变化，最终推动战争形态加速演变，战争形态演变实际上是由低级到高级、由局部到全局、由量变到质变的渐进发展过程。

2.2.1 冷兵器战争形态及特点

冷兵器战争主要指公元前 21 世纪至公元 15 世纪的战争。冷兵器的发展经历了石器时代、青铜时代和铁器时代三个阶段。冷兵器战争形态主要是指以物理释放为主体的作战形态，体能的大小决定了冷兵器的威力。冷兵器时代由于生产力不发达，人们的生产生活主要依靠原始生产技能，战争中使用的武器大多是和平时期的劳动工具。

受当时生产方式和人类发展的限制，冷兵器时代的战争形态呈现以下特点。**一是武器技术含量低，交战双方力量差距小，大多数情况下双方处于对抗状态。**由于主要的作战武器是冷兵器，其能量主要通过释放人体的物理能量来完成，因此参战人数往往是战争中最重要的制胜因素。主要采用小组战术和方阵，小国难以赢得大国，少数几次以少打多赢得胜利的战役，在历史上往往被记录为经典战役。**二是战场范围广阔，跨越多国领土，涉及陆地和海洋。**交战双方都注重部队的部署和阵型策略，作战模式主要基于阵列战。**三是战争节奏缓慢，持续时间长。**战争往往持续数月甚至多年，战争行动易陷入僵局。**四是战争残酷性大，**交战双方死伤人员往往达到数万人甚至数十万人。

2.2.2 热兵器战争形态及特点

热兵器战争是指大约从 15 世纪中叶到 19 世纪末的战争。这一时期的战争使用的武器主要是枪和火炮。武器主要依靠热能的释放,而热能的释放重点在于人与武器的结合,射击技术精湛,战斗力就强,反之则弱,体能对于战斗力的影响减小。

热兵器战争形态呈现以下特点。一是**战争规模扩大,战场由陆上扩展到海上,出现了陆海联合作战的雏形**。许多国家组建海军以控制制海权,海军成为影响战争形态演变的重要工具。二是**战争日益激烈,严重破坏自然资源**。战争目标从破坏对方身体逐步向攻击对方生存发展的环境转变。三是**通过人与武器的结合,产生热能、机械能、化学能来杀死敌人**。两军之间的战斗主要依靠武器设计技术和性能,并通过计算进攻和防御所需的火力密度达成作战目标。**四是不仅要充分利用地形部署部队,而且要进行多兵种联合作战**。军队的整体结构将直接影响战斗力。此间军种之间的协调及战略战术的运用处于首位,而士兵的身体素质处于次位。

2.2.3 机械化战争形态及特点

机械化战争主要是指工业时代的战争,大量的机械化装备投入战争,产生了相应的作战思想。各种机械化装备是战争的主要武器。这种战争形态贯穿整个 20 世纪,在机械化战争时代,机械能和化学能被巨大释放,快速机动和火力攻防成为主要作战样式。经过两次工业革命,人类社会从蒸汽时代进入大型机械工业时代,生产出更多的机械化武器,现代常规武器进入战场。特别是飞机的出现引起了战争形态由平面向立体发展。飞机早期主要为战场提供侦察和通信服务,后来逐步出现了轰炸机、战斗轰炸机和战斗机。随着大量坦克、飞机和战列舰投入战斗,战争规模进一步扩大。在海陆空三军联合作战中,参战人数增加,武器装备的打击范围也更大,造成的损失更难弥补,战争的规模和强度前所未有。

机械化战争形态具有以下几个特点：一是高速机动的飞机、坦克和军舰已成为主要作战装备。二是军队进攻能力大大增强，打破了防御优势。三是战场范围扩大，形势变化迅速。四是立体作战和纵深作战已成为重要的作战手段。五是协同作战和联合作战发展迅速，破坏力强，消耗巨大。六是参战人员驾驭武器装备的能力素质不断提高，战场保障人数大幅增加。

2.2.4 信息化局部战争形态及特点

从 20 世纪 90 年代末开始，微电子技术日趋成熟，信息科学技术越来越广泛地应用于人们的日常生活中。从军事领域看，信息技术的快速崛起和迭代发展，极大地改变了战争形态。而在具有智能化特征的信息化局部战争中，信息作为一种特殊的资源，可以反复使用、不断增加，无论有多少人使用和消费，信息都不会像传统资源那样消耗减少。正是由于信息技术的发展和信息资源的特殊性，以信息为主导的信息化局部战争形态明显不同于以往的战争形态。

信息化局部战争形态与以往的战争形态相比具有以下鲜明的特征。**一是信息成为战争制胜的主导因素**。作战双方的较量首先在信息域展开，各种传感器获取海量信息并快速、精准、融合推送成为指挥决策的关键，信息流决定决策流，而决策流决定行动流，谁赢得了信息优势，谁就将赢得战争优势。**二是作战行动在多维战场空间展开**。作战空间不仅在陆、海、空、天有形战场进行，还在无形的信息对抗战场展开，有形战场和无形战场相互影响，紧密配合，形成一体化战场。**三是智能化联合作战指挥特点凸显**。指挥活动覆盖全域战场空间，跨域跨网特征明显，指挥幅度和指挥控制要素前所未有。特别是智能化辅助决策手段的运用，极大地提高了指挥效能，有力地保障了快速决策、精准规划、联合指挥。**四是重在构建杀伤链杀伤网**。在网络信息体系支撑下，构建侦察-判断-决策-行动（OODA）作战流程，形成从传感器到射手的无缝连接的杀伤链、杀伤网，作战效能和杀伤威力倍增。**五是武器装备信息化程度剧增**。在信息技术的物化作用下，武器装备趋向网络化、信息化、智能化，自主控制水平明显提升，打击精确更加准确，作战威力和效能呈现指数级增长。**六是保障综合化、精确化。**信息化局部战争保障任务趋于复杂，围绕作战行动的作战保障、后勤保障、装备技术保障全方位展开，作战行动到哪里，各项保障必须快速精准跟进到哪里。

分析不同时代战争形态和典型特征可以看出，科学技术的进步推动了战争形态的发展演进，不同时代的战争形态呈现出不同的特点，其中一个共同的规律性特征是强调体系作战，以体系优势形成作战优势，特别是信息化局部战争在网络信息体系支撑下，实现信息优势、决策优势、行动优势成为可能。可见，体系聚优是信息时代军事领域的必然产物，是战争形态不断演进的结果，是具有智能化特征的信息化局部战争本质规律的反映。

2.3 军队组织形态重塑奠定了体系聚优的基础

军队组织形态是指军事组织结构的表现形式，通常与一定的战争形态和作战方式相适应。它是军队战略方针、军事思想、作战理论、武器装备、政策制度和人员素质的综合反映和外在表现。它受到国家安全环境、政治制度、地理条件、经济条件、科技水平、人力资源、历史传统等诸多因素的影响和制约，主要包括军队规模结构、组织机构设置、武装力量编成等方面。军队组织形态设置的科学性和合理性直接影响军队作战能力的体现。高效科学的组织形态可促进军队形成整体作战优势，更大程度地释放战斗力，相反会削弱战斗力。

纵观世界各国军事发展史，军队的组织形态不断被重塑，其演变伴随着以下特点。第一，力量结构更加多元。随着科学技术和武器装备的发展，部队编制逐渐从单一的陆军发展到空军和海军，从单一兵种发展到多个兵种。信息时代相继出现了网军、天军等作战军种，呈现出组织变革的多元化特征。第二，军事体制不断创新。军事体制创新是组织形态变革的重要起点，它包括作战条令、训练条令、相关法律法规、演习方案等，都随着军队结构变化和武器装备发展，不断进行适应性调整，以制度创新确保军队组织结构的科学高效运行。第三，加强综合集成。军队组织、人员、装备众多，有效运用信息技术手段进行整合，使各要素形成作战整体，实现系统对抗，赢得作战主动权，已成为军事组织形态调整变化的重要趋势。第四，信息化局部战争形态下的军队组织形态的主要标志是减少数量，提高质量，顶层集成，系统融合，优化调整，资源共享。可以说技术的进步改变了战术，战术的时代性体现了体系聚优的动态发展，而组织形态的调整变化也是因为战术的变化而不断适应调整，最终形成用体系的思想来指导军队建设的目标。

2.3.1 军队组织形态的阶段划分

军队组织形态必须适应战争形态并服务于作战目标。随着战争形态的不断演进发展，组织形态也在不断进行着动态调整与匹配。**在冷兵器战争形态下**，大规模的步兵集团和纵向层级的指挥体系逐步形成，军队组织形态呈现出以步兵为主，车兵和骑兵为辅的形式。**在热兵器战争形态下**，火器的出现增加了部队的规模和兵种的多样性，火器部队出现并加强了步兵的战斗能力，军队组织形态层次进一步增加，连营团旅成为部队的常用编制。**在机械化战争形态下**，陆海空多军兵种的广泛应用使得部队规模进一步扩大，组织结构发生重大变化。超大型战役编组、参谋部指挥系统、炮兵、工程兵、潜艇部队、航空兵等新组织、新体制、新兵种陆续出现，改变了以往的组织形态。**在信息化战争形态下**，陆海空天电网多军兵种进一步扩展，军队规模逐步压减，高技术、数字化兵种快速发展，为快速响应战场，联合指挥系统出现，领导指挥结构趋向扁平化，军队组织结构发生巨大变化。

纵观军队组织形态发展变化，各国军队的组织形态虽然有所区别，但都是遵循科技发展和战争形态演变的历史规律，按照体系的思想设计，经历了由简单到复杂、由低级到高级的发展过程。军队的规模结构和力量编成是动态演变的过程，一方面必须适应战争形态和作战方式的变化，另一方面也必须适应国家战略和军队任务使命。但万不变不离其宗的是，体系设计的思想贯穿始终，通过体系化设计追求作战优势的形成。

2.3.2 军队组织形态的发展趋势

当今世界，战争形态正向信息化和智能化加速演进，军队组织结构也向诸军兵种联合的信息化部队转型。军事革命是军队组织形态变革的根本动力，从第二次世界大战结束到现在，世界主要国家的军队进行了多次军事改革，组织结构也因此进行了重大调整。随着科学技术和武器装备的飞速发展，未来军队组织形态也将保持动态适应与演变。

一是部队规模缩减，质量提高成为各国军队组织形态发展的趋势。 世界各国纷纷着力打造精干优化的信息化、智能化军队，提高人员素质，缩减员额。**二是高技术人员占比上升，新兵种不断涌现。** 随着陆海空天电网多作战域的出现，统一作战空间正在逐步形成，冲击原有军队组织形态，促使兵力编成由以传统作战平台类别为主转向以作战任务为主。**三是联合作战指挥体系逐步建立。** 为适应多域联合作战，实现对战场的快速响应能力，敏捷化、扁平化的组织架构将进一步发展，以战区为重点的联合指挥作战体系将成为作战基础。**四是作战单元小型化、武器装备轻型化、编制能效高能化、任务组合模块化。**

军队组织体系在战争实践基础上不断演进发展，形成了新时代的组织模式，奠定了联合作战的组织基础，为在信息化局部战争中实施体系聚优奠定了基础，也极大地焕发了军队的作战能力。

参考文献

[1] 陈挺. 道器关系论[D]. 长沙：国防科学技术大学，2005.

[2] 李众. 中国封建社会前期钢铁冶炼技术发展的探讨[J]. 考古学报，1975（2）：1-22，174-179.

[3] 马克思. 马克思恩格斯军事文集[M]. 北京：中国人民解放军战士出版社，1981.

[4] 刘戟锋. 军事技术论[M]. 北京：兵器工业出版社，1991.

[5] 中国大百科全书军事卷编审室. 中国大百科全书·军事[M]. 北京：中国大百科全书出版社，2007.

[6] 魏羽楠. 科学技术对战争形态的影响研究[D]. 锦州：渤海大学，2013.

[7] 陈新文，贺少华. 历史的联姻：科技与战争[M]. 太原：山西教育出版社，2002.

[8] 赵小康，张伟. 智能化带来战争新变化[N]. 解放军报，2021-01-07（7）.

[9] 徐平. 军队组织形态解读[J]. 军营文化天地，2017（12）：17-18.

[10] 黄贵智. 对推进军队组织形态现代化建设的几点思考[J]. 国防，2011（3）：13-14.

3 实践篇
体系聚优形成发展的沃土

人类五千多年有文字记载以来的历史中，发生了大大小小将近15000次战争。纵观人类战争史，特别是机械化战争向信息化战争演进过程中发生的几场局部战争和武装冲突，不难看出，战争的形态和格局总是随着时代和社会生产力的发展而变化的。

在战争形态方面，在经历了冷武器战争、热武器战争和机械化战争之后，人类的战争形态正在向信息化战争形态转变。这些战争形态的变化，以武器装备的使用为标志，并明显带有科技进步的标志。人类战争史上战争形态的几次重大变化证明，武器装备的发展水平是导致某种形态的战争的重要因素。当新的武器装备出现并应用于战场时，战争的形态也会相应改变。

从技术角度来看，我们今天所熟悉的"非线性、非接触、非对称"是技术和装备发展的必然结果。随着人类社会快速进入信息社会，大量的信息技术催生了由信息化弹药和信息作战平台组成的各种信息化武器装备，必然使信息化局部战争的形态呈现出与以往战争形态完全不同的特征和规律。近期局部战争和军事冲突具有高科技特点，特别是信息化战争，信息化武器装备已成为战场的主力军，网络信息体系成为支撑战争实践的主要手段，而战争实践又成为体系聚优形成发展的沃土。

3.1 局部战争实践凸显体系制胜新趋势

3.1.1 海湾战争——空中战场主导下的空地一体战

1991年1月17日凌晨，以美国为首的多国部队为恢复科威特主权、独立和领土完整，发起了海湾战争，在这场冷战结束后的第一次大规模局部战争中，美军首次将大量高技术武器投入实战，在空中和电磁控制方面显示出压倒性优势。这是一场以空中战争为主导、空地一体的军事行动。战争首先从空中拉开序幕，美军称之为空中战局。通常的空袭模式是EF-111、EA-6B和EC-130H等电子战机首先打开通道，F-117A、F-111、A-6、A-10、AV-8B、F-15E和B-52等战机首先攻击指定目标，而F-14、F-15C、F-16和F/A-18飞机承担掩护任务。整个空袭持续了38天，共出动各型飞机近10万架次，日出动量达2000～3000架次。在连续不间断空袭之后，地面战打了100小时。在以美国为首的多国部队空地一体联合行动下，很快获得了压倒性的优势，消灭了伊拉克驻科威特部队。1991年2月15日，伊拉克宣布愿意接受安全理事会决议，并有条件地从科威特撤军，多国部队最终达成了战争目的。战争导致伊拉克军队伤亡约10万人（含2万人死亡），被俘虏8.6万人，324架飞机、3847辆坦克、1450辆装甲车、2917门火炮和143艘船只损失，直接经济损失达到2000亿美元。多国部队伤亡4232人，其中美军阵亡148人、战伤458人，非战斗死亡138人、2978人非战斗受伤，美军损失飞机56架（多国部队共68架）、坦克35辆、舰艇2艘，空袭还造成2500～3500名平民死亡、9000座房屋被毁。海湾战争双方投入力量及伤亡损失情况对比如表3-1所示。

海湾战争是世界冷战模式结束后的第一次大规模局部作战。这是世界向新格局过渡过程中局部矛盾加剧的结果，对建立国际新秩序产生了深远影响。可以说，海湾战争是高技术武器装备主导的体系聚优的发端，为之后战争形态的演变奠定了基础。以美军为首的多国部队战争行动体现了以下特征。

表 3-1 海湾战争双方投入力量及伤亡损失情况对比

	多国部队	伊拉克
参战人员对比	美国、英国、法国、沙特、科威特等 34 国军队，总兵力 69 万人	共计 77 个师、120 万人
参战装备对比	EF-111、EA-6B 和 EC-130H 等型电子战飞机，F-111、B-52 等型轰炸机，A-6、A-10、AV-8B、F-117A、F-15E、F-16 等型攻击机，AH-64 "阿帕奇"、AH-1 "眼镜蛇"攻击直升机，M2A2 "布莱德利"步兵战车、M1A1 主战坦克，"密苏里号""依阿华"战列舰，9 艘航空母舰，"战斧"巡航导弹等各型精确制导武器	坦克 4280 辆、火炮 2800 门、装甲输送车 2800 辆
人员伤亡对比	美军伤亡 148 人、战伤 458 人，非战斗死亡 138 人、2978 人非战斗受伤	伤亡约 10 万人，其中 2 万人死亡；被俘虏 8.6 万人
装备损失对比	美军损失飞机 56 架（多国部队共 68 架）、坦克 35 辆、舰艇 2 艘	324 架飞机、3847 辆坦克、1450 辆装甲车、2917 门火炮和 143 艘船只

作战指挥实现一体化、自动化和扁平化。在海湾战争中，多国部队由 34 个国家组成，并运用了许多武器。每个国家都有自己的战斗模式，军事形势复杂多变，信息量大，作战指挥难度大。C^4ISR 系统很好地解决了这个问题。通过形成一体化作战指挥体系，可以有效整合多国军事力量，充分发挥各自优势和多国部队综合实力。C^4ISR 还具有自动化程度高的特点。它可以根据瞬息万变的战争形势随时进行战略调整，并通过高度发达的网络系统进行指挥。作战指挥系统已经发展到扁平化，减少了部分指挥层级，扩大了指挥范围，减少了信息传递过程中的环节，使信息流得以优化，提高了指挥系统的整体效能。

空天力量起到了决定性的作用。从海湾战争开始，开启了以空军为主体打胜战争的时代。在空袭中，由于大量使用精确制导武器，空袭的准确性得到提高，平民伤亡实现了最少化。美军最初的目标是夺取制空权并摧毁指挥机构，先派出"阿帕奇"武装直升机编组，摧毁伊拉克预警雷达及相关设施；紧接着派出 10 架 F-117 隐形战斗轰炸机，一番精确打击后，伊拉克的防空导弹体系失去作用。第一天美军就出动了 1000 余批次作战飞机，伊军遭到如蜂群一样的美军军机压制，这种高强度的轰炸持续至战争结束，美空军以地毯式的轰炸方式摧毁了伊军地面部队，伊军平均每天至少失去 1 个装甲营。在战争全过程中，美军动用部署在太空的 50 多颗各种军用和商用卫星，构成战略侦察网，为多国部队行动提供了 70%的战略和空袭情报信息。

海上行动紧密配合了正面战场。美军双航母战斗群首先开向红海，紧接着另一支双航母战斗群也前往红海增援。伊拉克无力阻止来自海上的强大火力，大部分苏制米格战机尚未升空就遭到毁灭性打击，装甲坦克部队迅速瘫痪在沙漠之中。海上的封锁使伊拉克雪上加霜，石油出口被完全中断，7500 艘进出海湾地区的商船被拦截，所有外部支援都无法抵达伊拉克境内。与航母战斗群同步展开的是美国海军的运输力量，共有超过 60 艘补给船及综合补给舰和前置部署舰向波斯湾源源不断地运输大量人员物资。从 1990 年 8 月开战前到 1991 年 1 月 17 日开战的不到半年的时间里，仅美国海军就向中东地区运送了超过 600000 吨弹药和补给物资，充足的物资弹药保障也是其快速取胜的关键因素之一。

作战空间广阔，作战方法机动灵活。海湾战争呈现战场向大纵深、高度立体化方向发展的特点。以美军为首的多国部队让伊军被地面部队和空军包围。通过空军的投射和地面部队的高速推进，在敌后形成正向战线，直接攻击敌方主力。这种以快速机动为重点的方法，具有明确的目标和坚定的行动，并加快了战争进程。过去的战争还分为前方和后方，而在海湾战争中，前方和后方都是连成一体的。同时，高技术武器的运用使得战争向着全天候、全时空的方向延伸，形成了陆海空天电五维战争，尤其是电磁空间和太空的争夺，打破了第二次世界大战以来陆海空三维战争的模式。

3.1.2 科索沃战争——天基信息支撑下的空中战争

1999 年 3 月 24 日，科索沃战争爆发，以美国为首的北约凭借其在空中力量和高技术武器方面的绝对优势，以大规模空袭的形式连续 78 天轰炸南斯拉夫联盟共和国（南联盟）的军事目标和基础设施。共投入各型飞机 1000 多架、舰艇 40 余艘，出动各型飞机 32000 架次，13000 吨炸弹被投下,造成 1800 人死亡、6000 人受伤、20 家医院被摧毁、50 座桥梁被炸、12 条铁路被摧毁、30%的广播电视台和 40%的油库受损,经济损失共达 2000 亿美元。南斯拉夫联盟(以下简称南联盟)共和国击落了 61 架北约飞机(包括 F-117A 隐形战斗机)、30 架无人驾驶飞机、7 架直升机和 238 枚巡航导弹。因为这一场背景深刻、影响广泛的现代局部战争,世纪之交的国际战略格局和军事理论的发展均受到了重要的影响。科索沃战争双方投入力量及伤亡损失情况对比如表 3-2 所示。

表 3-2 科索沃战争双方投入力量及伤亡损失情况对比

	多国部队	南斯拉夫联盟
参战人员对比	北约 13 国直接参与战争,6 国提供后勤工作支援前线,以及科索沃解放军	南联盟总兵力 12.5 万人,其中陆军 10 万人,编成 3 个集团军,海军 1 万人,空军和防空军 1.5 万人
参战装备对比	战争起始共投入各式飞机 496 架和 15 艘战舰(包括 1 艘航空母舰)。战争过程中,北约曾三次增兵,至战争结束前夕,共有 1153 架飞机和 47 艘战舰(含 3 艘航空母舰)部署战区各地	各型坦克 1270 余辆,装甲车 893 辆,各型火炮 1500 余门;海军各型舰艇 81 艘;空军和防空军装备作战飞机 238 架,武装直升机 52 架,防空导弹发射装置 100 余部,自行地空导弹 130 枚,肩射防空导弹约 800 枚,高炮 1850 门
人员伤亡对比	科索沃解放军死亡 1500 人,北约 2 人非战斗性死亡	死亡 130～1500 人
装备损失对比	包括 F-117A 隐身战斗机在内的 61 架北约战机、7 架直升机被击落,230 多枚巡航导弹被拦截	铁路枢纽悉数被毁,50 座桥梁被炸,40%的油库和 30%的广播电视台受到破坏,经济损失达 2000 亿美元

作为第一场完全依靠信息化空中力量、以远程精确打击为主要手段取胜的大规模空袭作战,科索沃战争开创了单一使用信息化空中力量达成战争目的的先例。与海湾战争相比,科索沃战争信息火力一体化的趋势更加明显,信息化武器装备的作战效果更加显著,以信息化空中力量打赢非接触作战的效能更加突出,标志着信息化战争进入了一个新的阶段。以美军为首的北约部队行动体现了以下特征。

重在夺取信息优势。科索沃战争中,北约为夺取情报信息方面的优势,建立了完善的情报侦察系统,进行全面侦察。在太空中使用了 50 多颗卫星,并在空中部署了各种无人机、侦察机和预警机进行侦察和监视。在地面部署了 50 多个电子侦察站,大量投掷了一次性干扰设备和无线电定位设备,并派出 400 多名间谍以合法或非法身份潜入南联盟,收集有关重要军事和政治目标的信息。同时,它还封锁了南联盟,并进行了反情报信息侦察。美空军航天司令部在对南联盟空袭开始后,当即将南联盟军情报分析人员获取美航天器坐标信息的途径切断,并使俄罗斯无法向南联盟提供情报。北约还采取各种措施,打击南联盟的媒体设施,用导弹直接击中塞尔维亚国家广播电台,导致所有节目播出中断,轰炸南联盟的广播电视塔,摧毁了南联盟电视广播中心的若干卫星地面电台,并用导弹摧毁了塞尔维亚社会党总部大楼顶部的电视发射塔,据称南联盟将近四成的广播电视、广播电台瘫痪或严重受损。美国还召集计算机专家向南联盟的计算机互联网和通信系统输入大量病毒和欺骗性信息,堵塞了南联盟的信息传播渠道。由于采取了大量有效措施,北约情报信息的获取获得了压倒性的优势。

注重充分发挥综合优势。在科索沃战争中,北约着力充分发挥其整体和系统优势,在陆、海、空、空、电、网、心理等领域实施全方位对抗,包括运用电子对抗、物理破坏、心理对抗、计算机对抗等手段。在实际摧毁南斯拉夫联盟共和国指挥目标期间,北约派遣了各种高性能战斗机,包括 F-117A 和 B-2 隐形飞机。它不仅使用了 AGM-86C 巡航导弹、"战斧"巡航导弹、AGM-65"小牛"空对地导弹、AGM-130A 空对地导弹、GBU-15 精确制导炸弹和其他"点穴式"武器,而且还使用了贫铀炸弹、石墨炸弹、集束炸弹和其他打击武器。为了在空袭中获得电磁方面绝对的优势,北约利用数十架先进的特种电子战飞机,包括 3 架 EC-130h 通信干扰机和 31 架 EA-6B 电子战飞机,攻击在 20~100 MHz 频率范围内运行的无线电通信和在 64 MHz~18 GHz 频率范围内运行的各种类型的雷达,对其进行电子干扰,使南联盟军队的雷达失效,并使其通信中断;北约专门制订了南联盟的心理战计划,美国心理战部队向南联盟投放了 700 万份传单和"战争情况简报"。北约通过秘密手段深入南联盟军队进行反宣传,鼓励分裂势力推翻米洛舍维奇,并专门召集专家对南联盟进行网络攻击。

在空袭中,以美国为首的北约注重各种手段的互补性、软硬结合、协同利用,充分发挥综合效益。主要体现在情报侦察与打击的融合上,先进的战场侦察手段和 C^4ISR 系统为攻击部队实现"发现即破坏"提供了实时情报信息。南联盟指挥目标的物理和电磁特性一旦暴露出来，就可能导致灭顶破坏的灾难。电子战和物理破坏的整合帮助北约首先利用电子对抗措施"打破障碍，开辟道路"进行物理破坏，并派出几架 EA-6B "徘徊者"电子战飞机在预定空袭区域内进行强电磁干扰，EA-6B 携带的强电磁脉冲炸弹，可对半径数十千米范围内的各种电子设备造成严重的物理损坏，使雷达、计算机等信息系统丧失工作能力。在利用特种电子战机对南联盟军队防空系统和通信系统进行电子干扰的同时，还利用石墨炸弹摧毁其供电设施，"哈姆"（HARM）高速反辐射导弹用于对南联盟军队雷达进行硬破坏，为飞机和导弹的顺利穿透提供保障，以便随后进行物理破坏。心理战与物理破坏紧密结合。结合物理破坏的影响，北约国家电视台每天播放画面以展示其高科技武器力量，吹嘘其战争成果，从而使威慑作用得以增强。

作战向"空天化"和"非接触"行动的趋势发展。 科索沃战争表明，以"非接触"行动为主的空袭和反空袭，将是未来军事斗争的主要形式。航空航天技术的发展使武器和装备能够从地理空间以外的空中进行远程作战和"自主"攻击。以美国为首的北约通过尽量避免与敌人碰面来减少伤亡。主要采取在区域外的空中进行防空火力攻击。战争集中在只有 10 万平方千米的南斯拉夫联盟共和国，空军火力则覆盖了 1000 多万平方千米的空域；空战已不再是空军的独秀，而是演变成空军主导、高度依赖航天信息保障的各军种、兵种的联合作战。北约大规模使用无人机和制导卫星制导弹药，战斗机依靠卫星导航系统自动飞行，军事斗争呈现出"空天化"和"非接触"作战的特点。美国使用隐形飞机则是一种特殊形式的"非接触式"战争。

3.1.3 格鲁吉亚战争——多域力量协调行动的联合作战

格鲁吉亚战争是 2008 年 8 月 8 日至 18 日俄罗斯和格鲁吉亚为争夺南奥塞梯的控制权而爆发的战争。2008 年 8 月 1 日，格鲁吉亚政府军首先对南奥塞梯发起进攻，俄军迅速在俄格边界展开军事演习，以此来对格鲁吉亚实施威慑。8 月 8 日开始，俄军使用陆上、海上、空中和空降力量对格政府军展开军事行动。陆上力量开进格鲁吉亚境内发起地面进攻,空降力量从翼侧对格政府军实施进攻,俄军飞机对南奥塞梯的格政府军目标进行轰炸,俄海军开战前即对格鲁吉亚海域实施海上封锁,切断格政府军军事物资供应,形成海陆夹击之势。俄军在战争发起前,还大量使用标有"win love in Russia"字样的数据包突然涌向格鲁吉亚政府网站并使其完全瘫痪,总统萨卡什维利的照片被换成了希特勒。战争发起后,俄军对格鲁吉亚的网络攻击全面展开,导致格鲁吉亚官方网站瘫痪,直接影响其战争动员与支援能力。战争造成格军 215 人死亡、1469 人受伤,俄军 74 人死亡、171 人负伤,同时造成 1600 名南奥塞梯平民死亡。格鲁吉亚战争双方投入力量及伤亡损失情况对比如表3-3 所示。

表3-3 格鲁吉亚战争双方投入力量及伤亡损失情况对比

	俄罗斯	格鲁吉亚
参战人员对比	2 万人	1.2 万人
参战装备对比	主要实施攻击的北高加索军区空军第4集团军装备作战飞机459架,1个轰炸师(装备112架苏-24),1个侦察团(装备50架苏-24),1个歼击轰炸机师(装备98架苏-25、35架苏-22),4个防空航空兵团(装备105架米格-29、59架苏-27),1个电子战直升机大队(装备47架米-8),地空导弹发射架125部	128辆坦克,9架战斗机
人员伤亡对比	74人死亡,171人负伤,19人失踪	215人死亡,1469人受伤,4人失踪
装备损失对比	5架战机,包括4架苏25和1架图-22战略轰炸机	格军的装甲部队和军港及工事被摧毁,损失坦克和军车100辆、导弹艇2艘、枪支3万余支,战备物资全被俄军运回

俄军军事行动体现出以下特征。

准确预判和高度战备是快速反应夺回主动的前提。从 2008 年开始,格鲁吉亚和南奥塞梯之间的冲突升级,发生了多次交火。根据俄罗斯高层的判断,和平时日无多,战争为时不远。俄军制订了全新的作战计划,甚至细化到连一级分队的调动。具体而言,2008 年 7 月,俄军为熟悉俄格边境的作战环境、应对可能发生的战争，让士兵通过"高加索—2008"军事演习接受了快速反击、城市战、要地占领等内容的训练，做好了充分的战斗准备，为快速扭转战局奠定了基础。美国的俄罗斯问题专家赫斯伯灵说："这个演习就像几周后他们在格鲁吉亚采取的两个行动一样，完全是一次排练。"就在格鲁吉亚军队对南奥塞梯发动进攻 5 个小时后，刚刚参加演习的俄罗斯先遣部队对格鲁吉亚军队发动了反击。五角大楼高级军官回忆说："虽然我们事先预料到俄罗斯军队的进攻行动和速度，但他们的实际行动比我们预期的要快得多。"

全域多维联合作战帮助俄罗斯军队赢得了压倒性的优势。格鲁吉亚战争是对普京在 21 世纪前 8 年军事改革成就的重大回顾和评估。总体来看，参加战争的俄军各军种和兵种在各自领域表现良好，发挥了联合作战的整体力量，相比于实力较弱的格军而言，具有压倒性优势。在这次战争中，为了形成"牛刀杀鸡"的不对称作战优势，俄军除战略导弹部队外，其他军种和武器全都登台亮相。空军、海军、陆军、空降兵等作战部队相继被派出，形成一支整体联合部队，向格鲁吉亚军队进行了全纵深、多维度、多方向的联合火力攻击和兵力突击，有效地推进了有利于俄罗斯的战争局势的发展。战争开始前和实施过程中，俄军使用信息作战力量对格军展开信息攻击，有力地配合了陆上、海上、空中和空降军事行动，形成了多域、多种力量联合行动的整体态势。

网络空间作战与常规军事打击深度融合。从目标、方法和有效性三方面来看俄军此番网络攻击，这场战争是配合着军事行动进行的网络攻击集结和准备工作。第一次网络攻击几乎与俄方出动的第一次空袭同时发生，在第一次空袭之前，格鲁吉亚政府和新闻网站因 DDoS 攻击而瘫痪，导致格方信息通信和网络信道混乱，手机和固定电话的通信也受到严重影响，这种网络攻击战术有力配合了俄军行动。针对格方的 C^4ISR 系统发起的"黑客"行动成为成功破坏其指控系统的关键性步骤，瘫痪了格鲁吉亚战术数据链的信息运载能力。从网络入侵的操作模式中也可以找到俄军参与网络攻击的痕迹。网络攻击者不仅以格鲁吉亚互联网的主要通信线路为目标，还破坏了格鲁吉亚黑客论坛，以防止报复。这种先发制人的战术行动和军事行动十分相似，首先侧重于消除潜在威胁，破坏格鲁吉亚的网络攻击和防御能力。俄军还从以往实战经验中吸取了经验，充分利用网络攻击达到心理冲击，给格鲁吉亚政局、士兵和人民造成了心理压力。

3.2 军事冲突倚仗体系支撑

3.2.1 斩首本·拉登——网络信息手段支撑下的精准快速斩首战

2001年9月11日，恐怖分子劫持了4架飞机，撞上了纽约的世界贸易中心和华盛顿的五角大楼，造成2998人死亡。美国认为本·拉登是"9·11事件"的主要策划者之一，经过长时间的仔细侦察和情报判断，美军认为，本·拉登很可能躲藏在巴基斯坦的阿伯塔巴德小镇。美国中央情报局和联合特种作战司令部据此于2011年3月14日向奥巴马提交了一份关于"特种部队用直升机渗透到阿伯塔巴德，用地面突击消灭本·拉登"的计划，但为防止巴基斯坦泄密，排除了与巴方合作的想法。经过权衡，奥巴马决定联合特种作战司令部派出海豹突击队夜间乘直升机进入阿伯塔巴德，对躲在目标房屋中的本·拉登发动突然袭击。美军于2011年5月1日派出24名"海豹6队"特战队员进行了"海神之矛"联合特种作战行动，一举击毙本·拉登。2011年5月2日，美国总统奥巴马发表声明，宣布本·拉登在巴基斯坦阿伯塔巴德的一座豪宅里被美国"海豹6队"突袭击毙，其尸体于次日海葬于北阿拉伯海。在击毙本·拉登的行动中，美军行动呈现出以下特点。

网络支持，信息为胜。"海神之矛"行动的成功，体现了网络保障、体系作战、信息为胜的强大力量。美国在整个行动的过程中，通过对庞大的网络系统的充分利用确保了基于信息系统的一体化特种作战的实时性和准确性。仅卫星使用量就达35颗之多，除此以外，还派出了40多架侦察、监视和情报支援飞机，如EC-130战场指挥控制机、空中"联合星"监视与指挥飞机、"全球鹰"和"哨兵"无人侦察机、RQ-170无人机等，并将海上远程雷达设备和航母的信息分析系统运用于实战中。正是由于联合运用上述多维探测手段，才能确保对本·拉登的位置、活动规律和巴基斯坦军方的有关情况有一个详细、准确的把握，为"海神之矛"行动的成功实施提供可靠的情报和信息保障。

模拟演练，隐身突防。在这次行动中，美军以"海豹 6 队"为突击队，以陆军第 160 特种航空团为运输和支援部队。作为美国军方的一支精锐特种部队，"海豹 6 队"成员的选择和培训都非常严格。其课程涉及自由攀岩、非武装格斗和高级潜水等技能。每个成员每周消耗 2500～3000 发子弹。大约一半的成员无法完成所有课程，而且成员可能会受重伤甚至死亡。陆军第 160 特种航空团被称为"夜行者"，其主要训练课程是突破直升机作战限制，潜入夜空，执行隐蔽的特种作战运输任务。其飞行员具有超强的低空、高速、高灵敏度的飞行能力，能有效规避敌方防空雷达的探测。也正是因为他们的存在，"海神之矛"行动才可以在没有巴基斯坦防空雷达探测的情况下完成。突击队员们从进入栅栏到成功完成战斗任务之后撤出仅用了 38 分钟，充分展示了其优秀的技战术水平。

实时决策，扁平指挥。在白宫总指挥部，奥巴马总统就可能实时出现的重大问题做出决定，同时在靠近巴基斯坦边境的阿富汗贾拉拉巴德机场设立前方指挥所，在中情局总部设立情报指挥所，突击队的地面行动由随行指挥员现场指挥。这种按级指挥与越级指挥、集中指挥与分散指挥相结合的指挥方式，在符合信息化条件下特种作战战略级决策、战役级指挥、战术级作战的特点的同时，纠正了中间程序过多、反应速度慢、耽误战机的弊端。

装备精良，千里闪击。在这次行动中，先进完备的武器装备发挥了关键作用。美军派出精锐部队远赴巴基斯坦执行任务，速战速胜、速去速回。从表面上看，美军动用了载着 24 名海豹突击队员的两架 MH-60 黑鹰直升机进行作战，但幕后又动用了多颗卫星执行侦察通信任务，1 架 RQ-170 隐身无人侦察机承担了无线电监听和实时视频传输任务，1 架搭载了 25 名特种战队员的 MH-47 型直升机则作为预备队，1 架 MH-47 型直升机承担了空中警戒任务，多架 F/A-18 战斗机承担了空中待命掩护，一个航空母舰中队承担了战略支援任务。美军在行动期间利用侦察卫星和无人机对冲锋行动进行全过程监视，利用通信卫星和无人机建立战场和后方的实时连接，利用隐身直升机进行特殊突击。由此可见，在"海神之矛"行动中，尖端武器装备犹如巨大的长矛，海豹突击队是最锋利的矛尖。

3.2.2　刺杀苏莱曼尼——精准情报保障下的无人机杀伤网运用

出生于 20 世纪 50 年代的卡西姆·苏莱曼尼，是伊朗伊斯兰革命卫队圣城旅的前指挥官。他主要负责审查伊朗对所有反以色列部队的训练和支持，控制向叙利亚的军事物资运送，手握军事、外交、情报等权力。他曾指挥伊拉克反美战争，并被怀疑派人暗杀沙特驻美国大使。他的行动影响着中东的局势，被称为伊朗的间谍王。

2020 年 1 月 3 日 0 时 34 分，叙利亚鞑靼之翼航空公司的一架普通航班飞机，从大马士革抵达巴格达国际机场。苏莱曼尼在乘务员和接机人员的保护下，匆忙下了飞机。为了隐蔽行动，他们从停机坪进入空运货站，然后选择了一条很少有人会走的路径离开机场。但就在车队离开机场后不久，美军无人机对苏莱曼尼车队实施空中打击，两辆汽车相继被导弹击中。碎片飞溅，但没有发生火灾和爆炸。接着，这两辆车再一次被击中，随之发生猛烈燃烧。顷刻间，大火窜上了天空，很快便除了一堆残骸什么也没剩下，苏莱曼尼被猎杀。美军此次无人机猎杀行动主要有以下特点。

无人机和新型弹药成为决定性因素。美国军方在机场附近使用 MQ-9 "收割者"无人机和一架备用 AH-64 阿帕奇武装直升机暗杀了苏莱曼尼。MQ-9 "收割者"无人机是美国军方继 MQ-1 "捕食者"之后装备的第二种大规模高空长航时观测和战斗集成的无人机。该机机身长 11 米，翼展长 20 米，配装 900 马力的 TPE331-10 发动机，拥有可以同时携带 4 枚 AGM-114 "地狱火"导弹和 2 枚 GBU-12 "铺路 II"激光制导炸弹或 GBU-38 联合直接攻击弹药的 6 个武器挂架。根据现场找到的苏莱曼尼和其他受害者的尸体碎片来看，比起被炸弹炸毁，现场的情形更像是这些遇害者被刀片割开了一样。为了减少附带损害，美国军方近年来开发了一种新的"地狱火"导弹，官方编号为 AGM-114R9X。导弹不包含炸药并且有一个弹出式六刃动能弹头。由于其奇妙而残忍的冷武器杀人方法，被媒体称为"忍者导弹"或"飞砍刀"。这种导弹是高度机密的。它于 2017 年开始秘密部署，并于 2019 年被媒体曝光。它通常不轻易使用，美国官员此前透露，这种导弹近年来只被使用了 6 次，并被用于暗杀高价值目标。据判断，美国军方使用这种新型"地狱火"导弹暗杀了苏莱曼尼。在撞击车辆后，每分钟旋转数百次的叶片穿透车顶，瞬间将车内的人切得面目全非。苏莱曼尼只有躯干和左臂，相对完整。为了确保摧毁目标，在两枚"忍者导弹"攻击后，美军又发射了两枚爆炸性"地狱火"导弹。

情报分析系统发挥重要作用。RT-RG 数据分析系统在杀死苏莱曼尼的杀伤链中，主要起到了在发现和锁定阶段的前段任务支撑作用。RT-RG 是 Real Time Regional Gateway 的缩写，中文译为"实时区域网关系统"，该系统起源于美国在 2005 年由国家安全局提出的一个全新数据分析框架，在当时，该系统的提出是基于反恐战争的需要。同年 11 月，美国国家安全局在喀布尔郊外巴格拉姆美军基地安装了两个最新安全前沿服务器，并将 RT-RG 程序同步部署在了阿富汗和伊拉克。这种基于大数据分析的情报合作与传统意义上的分享情报有所不同，这种合作是通过将情报来源和集群算力相叠加，从而实现使全部成员的情报分析水平集体提升的目的。由于美军在 2007 年将驻伊部队大幅增多，伊拉克战争由此进入了治安维护与反维护的相持期，美军也因需将 RT-RG 系统用于截获伊拉克全部的通信信号，而在伊拉克展开了全面的部署，这种信号在包含电话、手机、网络通信等民用信号的基础上，还包括了 C-12、RC-135 等电子侦察机、执行电子侦察任务的无人机甚至卫星获取的信号情报。为了对数据进行融合和分析，RT-RG 传统的集中式数据库和处理方式也被分布式数据存储、处理取而代之，目的在于防止由于提取、分析工作延迟而导致的情报快速过期甚至无法利用。RT-RG 系统同时拥有强大的、不断迭代的相关性分析算法。美军亦将支撑 RT-RG 算法的相关能力上升到了战略能力的高度并加以发展。在美军看来，大数据时代背景下，影响和决定作战行动的其中一项重要资源就是战场数据。夺取和保持信息优势，可以通过大数据搜集、分析和处理能力得到极大的提升，并由此提升高价值军事情报侦察预警能力。美国拥有庞大的情报系统，但无人机等平台传回的海量信息也越来越难以及时处理。整合情报网络系统，提高情报信息处理能力的需求越来越迫切。RT-RG 系统正是在这一需求牵引下形成的新型情报手段，并有效运用到此次猎杀行动中。

无人机杀伤网手段趋于成熟。苏莱曼尼之死，说明美军的杀伤链在理论和技术上都有了很大的提升，作战效能有了很大的提高。它已经从杀伤链发展到基于网络中心战的杀伤网络。美军认为，在未来，如何比对手更快、更好地获取和处理传感器数据，实现杀伤链前端的发现、锁定和跟踪能力并进行持续评估，这些都是决定其在态势感知方面的优势程度的关键。美军正为此建立由空中、太空、网络传感器组成的综合杀伤网络。通过传感器数据与其他数据的快速集成网络，确保信息的持续渗透、组网，从而能够在更快的时间和更广泛的空域内发现、锁定并跟踪目标，且评估打击效果，使战术决策更有效率，目标打击更快、更准确。在此次行动中，无人机杀伤网确保了猎杀行动精准实施。

3.2.3 纳卡军事冲突——凸显了无人机多手段运用优势

2020年9月27日，亚美尼亚和阿塞拜疆在纳卡地区爆发军事冲突。阿塞拜疆和亚美尼亚均动用了包括坦克、装甲车、重型火炮、远程火箭炮乃至战术弹道导弹在内的重型武器展开交战。除上述传统作战手段外，两国还使用了无人机装备参与作战，同时以短视频等方式公布战果，大打舆论战，引发了外界的关注和讨论。

纳卡军事冲突的主要特点是大规模使用无人攻击机。此次冲突中，阿塞拜疆军队充分发挥无人攻击机的特点，将亚美尼亚的防空系统、坦克、火炮、弹药库、部队驻地、行进车队等都列为打击目标。行动开始前，阿塞拜疆首先利用无人机群摧毁对方防空系统，为后续无人机遂行任务创造条件。亚美尼亚虽然部署有较为先进的S-300防空系统，但是阿塞拜疆利用大量廉价的由安-2飞机改造而来的无人机先行发动诱饵攻击，待暴露并消耗亚美尼亚防空火力后，再使用以色列制造的反辐射"哈洛普"无人机和土耳其制造的"TB-2"无人机进行定点清除。此举表明在军事冲突中，使用技术成熟、成本低廉的无人机，与其他飞机搭配使用，可以有效压制对方防空体系，达成无人机突击目的。

3.3 局部战争与军事冲突为体系聚优提供坚实实践基础

纵观一系列局部战争和军事冲突可以看出，尽管其发生的时代背景、诱发因素、时空场景不同,更多的是以强制弱、以大对小,但都呈现出信息主导、体系制胜的特点。从更深层次看,战争形态的演变从根本上取决于人类的社会形态和技术地位。人类可以使用任何技术来制造工具和武器,而战争则必须同生产方式保持一致,这是马克思主义唯物史观的重要思想。体系聚优是一种特殊的社会历史现象,是对一定社会发展阶段战争运动状态的客观描述,是科技进步和武器装备发展推动的结果。体系聚优作为信息时代的新型作战概念,既来源于局部战争和军事冲突实践,又在实践中得到丰富发展,预示着未来信息化战争将具有以下趋势性特征,奠定了体系聚优的理论与实践基础。

3.3.1 从能量主导到信息主导

从历史上的战争中可以看出,这些战争活动从来没有离开过信息,但信息却从未占据过主导地位。但在第二次世界大战后的局部战争和军事冲突中,信息优势对战争的影响越来越明显,具有智能特征的指挥信息系统将数字世界与物理世界之间互联互通,信息域和认知域成为新的作战空间,指挥员和战斗员拥有了同步认知、自主协同、一致行动的能力,信息主导作用日益凸显。

信息成为消除战争不确定性的主导因素。不确定性是战争的主要特征之一,也是赢得战争胜利的主要阻力之一。战争的不确定性主要是由信息的不完全性和判断决策的随机性带来的。信息论创始人香农给信息下的定义是:信息是用来消除随机不确定性的东西。指挥信息系统具有的信息获取能力、传递能力和处理能力,使人们极大地提高了对作战信息的感知力、识别力和认知力,战争迷雾将被充满智慧的人们层层揭开,判断决策的信息支撑度大大增强,这为消除战争的不确定性提供了坚实支撑。

信息域成为牵引其他作战域的主导因素。指挥信息系统成为联结联合作战体系的血脉,数据链接成为各作战力量、作战系统和作战要素互联互通的基本手段,信息流成为驱动作战体系各要素快速流转的动力源,网络信息体系支撑精兵作战的大格局正在加速形成,信息域牵引陆、海、空、天、电、网等作战域的主导地位正在加速确立。

信息优势成为决定作战胜负的主导因素。在具有明显智能化特征的信息化局部战争中，信息优势不仅是情报优势，而且是主战优势；信息力量既是作战保障力量，又是作战主力军；信息战不再处于从属地位，而是成为认知领域作战的主要方式。在未来的战争中，只有拥有信息优势的一方，才能始终牢牢掌握作战的主动权。

3.3.2 从平台对抗到体系对抗

局部战争和军事冲突显现出，作战体系的信息流程通过基于网络信息体系的指挥信息系统得以优化，各军种、各层级之间的信息通道被打通，相对独立的作战平台与战场感知、指挥控制、保障系统由此联为一体，为联合作战体系奠定了坚实的基础。这导致战争在对抗形式上发生了较为重大的变化，从武器平台与武器平台的对抗逐渐演变成为联合作战体系与联合作战体系的对抗，具有全局性、结构性、综合性对抗特征。也就是说，如果战争的一方在体系上保持优势，则将能够取得战场对抗上的联合优势。

全局性对抗特征。未来战争是在国家战略体系支撑下军事体系的对抗，是一体化联合作战体系的对抗，也是集战略、战役、战术于一体的对抗。战略对抗是在国际战略背景下的全局性对抗，体现到某一战略方向，形成战区层面的联合作战体系对抗。有时局部的战术对抗也呈现出全局性特征，往往基于战略意图，通过战役筹划，运用战术对抗直接达成战略目的。

结构性对抗特征。未来战争是体系结构与体系结构的对抗，体现到作战域的对抗上，呈现出分域对抗、跨域对抗和全域对抗并行发力的特点；体现到作战体系对抗上，呈现出系统对抗、要素对抗交叉同步的特点；体现到作战功能对抗上，呈现出侦察反侦察、控制反控制、突击反突击、干扰反干扰、防护反防护对抗交织互动的特点。

综合性对抗特征。未来战争是混合战争力量在全域中的总体对抗，不仅是政治目的支配下的军事对抗，还是在经济、文化领域支撑下的综合国力对抗，还是科技手段支撑下的战略互联网、战争潜力网与战场军事网的综合性对抗。混合战争力量构成的新型总体战，为体系聚优思想创新发展开辟了广阔空间。

3.3.3 从概略作战到精确作战

受科技水平的限制，在机械化条件下的作战，指挥者更多依靠的是经验和直觉，极限追求作战"动能"，通过大规模杀伤行为造成对对手实力更多的消耗，从而达到战争目的。局部战争和军事冲突表明，人工智能技术和精确打击手段通过为精确作战提供技术支撑，从而营造了从较大规模概略作战到有限规模精确作战转变的基础环境，如果其中一方拥有精确打击的优势，那么就能够获取"一招制敌"的行动优势。精确作战的关键点在于找准时机精准发力、精准打击，始终将作战控制权牢牢掌握在己方。当精确作战是基于网络信息体系的时候，则早已不单单是精确打击的目标战，而是精准行动的全域作战。

战略筹划上精准选择。战略层面的精确作战，不仅要考虑实现军事目标，从而实现最佳作战效果；更要考虑实现政治目的，控制战局并争取民心。一方面，在对作战规模的选择上，要使有限控制作战思想贯彻落实，并对作战模型加以运用，对作战效果实行精确计算，使仗打得恰到好处；另一方面，在对作战手段的选择上，建立作战毁伤评估模型，尽可能控制作战风险，减少附带损伤。

作战目标上精准选择。联合战役中的精确作战，是一种典型的目标战。选择目标时应站在战略全局上，力求通过重锤猛击直接达成战略目的；自分析敌方的作战重心入手来精选目标，力求能够通过直击要害来毁掉他的核心部位；按照体系破击的要求，精选目标，力求可以通过破网断链来使其作战体系瘫痪。

创造战机上精准选择。当精确作战反映在作战计划中时，必须强调创建战斗时机的作战理念。我们不仅要积极捕捉战斗时机，更要注重提高创造战机的准确性和艺术性。我们要善于在敌人没有充分准备的时候突然发动进攻；善于迷惑敌人，出乎敌人意料地打击敌人；善于调动敌人，善于在敌人弱点暴露的地方作战；善于控制对手，使其没有能力反击；善于攻心夺志，在敌反抗意志薄弱之时与其作战。

3.3.4 从聚力制胜到智能制胜

战争由聚力制胜向智能制胜转变这一趋势，在局部战争和军事冲突中初现端倪。机械化战争的制胜法则，是集中优势的兵力；信息化战争，不仅要靠兵力和火力的优势，更要靠信息的智能优势。当运用指挥信息系统来打仗时，就是要为作战的精兵插上信息的翅膀，将智慧大脑嵌入作战筹划，将灵活之魂注入作战控制，开辟未来战争全新的疆域，具体表现在：

从数字战场向智慧战场拓展。数字战场的诞生，使战场信息的透明度和时效性大大提高，智慧战场将使战场信息的精准度和实时性得到极大提高。对人工智能技术的运用，可以更加精准地搜寻、识别、传递战场信息，形成从发现、识别、定位、监视目标到引导打击和效果评估的一体化。

从数据辅助决策向智慧辅助决策拓展。数据辅助决策为作战规划提供了精确的计算和定量标准，智能辅助决策为作战筹划提供了类似人类的思维能力和独立创造能力。作战规划系统能够提供对作战环境的适应能力、作战设计的自主学习能力和作战理念的自主创造能力。

从流程控制向智慧控制拓展。从机械化战争开始，指挥过程和作战程序的标准化就体现了标准化控制的力量；在信息时代，计算机和网络系统为过程控制提供了新的技术支持；随着具有智能化特征的指挥信息系统的不断发展，过程控制已进入自主控制的新阶段，开始出现自主适应、自主调节和自主协调，为联合作战提供可靠支撑。然而，无论人工智能技术如何发展，人类在战争中的主导地位都不会动摇。如何适应科技发展和军事改革，提高军人的智能水平和控制人工智能的能力，是赢得未来战争的关键。

参考文献

[1] 李莉. 百年战史：技术与装备如何改变战争形态[N]. 学习时报，2014-03-10（7）.

[2] 李加祥. 北约/南联盟在科索沃战争中的电子对抗及启示[J]. 航天电子对抗，1999（4）：17-22.

[3] 彭柏麟.以俄格战争为例对俄罗斯网络战制胜方式的分析[J]. 舰船电子对抗，2021，44（3）：5-10.

[4] 唐胜鹏，等."海神之予"之战略特种作战[N]. 解放军报，2017-02-07（7）.

[5] 白云湖. 箭指首领——解读美军刺杀苏莱曼尼行动[J]. 轻兵器，2020（3）：62-68.

[6] 虹摄. 纳卡冲突中的无人机对抗[N]. 中国国防报，2020-10-20（4）.

[7] 戚建国. 把握战争形态演变的时代特征[N]. 解放军报，2020-01-16（7）.

4 方法篇　体系聚优概念研究的方法论

军事理论是关于战争和国防问题的理性认识和知识体系，产生于军事实践，又指导军事实践，并受军事实践检验。科学的军事理论就是战斗力，作战概念更是军事理论研究领域的"明珠"。作战概念既聚焦现实威胁，紧贴实战要求，又强调前瞻设计战争，牵引作战体系建设，架起了以战领建、以建促战、战建联动、有机衔接的桥梁，形成了信息化战争作战概念研究的方法论。体系聚优正是基于作战概念研究的基本理论方法，力求揭示其本质规律，以创新理论、指导实践、解决问题为目标构建理论体系，使其具有理论性、实践性、针对性、预测性和牵引性，旨在丰富发展军事理论和作战方法，以作战概念研究牵引作战体系建设。

4.1　作战概念的基本内涵和主要特征

4.1.1　作战概念的基本内涵

理解作战概念，首先要理解什么是"概念"。《辞海》中对"概念"词条的解释为：对事物的普遍而抽象的认识。通常都是指在同种类的多数事物中，将其共同性、普遍性抽出来，加以概括，就成为概念。《汉语大辞典》中对"概念"词条的解释为：概念都具内涵和外延，并且随着主观、客观世界的发展而变化。综上所述，"概念"就是对事物本质的抽象概括，并随主观认识和客观环境而动态变化。基于对"概念"的理解，可以对作战概念进行如下定义。作战概念是在特定背景和需求下，对某类作战问题本质特点和规律进行抽象和概括，进而指导这类作战问题的解决方案。对作战概念的基本内涵，可以从以下三个方面来理解。

从研究范畴看，作战概念研究属于作战理论研究范畴。作战理论是关于作战的系统化的理性认识，是军事学术的重要组成部分，体现了一个国家的武装力量如何运用其兵力的合理设想。它来源于作战实践，是作战活动的本质和规律的反映，并对作战实践具有指导意义，主要体现在将指导军事作战行动的原则进行具体化，能够为组织和遂行作战行动提供详细解决方案。作战理论是基于战争实践的总结、分析和提炼，是指导战争实践最主要的依据和来源。作战概念具有作战理论的所有特征，并具有自身特点。作战概念是针对某一类作战问题的理论成果。作战概念研发的客观基础是战争实践，作战概念落地的唯一途径也是战争实践。新的作战概念能否成立，战争实践是唯一的检验标准。

从本质属性看，作战概念是基于历史、现在和未来的技术发展、威胁判断、地缘局势，作战对手、战场环境等作战条件的研究和判断，对某一类作战问题给出的理论解决方案。作战概念反映了对未来战争的认知，是基于使命任务、安全威胁、军事威胁、作战对象、战场环境、作战条件等内部因素和外部因素等，对解决某一作战问题所采取的作战样式、作战方法、作战效果的具体构想。

从层次划分看，作战概念可分为战略、战役和战术层面的作战概念。战略层面的作战概念等同于战争形态和战争样式，如机械化作战、信息化作战、智能化作战、持久战、人民战争、全面战争、有限战争、核战争等。战役层面的作战概念解决战役层面的作战问题，如空地一体战、空海一体战、一体化联合作战、网络中心战等。战术层面的作战概念解决战术层面的作战问题，如地雷战、地道战、麻雀战等。更多的作战概念同时属于战役概念和战术概念，因此提出的作战样式，既可解决战役问题，也可解决战术问题。例如，蜂群作战、分布式杀伤、多域战、多域作战等。

4.1.2 作战概念的主要特征

作战概念研究极具理论和实践价值，军事学术界普遍将作战概念视为军事研究领域的"明珠"。理论性、实践性、针对性、对抗性、预测性、牵引性是作战概念的主要特征。

理论性特征。作战概念研究属于作战理论研究领域。作战理论是关于作战问题的理性认识和知识体系。作战理论是人类文明的最宝贵财富，是对历史上战争实践的深刻洞察、高度升华、精华提炼和科学总结，也是作战概念研究的最主要依据。作战概念具有作战理论的所有特征。作战概念通过提出新的作战理论，以满足作战需求。新的作战概念的产生，需以已有的作战理论为指导，而在作战概念的萌芽、发展、成熟和应用的过程中，往往又可催生新的作战理论。

实践性特征。实践是作战概念的归宿。作战概念是针对某一具体作战问题的解决方案，需要提出新的作战样式、作战能力或武器装备，以支持作战问题的解决，而作战概念能够成立，战争实践是唯一的检验标准。作战概念研究的客观基础是实践。作战概念起源于军事理论的研究成果和军事斗争的实践经验，并需要基于对当前和未来的政治、经济、外交、社会、地缘、威胁、对手、科技等多方面状况的研判和预测。这些都属于实践领域，是作战概念产生和发展的土壤。实践活动贯穿作战概念的生命周期。作战概念也有其生命周期，需经历诞生、发展、成熟、衰落等阶段。而作战理论研究、作战样式提出、作战能力发展、武器装备研发、演习演练检验、条令条例制定、组织指挥改革等实践活动构成作战概念研究的主要内容。

针对性特征。作战概念源自解决某一具体作战问题的作战需求，通常置于设定的时空条件下，基于当前特定或未来设定的军事、政治、经济、外交、科技、工业等方面的状况而提出，而作战需求更是离不开设定的安全战略、军事战略、作战理论、作战对手、地缘态势、战场环境、武器装备等要素。提出和研究作战概念的目的，首先是针对某一具体作战问题的解决。针对性不只是表现为作战问题找得准，即作战问题高度聚焦、作战样式可行高效、作战能力能够支撑。只有加强针对性，才能更好地突出作战概念研究的目的性，并取得更大的军事效益。

对抗性特征。作战概念研究立足于实战，设定的对抗情形应尽可能接近实战。只有在更接近实战的想定中制定的作战概念，才能更好地解决作战问题，才能更具有指导意义。

预测性特征。预测是作战概念研究的前提、基础和重要内容。作战概念的重大军事价值，就体现在提出未来作战问题的解决方案。作战概念着眼未来战争，立足作战需求，既要考虑现实能力和条件，更要将未来一段时间内的政治环境、地缘形势、威胁特点、军事战略、作战理论、科学技术、武器装备乃至社会状况、经济形势、文化种族、自然环境等方面的预测性因素作为基础、前提和约束条件，形成新趋势、新发展、新方向、新变化、新因素、新科技和新方法等。这些预测性因素直接决定了作战概念能否成立和是否具有重大军事效益。

牵引性特征。牵引是作战概念研究的基本功能之一。作战概念旨在解决作战问题，必然会牵引出新的作战能力需求。作战概念研究的核心内容是创新作战样式。新的作战样式需要构建新的作战能力作为支撑，并通过或者依靠重组现有武器装备，或者研发新型武器装备，或者变革指挥控制体制，或者采用新的作战编组等方面的措施实现。

4.2 作战概念的开发方法

4.2.1 作战概念的组成要素

要素是事物构成的重要元素，要素齐全是进行作战概念研究的首要要求，也是作战概念完整性的可靠保证。作战概念的要素可分为三大类，分别是作战问题描述类要素、作战问题解决类要素和作战能力需求类要素。

作战问题描述类要素。作战概念都是针对某一具体的作战问题的，具有鲜明的针对性和对抗性，不存在通用的作战概念。描述作战问题是研究作战概念的前提，应基于未来的特定时空条件进行。具体包括作战概念的战略背景及目标、威胁、对手、时间、空间、环境、条件、能力等。

作战问题解决类要素。作战概念要给出某一具体作战问题的解决方案，具有较强的技术性和可操作性。对于作战问题解决类要素，与计划、想定、推演等工作有很大相似性。作战问题的解决方案应当具有说服力和可操作性。具体包括作战概念的指导、原则、样式、方法、内容、场景等。

作战能力需求类要素。作战概念提出的作战问题解决方案，往往需要建设新的作战能力才能满足。研究作战概念，不但要针对问题提出作战概念，还要提出新的作战能力支撑需求和建设途径。作战能力需求类要素应具备高度的科学性和可行性，具体包括作战能力的需求内容、建设途径等。

4.2.2 作战概念的影响因素

作战概念作为作战理论的重要组成部分，具有丰富的内容体系。影响作战概念创新提出的主要因素通常包括以下几个方面。

作战概念的内涵和外延随时代发展而变化。作战概念的内涵和外延并非一成不变，而是随人类社会、科技、文化的发展及战争形态的演变而变化。战争作为一种社会历史现象，在人类文明发展的漫漫长河中，其形态不断随着社会制度、生产方式的发展而演变，也必然反映在作战概念的内涵和外延中。

科学技术是作战概念最重要的影响因素。武器装备是战争的物质基础，是战争的最基本要素，也是作战概念的核心要素，而科学技术是武器装备发展的最大推动力。武器装备数量和质量对作战有着决定性影响，其迅猛发展也在不断改变着作战样式，从而成为作战概念发展的最有力推手。

战略前沿技术是作战概念最活跃的影响因素。第二次世界大战结束以来，以微电子、核能、航空航天、新材料、新能源、计算机、互联网、信息、人工智能、大数据等为代表的战略前沿技术的出现和迅猛发展及其在军事领域的应用，使得进行战争的物质基础和技术条件发生了前所未有的改变。这也是近年来主要军事强国越发重视作战概念研究的主要原因。

作战概念必须反映全球化和信息化的影响。随着全球化和信息化进程的深入演进，新现象、新形势、新问题、新矛盾、新威胁、新冲突、新挑战不断涌现，战争和武装冲突的目标、诱因、主体、形式等方面将更为复杂、多元和多样，并表现为更加不确定、非线性和难以预测，这也极大地增加了作战概念研究的难度和复杂性。

作战概念研究需要处理好作战时空组织和协同。作战在本质上就是在作战目标牵引下，在一定的作战时间和作战空间约束下，更高效地遂行作战行动的问题。优秀的作战概念，必须能够做到作战时间和作战空间的高效组织和各种作战力量之间的密切协同，这是作战概念研究的重要标准。

4.2.3 作战概念研究要点

作战概念研究通常按照分析形势任务—找准作战问题—创新作战样式—给出能力/需求—提出落实措施的思路进行。研究过程中需要遵循以下原则。

坚持问题导向。作战概念是针对某一具体作战问题的解决方案。技术和装备问题由作战问题牵引而来，是解决作战问题过程中催生的作战需求的产物和结果，是作战问题的技术解决方案。应坚持问题导向，而不是技术研究和装备研发导向。

注重前瞻创新。作战问题的解决方案，主要体现在作战样式上。作战样式应具有高度的思想性、科学性、技术性、工程性、艺术性、创新性、前瞻性和预测性，避免"新瓶装旧酒"，还需合理、可行，做到"意料之外、情理之中"。

聚焦解决问题。作战概念的核心在于作战问题的解决，作战问题的解决方案是作战概念研究的最重要成果。作战概念研究无须进行关键技术攻关、技术方案设计、原理样机研制等装备研发工作，可开展一些总体方案论证、技术体系梳理等方面的工作。

避免厚此薄彼。应高度重视战术层面的作战概念，避免偏好战略概念轻视战术概念。信息化局部战争条件下，战略、战役和战术之间的界限趋于模糊。兵力编组小型化、作战行动特战化、攻防行动精确化和隐身化已成为信息化作战的发展趋势。由于信息化局部战争的高强度、高烈度、高消耗、高节奏，使其可能仅有战略和战术层面的行动，战役层面的行动可能会消失。

准确精练命名。作战概念内涵经过高度凝练、抽象化，形成作战概念名称。命名作战概念，应能准确反映时代特征，应基于作战样式而非基于作战特点，精准反映作战概念的核心内容，具有高度的辨识度和区分度，通过名称就可对作战概念的内涵做到基本掌握，仅凭名称对作战概念的理解不会产生较大偏差。

作战概念研究是有目的、有组织、有计划实施的军事理论研究活动，研究过程中应注重把握：一是**整体性**。作战概念研究流程包括提出作战问题、作战理论研究、作战概念评估、作战概念输出等环节，各环节顺序执行，不断完善，从整体上保证作战概念研究的科学性。二是**目标性**。作战概念都是针对某一作战问题而进行开发的，具有明确的目标指向。作战概念研究流程有明确的输出，主要表现为解决某一作战问题的作战样式及相应的作战能力需求、装备需求、作战编组、指挥体制、关键技术等。三是**演进性**。提出的作战概念需经推演评估、演习演练等反馈环节的验证，随着作战概念研究的外部环境和内部条件发生变化，需要进行多次迭代演进。

4.3　作战概念的军事效益

作战概念会对军事领域各个方面产生巨大影响，而研究的作战概念只有切实落地，才能转化为军事效益，这也是体系聚优作战概念研究的基本价值取向。作战概念的军事效益主要体现在创新作战样式、牵引装备发展、完善条令条例、优化作战编组、改革编制体制、指导教育训练、发展军事思想、践行军事战略、丰富军事文化等方面。

4.3.1　创新作战样式

创新作战样式是作战概念研究的核心内容，作战概念首先是作为一种新的作战样式提出的。这种作战样式可更高效地解决某一类作战问题，这种作战样式经过推演、演习的检验，可在很大程度上确定该作战概念成立，能够更有效地应对某些安全威胁。作战概念的阐述和表达方式，与作战样式几乎一致。在使用层面，可以将二者等同。因为作战概念首先是一种新的作战样式。空地一体战、空海一体战、分布式作战等作战概念，人们对其首要印象就是一种新的作战样式。这些作战概念针对具体作战对手和地理区域，具备作战样式所有的要素和特征。

4.3.2 牵引装备发展

武器装备是战争的物质基础，在作战概念牵引下，武器装备发展更具针对性，能够更好地服务军事斗争需要，同时保证国防投入具有更好的投入产出比。作战概念会提出新的作战能力需求，进而牵引武器装备发展。作战概念中，需要提出新的作战场景，也是武器装备的使用场景。新的作战能力是解决面临的某一类作战问题的途径，尽管创新使用现有武器装备也可实现新的作战能力，但在更多情况下，新的武器装备才是新的作战能力的基础和源泉。例如，隐身作战概念基于强对抗的战场环境而提出，并牵引具备隐身性能的飞机、导弹和舰艇发展，目前，隐身性能已成为武器装备最重要的技战术指标之一。

4.3.3 完善条令条例

条令是"由血汗写成的"。随着形势任务、作战思想、作战对手、武器装备的发展变化，条令条例自身也在不断完善，以更好地适应新的情况和新的要求。条令条例将军队建设和军事斗争的经验进行总结升华，是某一历史时期内军事活动规律的客观反映，体现了军队在某一历史时期的使命任务、军事战略、军事思想、建设方针、作战原则等，有较强的时效性，决定了其普遍的指导作用只能更好地适应某一历史时期的作战行动。和平时期，作战概念研究是完善条令条例的主要方式。一般而言，作战概念都要经历诞生、发展、成熟、衰落的生命周期。作战概念要发展成熟，需通过多次的演习演练进行验证。验证作战概念的过程，也是对未来战争进行研究和探索的过程，同时也是宝贵的军事实践，可以用于完善已有条令或制定新的条令。

4.3.4　优化作战编组

作战编组形式是人与武器装备相结合，按照一定的作战样式，所采用的兵力编成和组织形式。作战编组形式必须与作战样式和武器装备相适应，以充分发挥其战斗力。作战概念不仅可以通过优化现有作战编组形式，充分挖掘现有作战体系的作战潜力，还能够适应未来武器装备和作战样式的要求，催生新的作战编组形式。例如，美军在其"分布式海上作战"概念中提出"If it floats，it fights"的口号，要求所有舰艇都具备打击能力，即使补给舰等战斗支援舰艇也要搭载反舰导弹，就是对现有作战编组的优化。而美军在"马赛克战"作战概念中类比了"马赛克拼图"的思路，提出将大量、小型、低成本、多样化、自主化程度高的武器系统作为感知单元、决策单元或行动单元分散部署，根据不同作战需求柔性组合，形成更加灵活、韧性的作战体系来提高整体效能，就是在催生新的作战编组形式。

4.3.5　改革编制体制

作战能力和编制体制好比经济基础和上层建筑之间的关系，作战能力决定编制体制。作战概念通过提出新的作战样式，牵引武器装备建设，从而提供新的作战能力，必然引发作战编制体制变革。例如，在无人作战概念牵引下，无人作战系统将成为未来的主战力量，在各国军队编制中，无人作战系统也将成规模、成建制编成部署。美军在其2021年最新公布的《智能自主系统科技战略》中强调指出，要融合自主性、无人系统和人工智能，加速智能平台的开发部署，使无人系统成为海军力量结构中可信赖和可持续发展的重要组成部分，有力支撑美海军"分布式海上作战"概念实施。俄军也提出要在2025年前组建战斗机器人部队，并将其作为一个独立的作战部队进行管理。

4.3.6 指导教育训练

作战概念是理论创新,理论需要经过检验才能成立,并通过推广才能发挥其效益。演习演练是检验作战概念的最好方式,而教育训练直接作用于人这一最重要的战斗力要素,是作战概念转化为作战能力的必由之路。依照作战概念进行作战,能否更高效解决特定作战问题,演习演练是最好的方式。演习演练不但可以加深对作战概念的认识和理解,通过演习演练,还可以完善作战概念。

4.3.7 发展军事思想

作战概念服从军事思想的指导。军事思想是关于战争、军队和国防的基本问题的理性认识,是军事实践的经验总结和理论概括。作战概念推动军事思想的丰富和与时俱进。作战概念不但是军事思想的直接产物,还通过对军事斗争准备的效益释放,使得军事思想具备新的内涵。例如,抗日战争期间,敌后根据地大力展开"游击战""地雷战""地道战"等非对称作战,沉重打击了日寇,有力支援主战场,奠定了人民战争军事思想产生和发展的基础。

4.3.8 践行军事战略

军事战略是关于军事全局性、长期性的方略。作战概念需服从服务于军事战略,通过解决特定作战问题和消除特定军事威胁,成为践行军事战略的重要抓手。作战概念和军事战略,都需说明面临的军事威胁和潜在作战对手,并描述未来的战争目标、地理区域和作战样式,区别在于作战概念是军事战略的践行,表现为军事威胁和作战目的更清晰、作战对手和作战区域更明确,并提出新的作战样式作为解决方案。

4.3.9 丰富军事文化

作战概念对所有军事领域都会产生影响,这些影响都会在军事文化上有所体现。军事文化表现为军队的政治信念、价值观念、道德规范等，是军队精神的体现与物化。文化是最强大、最持久的力量，作战概念也通过军事文化得以存续。作战概念要转化为军事实践，而军事实践是军事文化发展的源泉。创新的作战概念，通过变革军事实践，进而影响和改变军事文化。联合作战已成为美军作战的基本特征，通过一体化集成多军兵种作战能力，实现更高效协同。美军认为，联合作战能力建设的关键并非条令或训练，而是"联合"的文化和理念。

4.4 作战概念研究的基本思路

作战概念研究是军队在信息时代面临的重大课题和重要任务。作战概念在研究实践中逐渐总结形成的方法论，在一系列局部战争和军事冲突中得到实践验证和发展，既为体系聚优概念研究提供了战略引领和具体的方法步骤，从其研究的价值取向和研究方法的科学性上奠定了体系聚优的理论基础，也为今后研究作战概念提供了基本思路和方式方法。

4.4.1 转变思想认识，发挥作战概念引领作用

世界军事发展和战争实践深刻表明，一流军队设计战争，二流军队应对战争，三流军队尾随战争。美军之所以能够长期引领世界军事发展，其关键就在于美军始终坚持概念先导，主动研究作战概念，设计未来战争，以作战概念创新引领驱动装备技术、体制编制、作战编成、条令条例等发展。

随着新军事革命和科技革命的蓬勃发展，战争形态和制胜机理正发生深刻变化。被动应对战争、被动满足需求的思维已经难以适应体系对抗要求，对主要对手提出的作战概念被动跟随、亦步亦趋将无法在大国博弈竞争中赢得主动，亟须转变思想认识。**一是树立设计战争、创造需求的理念**。从军队作战的视角审视战争，以提供作战问题精确聚焦、作战手段有效可行、作战效能量化可评的整体解决方案为目标来研究作战概念，实现整体能力交付，牵引军队作战体系建设。**二是树立主动引**

领、大胆创新的理念。深刻洞察现代战争特点规律和制胜机理，研究新时代的"排兵布阵法"，将传统集中优势打歼灭战、游击战等经过实战检验的精髓作战思想在新的时代背景下发扬光大，研究形成具有时代特色、符合现代战争规律的新型作战概念，不断丰富现代作战理论体系。

4.4.2 创新组织模式，打造作战概念研究平台

作战概念的重大军事价值，主要体现在提出未来作战问题的解决方案。作战概念着眼未来战争，立足作战需求，既要考虑现实能力和条件，更要将未来一段时间内的政治环境、地缘形势、威胁特点、军事战略、作战理论、科学技术、武器装备乃至社会状况、经济形势、文化种族、自然环境等方面的预测性因素作为基础、前提和约束条件来综合研判和科学分析。

作战概念研究涉及领域极广、专业性极强、实战导向极其突出，亟须"软""硬"兼顾，围绕组织体系构建和研究环境建设，创新组织模式。**一是打造军地紧密协同的作战概念创新联合体**。汇集军队、企业、高校、科研院所等优势力量，面向战场、面向部队、面向未来，联合开展未来战争设计。建立扁平化组织机构，借鉴"行政、技术两条指挥线"的成功经验，构建"行政+技术"集成化高效管理机制，实现作战概念研究中目标一致、文化融合、资源均衡、过程协同、信息共享、程序规范。**二是打造军地联合研究作战概念的开放创新平台**。借鉴美国洛·马公司创新中心模式，军地联合推进未来作战概念创新中心构建，运用数字孪生、虚拟现实、5G、平行仿真等先进技术手段，建设覆盖"作战问题分析—作战样式设计—作战能力评估"的开放式作战概念创新实验室，以及内外场紧密融合、全时全域覆盖的体系能力联合试验验证环境，打造支撑军地联合研究作战概念的"新基建"。

4.4.3 坚持理技融合，规范作战概念开发流程

作战概念研究是"设计战争"的重要基础，是集军事理论研究、作战体系构建与联合运用研究、装备体系集成与作战运用研究、装备平台

应用与作战使用研究、新兴技术潜在军事能力研究等多领域高度交叉、深度融合的体系工程，是理论、技术和实践高度融合的产物。

开发作战概念，需要坚持理技融合。**一是构建以作战概念核心思想为中心的理论体系**，将核心思想作为理论开发的起点，提出实现作战概念必须解决的问题，根据问题来设计实现核心概念所需的作战能力，通过逐层分析，形成抽象与具体相结合、宏观与微观相结合的完善的理论体系。**二是科学规范作战概念开发流程**。加快推行"技术+谋略"的作战概念开发模式，按照"找准作战问题—提出解决方案—明确能力需求—构建技术体系—推演检验评估—进入条令条例"的闭环模式，打通新概念从生成到运用的完整链路，发挥人工智能、云计算、大数据等新一代信息技术的赋能作用，统筹处理好作战目标牵引下作战概念要素在作战时间和作战空间的高效组织和密切协同，推动作战概念生成流程向科学化、标准化、规范化方向发展。

4.4.4 聚焦效能提升，夯实作战概念核心环节

恩格斯曾深刻指出："一旦技术上的进步可以用于军事目的并且已经用于军事目的，它们便立刻几乎强制地，而且往往是违反指挥官的意志而引起作战方式上的改变甚至变革。"这一名言深刻地揭示了技术是推动作战方式变革的动力。实践是作战概念的归宿。作战概念只有在试验评估中不断发现问题并优化完善，才能进入条令条例，有效指导作战体系建设和部队实战应用。

聚焦作战概念效能提升，需要紧紧扭住技术布局和试验评估这两个核心环节。**一是紧前布局前沿颠覆性技术**。深入探索人工智能、无人系统、量子信息等前沿颠覆性技术的军事应用，捕捉和开辟可能改变战争形态、作战规则、攻防格局的技术方向，打造更多克敌制胜的战略"铁拳"，提高对军队作战体系建设的贡献率，为作战概念效能生成提供不竭动力。**二是做好作战概念试验评估**。借助重大演习活动、各军兵种挑战赛等契机，运用模拟仿真、作战推演、实兵演练等手段，结合军队作战体系建设需要，设计专题演练科目，摸索配套试验评估方法，通过可信、可靠的试验评估，探索战斗力生成规律，不断促进作战概念成

熟完善。

综上所述，作战概念研究的理论方法，是在军事理论研究实践过程中总结形成的方法论，并且在一系列局部战争和军事冲突中得到实践验证和发展，为体系聚优概念研究开发提供了战略引领和具体的方法步骤，从其研究的价值取向和研究方法的科学性上奠定了体系聚优的理论基础。

参考文献

[1] 杨巍，王世忠，魏凡. 美军推进作战概念研究的主要做法及启示[C]//新兴领域战略高端论坛组委会. 第二届新兴领域战略高端论坛优秀论文集. 成都，2021.

[2] 葛妍，贾珍珍. 军事变革下的未来作战概念与作战样式[J]. 军事文摘，2020（15）：55-58.

[3] 焦亮，祁祺. 美军作战概念创新发展问题分析[J]. 军事文摘，2021（3）：54-59.

[4] 郭渊斐，徐文龙，赵玉亮. 美军"马赛克战"的发展及对我军智能化建设的启示[J]. 海军工程大学学报（综合版），2020，17（1）：24-28.

[5] 杨巍，秦浩，魏凡.国外军用无人系统发展运用新动向探析[C]//中国电子科技集团有限公司科技质量部. 第九届中国电科战略情报研讨会论文集. 长沙，2021.

[6] 谢菲，张辉. 从我军历史中汲取战争设计智慧[N]. 解放军报，2021-06-03（7）.

5 核心篇
体系聚优概念解析与主体内容

体系聚优概念研究，是一种作战理论研究活动，其遵循作战概念研究的基本理论、一般要求和方式方法，结合时代特征和先进技术发展趋势，旨在通过对信息化局部战争作战问题的研究，分析、提炼出其共性特点，抽象概括出其本质规律，力求准确反映时代特征、实践特征，明确反映核心内容，使其只通过名称就能对作战概念的内涵做到基本掌握，进而创新基于网络信息体系的重要作战模式，为探索未来具有智能化特征的信息化局部战争制胜规律提供理论参考。

体系聚优是指在联合全域作战中，充分发挥网络信息体系的核心支撑作用，将分散部署在陆海空天电网各作战域的作战力量、作战要素、作战单元融合成为联合作战体系，形成整体优势，实现能力聚优而组织的一系列作战活动。该作战概念强调在联合全域作战行动中，依托网络信息体系，实现全域态势共享、自主协同联动、跨域跨网聚能，最终实现"1+1>2"的作战能力聚优，达成联合制胜。该作战概念的本质是一系列作战活动，关键是联合全域作战、网信体系核心支撑和实现能力聚优。透过体系聚优的本质和关键可以看出，体系聚优由多个具体作战行动组成，是战役层次的作战指导理论。体系聚优的基本形态是陆海空天电网联合全域作战，是在网络信息体系支撑下进行的体系战、总体战，其核心价值取向是实现能力聚优，包括信息聚优、决策聚优、行动聚优，以能力聚优赢得作战主动和胜利。

5.1 体系聚优是信息化局部战争制胜的基本策略

在人类战争史上，每个重要时期都产生了一些具有时代特色的典型作战概念，比如第二次世界大战时德军的闪击战，第二次世界大战后苏军提出的大纵深作战，美军提出的空地一体战和空海一体战，等等。这些作战概念充分发挥了当时先进军事技术和装备优势，顺应作战规律要求，对促进军队战斗力提升、赢得战争胜利发挥了重大作用，也对其后的军事技术和武器装备发展产生了重要影响。体系聚优概念的提出，主要着眼信息技术等先进技术群对军事领域的革命性影响，以及对战争形态演变的重要推动作用，研究并遵循信息化局部战争特点规律，探索符合联合全域作战特点要求的基本方略和制胜策略。

5.1.1 顺应信息时代发展的产物

作战概念是根据历史、现在和未来的政治、经济、科技、社会、文化等发展情况，以及安全形势、威胁判断、战场环境等作战条件而提出的作战对策，具有鲜明的时代特征。体系聚优着眼信息时代发展新变化，总结借鉴当今世界主要军事强国作战理论发展新特点，是应对当今时代复杂军事斗争形势的对策探讨。

近几年，美国陆续推出"联合全球公域介入与机动""空海一体战""网络中心战""马赛克战""分布式作战""联合全域作战""多域作战""决策中心战"等一系列新型作战概念。在最新提出的几个作战概念中，"分布式作战"是指通过军事网络互联，使大范围广泛分布的作战单元能够共享指示命令、战场态势和火力资源，实现自主协同作战的方式，其核心思想是将大型武器装备的功能分解至大量小型平台，通过自主协同、自适应等技术，达到相同甚至倍增作战能力；"多域作战"是指将作战扩展到海洋、太空、网络空间等各作战域，其中心思想是"所有战争领域的快速且持续的整合"；"联合全域作战"是指联合部队将海上、陆地、空中、网络、太空、电磁等各作战域的行动整合到作战规划中，并在执行过程中以所需速度和规模同步展开,以占据优势并完成任务,其目标是融合陆海空天电网各域,特别是新兴的太空和网络空间域作战力量,实现持续优势;"马赛克战"是指利用相对较低成本、较低复杂度的传感器、多域指挥控制节点、有人/无人系统等,根据威胁目标、战场环境和作战需求,以自协调、自适应的方式快速构建作战体系、完成作战任务,其核心思想是通过使用人机协同指挥控制,迅速编组和重组一支更加分散部署的作战力量,以提高作战适应能力,给对手制造麻烦或不确定性,其重点强调兵力运用的可组合性和去中心化思想,企图通过给敌方制造多重困境,增加敌方认知迷雾,同时加快己方决策速度,提升作战体系韧性,实现制胜目标;"决策中心战"是指通过干扰、破坏对手认知,使敌方不能正确决策并感到获胜无望,从而达成慑止战争或取得战争胜利的目的,实现"不战而胜",其强调加速己方指挥控制链的运行速度,同时在陆海空天电网等全作战域,通过分布式部署、动态编组、降低电子辐射及实施反 C^4ISR 作战等,确保指挥官能够做出更快、更有效的决策,取得决策优势,同时给对手制造困局、危局,降低对手的决策质量、速度和决策能力,使对手指挥控制失效,增加作战难度及获取胜利的不确定性。

综合分析这些作战概念可以看出,其共同的思想都体现出体系作战理念,强调依托网络信息技术和手段,从过去一体化联合转变为内聚式联合,实现各种力量、各种能力和各种行动的无缝连接,目的是对敌方形成绝对作战优势。虽然美军这些作战概念是否符合现代作战规律尚有待战争实践检验,但可以确定的是,其所体现的体系作战思想代表了当前和未来一段时期作战理论的发展方向。体系聚优所体现的同样也是体系作战、整体制胜思想,强调体系聚优制胜。这一方面反映出体系聚优是对战争形态演变规律研究的结果,另一方面也与世界军事理论研究的大势"不谋而合"。

5.1.2　凸显信息化局部战争的作战规律

作战概念研究虽属于作战理论研究范畴,但其产生、来源于战争和作战实践,客观基础是战争实践,是对战争实践的总结、分析和提炼,并且反过来指导战争和作战实践，还要接受战争和实战检验。因此，作战概念具有鲜明的战争实践特征。当前，信息化战争加速演变，智能化特征日益凸显，战争形态不断向信息化深度演进，向智能化快速发展。信息化局部战争的主要特征是体系与体系之间的整体对抗，不再是特定部队、武器、后勤，或者特定武器平台之间的竞争，而是在网络信息技术和手段支撑下进行的总体战、体系战。信息时代作战，靠单一军兵种、单一要素单打独斗主宰战场的作战理念，已不适合新的战争形势要求。必须确立基于体系对抗的整体制胜理念，科学、合理地规划作战任务，明确共同作战目标，聚集参战力量的作战效能，达成密切协同、并行同步作战，形成体系优势，实现作战能力倍增，并在需要的时间、地点和目标集中释放，赢得作战胜利。

信息化局部战争中的联合全域作战，由于参战力量涉及诸军兵种，部署分散、地域广泛；武器装备种类繁多、型号各异；作战域涵盖陆海空天电网，遍及全维全域；作战资源丰富多样，战场形势瞬息万变，这就更加需要对战争涉及的各种资源进行科学调度、合理组合，及时把各种力量、各种要素、各作战单元整合成一个能够发挥实效、运作自如的有机整体，形成体系优势和整体威力，达到"1+1>2"的倍增效应，才能有利于夺取战争主动权。

体系聚优顺应信息化局部战争联合全域作战规律，充分发挥先进信息技术优势，以网络信息体系为支撑，通过科学、合理地组合作战力量、作战要素、作战单元，形成体系优势、达成体系制胜。可以说，这一概念是着眼战争形态演变、适应信息化局部战争联合全域作战要求的作战指导理论。

5.1.3 体现军事技术和武器装备最新发展成果

技术决定战术。军事技术和武器装备是进行战争的物质基础。作战概念研究是建立在当时物质技术发展的基础上的，既是当时先进技术在军事领域的反映，也是技术对军事发展推动所产生的结果。科学技术是作战的技术支撑，对推进军事理论发展具有重要驱动作用。科学技术的每一次重大进步和创新都会引起战争形态和作战方式的深刻变革。军事技术和武器装备的发展必然会带来作战方式和制胜途径的改变，从而推动军事组织形式和作战样式改变；军事组织和作战样式也必须与当时的军事技术和武器装备相适应，才能有效发挥作战效能，达到制胜目的。在作战实践中，新技术催生新式武器装备，新式武器装备配发部队必然带来作战方式和作战运用方法的改变。这些新的作战方式和方法积累到一定程度，将引发作战理论变革，并最终导致组织结构、体制编制的变革，作为体现新的组织形式和作战样式的新作战概念才会水到渠成、化茧成蝶。

在远古时期，人们只有简陋的刀枪棍棒等近身武器，战斗能力有限，只有群起而攻之才能取得最大成果，于是产生了以数量规模为制胜关键的人员密集攻防阵法。在中世纪早期，骑兵并不占据重要地位，直到马镫与马鞍技术出现，使骑兵能稳固身体平衡，降低了训练难度，并产生了正面攻击、中央突破和长途奔袭等骑兵战术，提高了作战机动性，增强了骑兵冲击力和作战能力。金属冶炼技术的发展，出现了铜、铁等金属兵器，金属兵器具有刺、扎、钩、砍等功能，必须近距离搏击，这决定了当时战斗的方法只能是集团方阵战术。火药制作技术产生后，出现了火枪、火炮等火器，火枪、火炮的剧烈杀伤威力和不断增大的射程给集团方阵式作战造成重大威胁，因此，为提高进攻中的防护力，产生了线式战术、纵队战术和散兵线战术。随着机械制造技术的发展，以坦克、飞机等为代表的机械化兵器大量运用，使立体打击、远程机动、综合防护等能力产生质的飞跃，这为合同作战、联合作战创造了条件。20世纪90年代以来，随着高技术精确制导武器、武装直升机和自动化指挥设施大量装备部队，航天器开始运用于实战，军队作战中出现了与之相适应的"空地一体战""非线性作战""外科手术式空袭作战"等全新作战样式。

体系聚优的形成与发展，同样也建立在先进科学技术发展之上。特别是，信息技术在军事领域的广泛运用，不仅使武器装备的作战效能大幅提升，而且使指挥员有条件、有能力选择并组织调动部署范围更广、人员数量更多的作战力量，控制更多的武器装备，运用更多的作战样式、方式，与对手展开较量。先进的作战指挥网络信息使"侦、控、打、评、保"无缝衔接，体系作战成为现实，争夺信息优势成为战场制权争夺的焦点，信息战和信息战理论等应运而生，为体系聚优的产生提供了技术和理论基础。当前，人工智能、大数据、物联网等高新技术群对作战制胜方式和途径的影响日益深入，特别是人工智能辅助决策技术、柔性组网技术、信息融合技术等，进一步为实施基于网络信息体系的体系聚优提供了重要技术支撑，使军队作战组织指挥的形式发生了根本性变化，组织手段更多、组织范围更广、组织对象颗粒度更小、组织速度更快、组织效率更高，使体系聚优有效发挥能力倍增效应成为可能。网络信息技术等高新技术发展为实施体系聚优提供了有力技术支撑，体系聚优是信息技术推动作战理论发展的必然结果。

5.1.4 基于网络信息体系形成整体优势

体系聚优是指在具有智能化特征的信息化局部战争中，围绕形成体系优势、达成体系制胜而组织的作战。体系聚优强调在网络信息体系支撑下，广域分布的各作战力量、作战要素、作战单元之间实现态势共享、自主联动、一体融合和跨域聚能，在作战需要的时间、地点、空间形成相对优势，达成体系制胜。

该概念中，"体系"是指以军事信息网络为依托和纽带，将各作战力量、作战要素、作战单元，以及作战支援系统和军队各业务系统等无缝连接、有机融合为一个整体，形成统一高效的作战体系。"聚优"是指分散部署的作战力量、作战要素、作战单元在网络信息体系支撑下，实现多域、多点、多向的聚能、聚力，形成整体或局部作战优势，使作战效能得到最大程度发挥，为作战制胜创造条件。

在"体系"与"聚优"的关系上，"体系"是基础，是展开作战行动的依托和支撑，是形成优势的条件；"聚优"是结果，是构建体系的目的，是最后取得作战胜利的手段和关键。形成体系是为了获取战争和作战优势，实现能力聚优，进而夺取主动控制权；获取优势需要体系支撑，同时也更有利于巩固体系的坚韧和稳固。两者一体共生，又互为因果，不可分割。

5.1.5 体系与体系整体对抗的有效战策

在信息化局部战争中,敌对双方对抗的基本形式是体系与体系在整体上的较量和抗衡。体系聚优强调运用网络信息体系把优势聚集起来,形成信息优势、决策优势、力量优势、行动优势,最终将优势转化为胜势,赢得作战主动和胜利。因此,总体军事实力相对较弱一方,也可以运用体系聚优原理,在关键方向、时间、地点,聚集形成相对优势,通过关键局部胜利的突破,争取全局的胜利。这表明,体系聚优也是军力相对弱势一方应对强大一方威胁的有利战策。

5.2 体系聚优的关键是实现能力聚优制胜

自战争产生以来,集中优势兵力、聚集作战能量是作战制胜的主要途径和基本准则。《孙子兵法》指出:"兵之贵合也。合则势张,合则力强,合则气旺,合则心坚。"马克思强调:"战略的奥妙就在于集中兵力"。克劳塞维茨在《战争论》中也指出:"战略上最重要而又最简单的准则是集中兵力"。毛泽东主席更是把"集中优势兵力,各个歼灭敌人"作为我军重要的作战指导原则,而且这一指导原则的强大威力在作战实践中得到充分体现和发挥。可见,集中优势兵力制胜已成为古今中外军事家的普遍共识。在信息化局部战争中组织实施体系聚优,同样强调集中优势兵力制胜,同时又赋予了新的时代内涵。

5.2.1 强调将兵力集中转变为作战效能聚集

体系聚优是顺应军事技术发展和信息化局部战争制胜机理变化的作战实践,是具有智能化特征的联合全域作战和体系作战。体系聚优按照以优胜劣、以强胜弱、以多胜少的作战制胜基本规律,顺应信息时代战争和作战制胜机理变化,充分发挥信息技术对军事变革的巨大影响和颠覆性作用,以网络信息体系为核心支撑,创新作战力量、作战要素、作战单元的组合模式,形成并有效发挥体系支撑和赋能倍增作用,确保在主要方向、关键部位或局部地区始终保持能力聚优和相对优势，最终实现体系制胜。可以说，体系聚优的关键是发挥网络信息体系的核心支撑和赋能作用，实现能力聚优。

人类社会进入信息时代之前，集中优势兵力更多体现的是规模优势、力量优势，且其受技术条件限制，这种优势只能用于有限的战场空间，局限于作战力量的简单叠加、组合，是典型的机械化战争的制胜机理。但在信息化战争中，陆海空天电网等作战空间浑然一体，有形的自然空间和无形的虚拟空间有机融合，战场空间"尺缩"，地形地貌和空间距离失去屏障意义，而信息优势对作战制胜的主导作用凸显，仅仅依靠规模优势、集群作战将难以取得胜利，而且兵力越集中、规模越大越密，所遭受攻击的威胁反而越大。因此，必须将兵力集中转变为作战效能聚集，才能适应信息化局部战争的作战要求。

体系聚优主要是发挥信息技术优势和信息主导作用，依托网络信息体系，将广域分布的作战力量、作战要素、作战单元链接成为一个有机整体，使传统的集中优势兵力转变为聚集优势作战效能，实现多维分布、广域聚能、体系制胜。从这一角度讲，体系聚优是信息时代对集中优势兵力作战思想的创新发展，是对信息化局部战争作战制胜机理的正确把握和有效应用。

5.2.2 延伸拓展了信息时代体系作战概念

在体系聚优中，体系是指各作战力量、作战单元、作战要素在网络信息体系支撑下，通过互联、互通、互操作和协同作用而形成的一个有机整体。各作战力量、作战单元、作战要素融入体系，共同为体系提供支撑、为体系赋能，实现体系优势、能力倍增；同时，体系又反哺各作战力量、作战单元、作战要素，提升其作战能力，甚至培育、增添新质作战能力。

信息化局部战争是体系与体系的综合对抗，基于这一特征，有学者相继提出一系列体系作战的概念，特别是体系破击战这一作战概念的提出，创新了作战理论，极大地丰富了体系作战概念在军事领域的应用。理解体系聚优基本内涵，还可以从与体系破击战的对比分析中来认识。

这是因为，体系聚优与体系破击战都是基于体系组织的作战，但两者在内涵上有很大不同：

作战目的/目标不同。体系破击战（System Destruction Warfare）是战术性较强的作战行动样式或作战方式，其强调通过打击对手关键节点、要害目标而破击敌作战体系，达成作战行动的胜利，为整体获胜创造条件。而体系聚优追求的是通过能力聚集，形成整体或局部优势夺取主动权，从而主导战局、控制战局，争取战争或战役整体上获胜，而不是局部、某一点或某一方向、某一次战斗的胜利。

作战重心不同。作战重心理论（Center of Gravity，CoG）由克劳塞维茨首先提出。他认为，"重心是一切力量与运动所依赖的中心，在战争中，应该集中所有的力量，打击重心"。简言之，"重心"就是敌人战役体系中的关键环节，不仅包括敌人的军事设施、指挥中枢、重兵集团等有形重心，还包括敌人的国家意志、部队士气和社会舆论等无形重心。作战重心理论的基本思想是，正确分析判断敌军的作战重心，充分合理利用己方力量，优先打击摧毁敌方重心，使敌方失去或者暂时失去核心战斗力，同时保护己方作战重心，为赢得战争胜利创造有利条件。在作战重心问题上，体系破击战突出"要害瘫痪"制胜机理，明确"先破后战"制胜要求，作战重心集中于敌作战体系的关键节点、关节部位，强调通过打击节点，瘫痪甚至摧毁敌作战体系关键功能，使敌因作战体系不能有效发挥作用而丧失意志和抵抗力。可见，体系破击战仍以传统作战体系为重心，在敌作战部署和作战体系强调"去中心化"、柔性构建网络、兵力分散部署的情况下，由于功能分解、关键节点化解，将因找不到关键要害目标而无法有效发挥作战效能。而体系聚优则针对敌"去中心化"后的情况变化，强调围绕体系组织作战，重点是确保己方体系顺畅运行和效能发挥，使各作战力量、作战单元、作战要素凝聚融合为一个有机整体，实现能力汇聚，发挥整体威力，在动态中形成体系优势，不但要打击敌有形"重心"，还要打击敌无形"重心"，以体系优势与敌体系对抗。

作战方式不同。在作战样式选择上，体系破击战一般以某种作战手段为主，与其他作战手段相结合，集中精锐力量，对敌作战体系乃至战争体系的关键节点、要害目标，实施毁灭性打击，削弱其整体作战效能，甚至瘫痪其体系，直至动摇和摧毁敌抵抗意志，从而以较小的代价达成作战目的。而体系聚优则是多种作战样式的"组合"，并不特指某一种；只要有利于形成优势，可以使用任何适宜的作战手段和样式。在攻防形式上，体系破击战更强调攻击，以攻击为主导；而体系聚优则强调，不仅要能以体系优势进行攻击，更要全面做好体系防护。在作战手段上，体系破击战强调通过打击对手关键节点，如指挥控制机构等，达成瘫痪对手作战体系的目的。这在柔性网络、"去中心化"场景下，具有较大难度。而体系聚优则不局限于某一种作战手段，强调无论敌方如何变化，都能够通过动态组合而聚力、聚能，形成相对优势，达成体系制胜。

5.3 体系聚优制胜是信息化局部战争作战指导新理念

作战概念通常划分为战略、战役和战术三个层次。不同层次的作战概念具有不同的指导意义。体系聚优从层次划分上看，既是一种总体性、全局性的宏观战略指导理论，又是战役层次的作战指导理论，具有战略性战役指导理论的属性。

5.3.1 注重全局、整体对抗

孙子曰："兵者，国之大事，死生之地，存亡之道，不可不察也。"战争是国家大事，无论是局部战争还是小规模冲突，都关系到国家的前途命运。战争不仅是军事行动，还涉及国家政治、经济、外交、社会、文化等各领域、各方面，因此，必须从关乎国家生死存亡的高度予以重视，启动整个国家战争动员体系，做好全面应对准备。人类社会进入 21 世纪，军事与政治、经济等方面的联动性、依赖性进一步加深，国家间战略角逐的空间已经向全领域延伸，国家及非国家行为体间对抗的战略性、综合性和整体性大大增强。针对战争形态的发展变化，美国学者弗兰克·霍夫曼在 2007 年出版的《21 世纪冲突：混合战争的兴起》一书中提出"混合战争"理论，指出未来战争战与非战的界限将更加模糊，作战样式将更趋融合。俄军总参谋长格拉西莫夫在 2015 年《叙利亚经验》

报告中指出，混合战争是在军事力量支持下，综合实施政治、经济、信息和其他非军事措施进行作战。混合战争的一个重要特点是战争力量、手段和作战样式的融合性，强调综合使用政治、经济、外交、军事、舆论等多领域力量，在战略、战役、战术各个层面综合施策，发挥综合制衡效应，以赢得彻底和持久的胜利（见图 5-1）。有学者指出，当今世界已经没有什么领域不能为战争所用，也几乎没有什么领域不具备战争的攻击性形态；战争已不再是纯粹军事领域内的行动；用超限战法组织所有战争资源，才有可能稳操胜券。

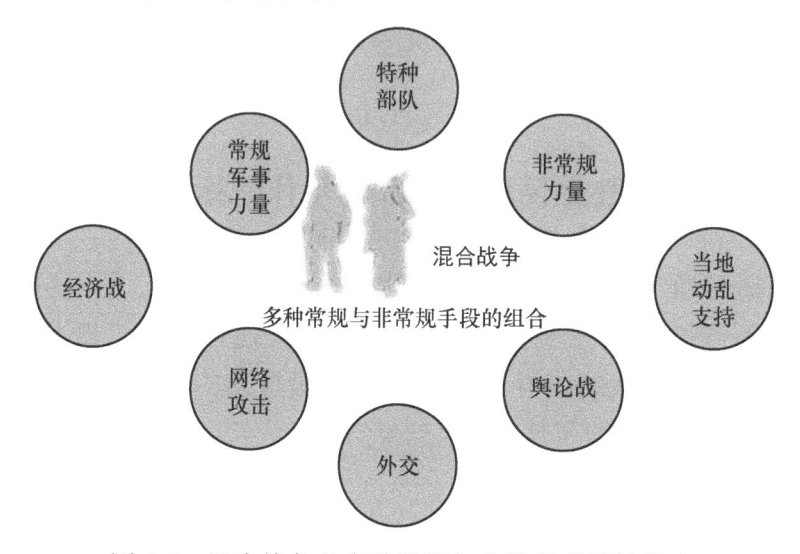

图 5-1 混合战争是多种常规与非常规手段的组合

在信息化局部战争背景下，信息技术以其强大的渗透性、融合性和军民兼容性，使一个国家的政治、经济、军事、文化、外交、社会等各领域交叉互动、融为一体，国家战争动员体系的每个要素都能在较短时间内更加紧密地联为一体、投入作战，这为凝聚全国全军之力形成体系聚优抗敌提供了有利条件。体系聚优正是着眼于战争和战略全局，基于网络信息体系，与政治、经济、外交、社会、文化、科技等领域紧密配合，形成综合能力的整体涌现，构建起强大的作战体系，与敌进行整体对抗。

5.3.2 高度融合、全域作战

具有智能化特征的信息化局部战争，作战空间遍及陆海空天电网及认知空间等全域，没有空间界限，没有前方后方、前沿纵深之分，联合全域体系化作战成为基本作战形态。通过跨域协同、多域融合实现体系聚能、增能、释能，成为作战制胜的关键。组织体系聚优，在作战力量上，构建跨域融合的作战力量体系，诸军兵种及各种支援力量都将参战，是真正的全民皆兵、全员参战；在作战编成上，根据作战任务需要，做到随时抽组任何军兵种、任何战区的作战力量，动态编成作战集群，是真正的模块化、柔性化、动态化编组；在作战部署上，坚持体系优势、效能最大化原则，做到兵力分散、火力集中、效能集中，确保始终能够实现能力跨域聚合，始终保持相对作战优势；在作战指挥上，坚持作战信息跨域共享，指挥控制跨域贯通，作战力量跨域支援；在作战方向上，既要坚持全域应战、全域展开，又要相对突出对战略、战役全局有重大影响的主作战域，其他各域随时做好跨域配合支援准备；在作战行动上，各作战域能够跨域响应、跨域协同，做到随时支援、随机加强。

5.3.3 动态聚优、非对称制敌

从战争一般规律看，作战制胜基本上是谁占据优势谁取胜，具体有以大制小、以多制少、以强制弱、以快制慢、以远制近、以高制低、以准制偏等多种表现。这些都是以非对称作战形式取得相对优势，达成战役胜利。未来信息化局部战争中，在以人工智能技术为主的先进技术的强大催生作用下，作战节奏极度加快，战场情况瞬息万变，"即时摧毁""秒杀战"等作战样式，使人类靠正常的生理和思维难以有效应对。据美军作战实验，人的视觉反应时间为 0.15～0.3 秒，遥控无人机有 2 秒的操控时间延迟；而安装"空战智能系统"的无人机反应时间仅为 0.001～0.006 秒，在空战中占据明显优势；战场在全域作战空间展开，陆海空天电网及认知域、信息域等，都将发生激烈争斗与攻防，跨域作战、跨域

协同成为基本要求；作战样式千变万化，战术战法难以预料，电磁频谱战、网络攻防战、信息战、制脑战等无声无息，却可能一招制敌。

面对复杂多变的战场形势，体系聚优坚持发挥体系优势，不与对手进行空对空、地对地、海对海、网对网的堂堂之阵，而是坚持非对称作战，根据作战需要，充分发挥网络信息体系的支撑作用，动态、合理地聚集力量和资源，柔性组合作战编成，使诸军兵种各域作战力量在最短时间内以最佳方式和最大威力融为一体，无论何种情况、何种形势都能随机、动态聚集，形成相对优势，特别是在主要方向、关键节点形成决定性优势，实现聚优制胜。

5.4 体系聚优具有开放、融合、自主、动态、自适应等新特征

体系聚优从本质上讲，是具有智能化特征的信息化局部战争条件下的联合全域作战，是在网络信息体系支撑下的体系作战，具有信息化、智能化战争作战的新特点，凸显了开放、融合、自主、动态、自适应等鲜明特征。

5.4.1 结构开放性特征

体系聚优的核心支撑是网络信息体系。体系的本质属性要求其必须是一个高度开放的体系，加之其运行需要大量外部信息数据支撑，并根据敌情动态变化随时调整补充新力量、新元素，这就决定了体系聚优必须保持高度开放性，体系内各系统、各构成单元，必须按照统一规范信息格式、数据语言、保密密钥和网络协议，采取即插即用模式，实现模块化编组，无论增加新的功能单元还是自身的单元模块变化，都要保持开放性，能够通过体系内部动态组合，实现无缝对接、一体联合，快速重组、跨域协同，优化集成、按需聚优，从而增强体系制胜能力。

美军 C^4KISR 的发展历程，充分显示了体系结构开放性特征。1958 年，美军建立了世界首个军事信息系统——"赛其"（SAGE）。这是一个半自动化的防空指挥控制系统（C^2），首次实现了信息采集、处理、传输

和指挥决策过程中部分作业的自动化。之后，美军经历近半个世纪的探索，根据技术发展和作战需要不断纳入新的系统，实现侦察监视、决策、杀伤、战损评估过程一体化，形成了同步、连续、动态、有机统一的 C^4KISR。从 C^2、C^3、C^3I、C^4I 到 C^4ISR，再到 C^4KISR（指挥、控制、通信、计算机、杀伤、情报、监视、侦察），构建了一个具有新的作战能力的有机整体。

基于 C^4KISR 系统，美国国防部高级研究计划局 2019 年 9 月在《马赛克战：恢复美国的军事竞争力》报告中指出，"马赛克战"要能根据战场情况的变化和作战需求，迅速自我聚合和分解，形成无限多的新组合，所谓"无限多"，主要指其具有开放性和可扩充性，能将作战力量构建为可灵活"拼接"、搭配的新作战体系。在这一新作战体系中，即使某一小块破损，也不影响作战体系整体作战效能。该报告中用"杀伤网"取代原"杀伤链"，主要企图就是即使"杀伤网"中的部分节点被破坏，也不影响"杀伤网"整体作战效能的发挥。此举进一步揭示了信息化局部战争中作战结构的开放性特征。

体系聚优在网络信息体系核心支撑下，使作战体系具备了开放能力，各种作战力量、作战单元、作战要素依托网络信息体系，能够快速部署集成，始终保持动态优势和体系优势，适应信息化局部战争联合全域作战的基本要求。

5.4.2 力量融合性特征

体系聚优中，为适应联合全域作战要求，作战力量将是功能型模块化部队，传统上以陆海空天电网等作战空间来划分的军种界限将趋于模糊、淡化，而是以作战功能区分，并最终将走向融合，即基于网络信息体系，将广域分布的陆海空天电网等作战力量连接为一个互联互通的有机整体，实现内聚融合；根据作战需要，作战、支援、保障等力量在信息共享和互联互通的基础上形成动态聚合，形成整体联动的体系优势，为实现体系制胜提供力量保证。

融合既不是简单的叠加，也不是结合、联合。叠加是两者简单却非有机地聚合在一起；结合是由分立情形到建立联系的状态；联合是两个以上不同个体通过某种联系结合在一起，共同进行某种行动。而融合的核心在"融"，更突出强调"你中有我、我中有你"的相互交融状态。

体系聚优中的力量融合，不仅是陆海空天电网各军兵种力量融为一体，而且作战人员与无人作战力量、无人作战力量相互之间，也要能够融为一体。随着人工智能技术、无人平台技术的发展，无人作战力量将形成新质作战力量体系。这些无人作战力量平台不仅能够自主对作战环境做出快速、有效的反应，而且可以与作战人员共享战场态势、动态协同行动。机器战士将完成大量以往由人员承担的作战行动。无人集群将在人的遥控、监控下对敌作战。"人机协同+无人集群"将成为未来智能化战争中重要的制胜要素。

美俄等国正在研发的"忠诚僚机"就是一种正在探索的有人-无人力量的融合。所谓"忠诚僚机"，是指无人机在信息网络支撑下，能够与有人机一起编组，并接受有人机的命令、指令，与有人机共同执行作战任务。无人机主要担负前出侦察、干扰，提供额外攻击弹药并辅助攻击，为高价值目标护航，甚至在紧急情况下替有人机"挡枪"等任务。

美国空军研究实验室（AFRL）最早于 2015 年发起"忠诚僚机"项目。该项目主要是研制一种新型自主无人机编队系统，能够实现包括有人机和无人机在内的多种机型的协同编队，并能够在复杂对抗环境下作战。在后续发展中，澳大利亚参与其中。美澳双方联合研制了"忠诚僚机"原型无人机，该型机也是波音公司空中力量编组系统（ATS）的重要组成部分。

综合媒体透露情况分析，目前空中力量编组系统（ATS）并未设计更多机外挂点，因此不会独立承担对地攻击等作战任务，其作战类型很可能是执行侦察、信号情报搜集等情报侦察监视（ISR）任务，同时也可与有人机编组协同作战，如与有人机按"长机+僚机"的模式组合，执行协同侦察任务；与 F-35、F/A-18E/F 等战斗机协同，遂行防空压制作战；与作战编队组合，前出遂行引导打击任务，等等。

目前，俄军有"猎人"重型隐身无人机和"雷霆"无人机 2 型两种无人机。"猎人"是俄罗斯研制的首架原型机，2019 年 8 月首飞，2019 年 9 月底与苏-57 首次编队飞行。这是世界上已知首次大型无人机与隐身战机编队试飞。由此表明，俄军"猎人"无人机可与苏-57 战斗机编组作战。俄军"雷霆"无人机在作战运用上，与"猎人"无人机基本相同，既可与有人机协同，也可自主执行侦察和对地/对海打击任务。

5.4.3 编成动态性特征

作战编成是战时的作战组织结构，是指战役指挥机构指挥员为达成特定作战目的，根据作战需要，从诸军兵种抽调所需部队，组成统一作战集群或集团，以遂行作战任务。作战编成是动态变化的，主要根据任务、敌情、作战环境和战术、战法需要，确定所需作战单元。美军"马赛克战"是动态编成的一种典型体现。美军"马赛克战"强调，要根据战场情况不断变化和不确定因素，以及作战需要，借助先进指挥控制和互操作技术，以自适应体系随时重组作战力量编成，形成即时所需作战体系和作战能力。

组织实施体系聚优，战场向太空、网络、电磁、生物、信息甚至认知等新作战空间延伸，战场空间广泛扩展，已没有前方后方、前沿纵深之分，作战任务更将千变万化、复杂多样，给作战指挥和作战行动带来更大的不确定性与复杂性，要求各军兵种各部队必须适应作战节奏加快、战场形势变化迅速等特点，作战编成必须更加灵活、弹性、多能，能够随机应变、动态自适应，无论部署在何地，是前沿还是纵深，距离是远还是近，都要做好随时投入作战的准备。

体系聚优强调作战部队依托网络信息体系，根据作战任务需要和作战目标要求，打破军兵种、隶属关系及地域、层级限制，将任何适用的作战力量、作战资源纳入作战体系，实施动态编成、动中谋势，通过信息实时交互、动态自主协同，形成敏捷、高效的新型作战体系，确保投入作战的力量能够始终保持相对优势，实现动中聚优、动中制敌。体系聚优同时还强调作战功能的动态编组，基于网络信息体系的有力支撑，将武器平台、传感器等进行重组和动态编组，实现作战能力最大化。

5.4.4 部署分布性特征

在人类战争史上，集中优势兵力是重要的作战制胜法则。但在信息化局部战争中，信息主导代替能量主导，体系支撑代替平台支撑，仅靠规模优势已难以达成取胜目的，特别是在战场日趋接近透明的情况下，兵力越集中、配置越密集，越易遭敌攻击。同时，网络信息体系算法、算力的大幅提高，为部队分散部署、异构融合提供了有利条件。因此，为适应信息化局部战争的作战要求，要充分利用信息网络技术优势，将陆海空天电网等全域多维作战力量联结为一个有机整体，变兵力集中为信息力、火力集中，最终实现向作战效能集中。

体系聚优中，各作战力量、作战单元、作战要素疏散配置在广域范围内能够最有效发挥战力的阵位，通过网络信息体系实时共享战场态势，根据作战需要动态聚集兵力、火力、信息力，既可避免兵力集结遭敌打击威胁，又能缩短作战准备和投入交战时间，变兵力集中为能力集中，实现布局优势。

美海军基于部署分布性特征，提出"分布式海上作战"概念，该作战概念的定义是，为提高和持续保持制海作战能力，"将作战力量分散部署于更广阔空间、多个作战域和各种搭载平台"，其核心是隐蔽、分散、灵活地部署大量具有强大进攻能力的水面舰船，迫使对手分散其探测和火力资源，使对手无法将传感器和火力聚焦于己方的少数大型舰艇，从而最大限度地发挥己方突击能力，突破对手防御并克敌制胜。实施"分布式海上作战"，需要有强大的网络支撑和信息融合能力，通过智能化指挥控制、作战协同与跨域融合，实现作战平台分散和作战效果集中的统一，达成"形散神聚"的作战效果。

美海军举行的"大规模演习-2021"的一项重要内容是检验"分布式作战"概念的可行性，推动其向实战转型。此次参演兵力和人员包括3个海军司令部（舰队司令部、太平洋司令部、海军欧洲司令部）和海军陆战队司令部，5个航母舰队（第二、第三、第六、第七和第十）和3支海军陆战队远征军，以及政府部门和其他保障力量，另有50多个单位网上参演，总计约2.5万人，广泛分布在17个时区，涵盖太平洋、大西洋、地中海等海域。演习利用虚拟现实技术，通过网络连接全球各地的司令部和部队，扩大参演部队和武器装备数量，同时检验网络联通和远距离分布式作战协同能力。可以说，此次演习是部署分布性的一次具体呈现。

5.4.5 行动同步性特征

行动同步性是指在体系聚优中,部署于不同空间的不同军兵种力量,几乎在同一时间同步实施作战行动。行动同步亦称并行作战,其含义是协调运用各种作战力量高度协同、同时作战,同步打击作战空间内所有目标。并行作战要求有很高的战场透明度,对战场局势的发展具有较高的统一认知度,对各种作战力量有很高的控制调动能力,要求各种作战力量高度协同,在对方喘息时即给予毁灭性打击,使作战效果达到数倍于传统顺序作战。

实现并行作战的关键是先进军事技术支持,特别是运用先进的网络信息技术,把传感器网、指挥控制网、火力网有机衔接成一个总体作战网络,使不同性质和不同任务的作战部队实现网络化无缝连接,形成统一作战体系,使海量信息能够及时、有效地传送给指挥中心及各作战平台,实现战场信息同步共享,在指挥中心统一协调和指挥下高效协同,从而大大提高战场态势感知、信息共享和快速机动能力。

体系聚优依托网络信息体系支撑,能够实现作战的全向、全域、全时组合。全向,即组合一切可运用于战争的资源;全域,即陆海空天电网各作战域跨域组合;全时,即不同空间、不同战场可在需要的时间同步展开多样化作战行动。基于智能辅助决策,分布在不同空间、不同领域的作战要素,围绕作战目标,按照统一计划、统一战场态势图,同时展开组合式并行打击,在作战空间上可根据战役企图直达目标核心,而不必再区分前沿与纵深、主攻与辅攻方向,更不必按传统作战模式,逐步从外围推向纵深、按时间顺序次第展开。

5.4.6 作战精确性特征

信息化局部战争,依靠人工智能、探测感知、信息融合等技术支持,多维立体侦察情报监视能力大幅提升,目标定位和目标性质研判更加精准,基本实现战场透明;基于智能辅助决策系统和实时、准确的情报支持,作战规划、指挥决策及作战方案制订将更加科学、合理、准确、及时；随着全球定位、末端制导、信息处理等技术的快速发展，精确制导武器装备将大量使用，实现行动精准可控，目标精确摧毁。特别是随着智能技术在军事领域的广泛应用，精确作战的跟踪定位、力量运用和行动控制等能力更强，其运用将更加广泛。

体系聚优中，基于网络信息体系支撑，精确性第一体现在所投入精确制导武器装备的多少，以及对武器装备数量、使用时机和作战效能等方面的精确计算上，特别是各种武器装备在体系支撑下所形成的"1+1>2"的倍增效应的计算；第二是情报信息的精确掌握与处理，利用大数据、人工智能等技术，对情报信息准确分析研判，以及基于此对目标的精确侦察、定位、监视、控制，为精准决策提供依据；第三是精确任务规划与作战编成，根据任务需要，对抽组各种作战力量的性质、规模及投入方向、时机的精确计算，按作战功能进行模块化编组、灵活组合，以最佳结合形式，形成武器装备配套、功能结构合理、协同支援高效的作战体系，通过精确编组，实现作战效能最大化聚合，以最少作战资源获取最大作战效益；第四是精确指挥控制与协同，在全面掌握战场态势的基础上，运用智能辅助决策系统，全面优化作战方案计划，精确控制部队作战行动，作战部队根据战场变化实时动态、灵活自主协同，提高作战指挥和协同的准确性、有效性；第五是精确支援保障，运用气象、水文、导航等作战支援手段，实时监控战场损耗，精确计算、筹划、制订保障方案，精确调配保障力量和资源，实现精确后勤、精确装备保障。

5.4.7 协同自适性特征

无论是冷兵器时代的战争，还是热兵器时代的战争，战场情况总是瞬息万变、充满各种不确定性。信息化战争中作战节奏更快，各种不确定性尤其突出。及时、有效、高度协同，是应对各种不确定性、取得作战胜利的基本要求。

体系聚优中，各作战力量、作战要素、作战单元要具有泛在接入、智能运用、云态分布、功能互补的功能，在与敌对抗中，以信息网络为支撑，异地同步感知战场态势，随时有效应对战场情况的各种变化，根据作战意图采取自组织、自适应的协同方式，共享战场信息、自主跨域重构，自主协同攻击目标、攻击路线、攻击时间、攻击模式及退出方式、退出路线等，实施一体联动、整体作战，达成作战效能的高度聚集与释放。

体系聚优协同自适性特征随着分布式作战成为新的作战样式而凸显。高度分散部署的部队为实现作战行动协调一致，达成作战能力聚集和作战效能倍增，必须随时根据战场变化调整作战计划和行动，做到高度协同。尤其需要关注的是无人作战力量的自适性协同。随着自主无人作战平台、机器人战士等广泛走上战场，其将成为作战力量的新形态。自主无人系统具备深度学习、自主认知和决策能力，作战中，基于网络信息体系支撑，人与机器之间、机器与机器之间将通过实时情报信息共享与自主交互，快速掌握战场环境变化情况，自主适应、动态编组，及时调整任务规划，自主动态协同，确保高效完成作战任务。

美国国防部高级研究计划局自 2014 年以来，先后开展"拒止环境中的协同作战""体系集成技术和试验""小精灵"等一系列项目研究，探索无人集群在分布式作战中的运用，以提升复杂战场环境下的作战能力。无人作战集群主要是通过信息网络，使无人作战系统联合成为作战集群，实现信息共享，能够协同编队、自主攻击，其实质是一种智能化分布式作战，通过集群作战算法，实现自组织、自适应、自协同、自主作战。

无人机与巡航导弹也可实现自主协同作战。行动中，无人机和巡航导弹可自主判断战场环境变化情况，高效共享态势信息，不需要人干预或尽可能少干预，实时决策、自主协同完成预定作战任务。这是一种多元武器平台的自主协同、传感器与打击平台自主协同、打击平台与打击平台的自主协同，完全改变了信息链和武器链的融合方式，从而使体系作战优势得到更好发挥。

美军高度重视无人机与巡航导弹自主协同作战研究。美海军相关负责人表示，美海军正在研究无人机与"战斧"巡航导弹联合运用问题，主要是运用无人机为巡航导弹提供动态目标，以缩短巡航导弹飞行时间，使其发挥更高作战效能。美海军最新型"战斧"巡航导弹已具备飞行中重新定位功能，能够实现无人机引导打击。美海军每年进行 10～15 次相关作战试验，以保持协同系统状态正常，同时对作战概念进行验证。

5.5 体系聚优制胜机理彰显新的制胜之道

制胜机理通常以认识战争规律为逻辑起点，通过发挥目标导向作用，为战争指导研究提供思考线索和思维关注点，保证战争指导与战争规律相一致，实现战争指导与达成制胜目的有效对接。体系聚优作为信息化局部战争背景下的新型作战概念，蕴含着深刻的制胜机理，揭示了信息化局部战争制胜的路径及理由，反映了作战体系各要素之间相互作用形成整体合力、实现战争制胜的内在机理，是对信息化局部战争特点规律及战争具体情况进行思考研究后形成的理论成果。

5.5.1 基于数据驱动的"信息优势"是制胜的主导因素

基于数据驱动的"信息优势"制胜主要表现在：数据驱动聚合信息优势，赋能认知优势；数据驱动体系综合对抗，赋能体系优势；数据驱动能量的自主集聚与精确释放，赋能行动优势。

信息优势制胜已在海湾战争、科索沃战争和阿富汗战争中得以成功运用和验证。在海湾战争中，战争双方多国联军与伊拉克在兵力兵器的数量上相差不大，甚至伊军在总兵力和主战兵器数量上还略占优势。但是，多国部队在情报侦察、通信联络和指挥控制等领域已开始大量装备使用计算机，总数量高达几万台，而当时的伊军，计算机还只是高端"奢侈品"。大量的情报侦察监视、卫星通信、电子对抗、精确制导等信息化武器装备的实战应用，不仅使得多国部队牢牢控制了战场制信息权，而且使得海湾战争成为人类历史上第一场信息化局部战争，一场信息化部队对机械化部队的代差战争。对于信息优势在战争中的重要性，曾有一位叫布鲁斯的美国学者总结认为，"美国在过去 20 年中取得的所有军事胜利都有一个共同点，即达成了对敌人的信息优势"。

当前，随着新型网络信息技术、人工智能技术的发展及在作战中的运用，信息主导的制胜作用更加凸显，特别是数据驱动赋予信息优势制胜新的内涵和作用，其对作战胜利具有的决定性影响力更加突出。

5.5.1.1 数据+信息赋能主导制胜

战争离不开物质、能量、信息，它们是战争赖以存在和进行的物质基础。冷兵器和热兵器时代的战争均为"能量主导"型战争，主要依靠兵力突击聚集强大体能、化学能毁伤对方取得作战胜利，能量是战争制胜的主导性资源。而信息时代，信息成为战争制胜的主导性资源，信息优势主导制胜取代了能量主导制胜。信息优势制胜的核心是制信息权。战争在信息主导下进行，主导是按照事件转化为信息、信息转化为态势、态势转化为认知、认知转化为决策、决策转化为行动的规律实施的。信息支撑着指挥控制，主导着作战行动和战争进程。信息优势保证决策优势、催生能力优势、达成行动优势，成为战争制胜的基础。而在具有智能化特征的信息化局部战争条件下，信息优势制胜正转向"数据+信息"优势制胜，基于数据驱动的"信息优势"是制胜的主导因素，抢占数据资源、夺取信息优势成为战争各方势在必得的争夺焦点。

数据历来是战争的资源，也是作战胜利的基础。美国南北战争期间，美军就十分注重利用数据谋划作战，特别是 1864 年谢尔曼将军利用战前美国人口普查时采集的各项数据，以农场、集市、车站等重要资源的人口、位置、规模等数据为"航标"，优选行军路线，精确设计行程，在没有后勤补给的情况下，率领数万人的北方部队兵分多路孤军深入，取得大捷。信息化战争更是离不开数据的支撑，在海湾战争中，美国"爱国者"防空导弹之所以能大显身手，一战成名，关键在于其拥有强大的数据库支撑和数据高速处理传输技术，从对伊军"飞毛腿"地地导弹的发现，到对其导弹数据参数的获取和验证，均在极短的瞬间完成；在科索沃战争和阿富汗战争中，美军"踹门一脚"破敌防空体系的主力之一是巡航导弹，而巡航导弹就是数据制胜的典型代表装备，其作战流程中最主要的两个环节——任务规划和数据装订，就是紧紧围绕数据进行的，其搜集、装订的任务数据包括：航迹路径、地形数据、目标区立体图、目标特征、定位信息与授时信息等大量数据，可以说缺失其中任何一组数据，巡航导弹就打不出、炸不准。数据在制定装备发展战略中也具有重要作用。在当年美苏核军备竞争中，美国正是运用数据优势奠定了其核优势地位。针对当时苏联谋求以核弹数量、核弹爆炸当量取胜的核策略，美国经过大量的数据计算和分析，得出了核武器的毁伤率与核弹爆炸当量、精度的换算方程式，即核弹爆炸当量每增加 8 倍，其破坏威力仅增加 4 倍；而在核弹爆炸当量不变的情况下，若打击精度能提高 8 倍，则破坏威力可提高 64 倍，表明提高战略核武器打击精度所产生的核摧毁效果，远大于提高核弹数量、核弹爆炸当量产生的实际效果。于是，美国迅速调整战略核武器的发展方向，放弃了与苏联在核弹爆炸当量和数量上的核竞赛，转为积聚力量提升战略核武器的打击精度，从而最终获得核军备竞赛的战略主动权。

战争的信息化、智能化程度越高，对数据的依赖性也越强。基于网络信息体系的体系聚优更加依赖和强调通过数据驱动达成"信息优势"制胜，数据对取得作战胜利具有决定性影响，数据决定信息赋能的广度，数据运用效益决定体系释能的强度，制数据权决定掌控综合制权的力度。

在体系聚优争中，数据是驱动作战体系运行的"血液"和"灵魂"，网络信息体系通过建立数据及数据传输的标准、规范、结构、交换、授权等协议，实现全域作战空间内数据的可认知、可融合、可生产、可应用、可保护，实现泛在条件下的物物互联、人物互联、人人互联、数数连接，将数据打造成为战斗力生成和提高的新动能。通过整个作战体系的能力共享，为体系中各类系统按需提供数据。数据按照需求导向、应用导向和价值导向汇聚成"数据海洋"，形成作战资源，为作战体系赋能，成为体系运行的动能。数据在产生、共享、交换、应用中的各类关联关系互相作用，智能融合形成"数据潮汐"，实现数据的再生产，使资源增值，为作战体系增能。

数据作为体系聚优的核心作战要素，构成了最基本的战场生态，数据的积累量、分析和处理能力成为获得战场优势的关键，是驱动体系聚优的"血液"，是体系聚优的核心驱动力，感知、决策、行动、评估每个环节的推进，都需要庞大的基础数据库和战场实时数据支撑，没有万物要素资源的数据化，没有军事数据分发共享、分析挖掘、应用价值实现的实现过程，体系聚优就无法把各种作战力量、作战单元、作战要素融合为一个有机整体，达成即时聚优、敏捷适变、抗毁顽存体系作战能力。

5.5.1.2 数据驱动赋能作战体系运转高效化

基于智能化网络信息体系的体系聚优，作战体系基于数据支撑运行，作战决策基于数据产生，作战行动基于数据牵引，数据已成为体系聚优的"血液"，拥有数据优势是体系聚优制胜的基础。基于数据驱动的"信息聚优"制胜，对取得作战胜利具有决定性影响。

数据驱动聚合信息优势。在体系聚优中，数据已成为基于信息系统的作战体系整体运行的基本驱动因素和主导控制因素。信息数据是对与国防、军队、武器、战争有关的事实、过程、状态与方式所作的文字、语音、视频、图形、图像、多媒体等各种描述，既包括敌我组织机构、人员、装备、物资等基础数据信息，也有位置、坐标、战场环境等战场动态数据信息，既源于内外网络，也来自各类传感器等其他数据源。数据作为驱动体系运行的"血液"，是实现信息聚优、体系聚优的基石。只有提升算力、优化算法，提高数据获取和处理的速率，为作战体系提供可信、鲜活、满足需要的数据，才能赋能于认知优势，实现战场态势的精确感知；赋能于决策优势，实现精准高效指挥控制；赋能于机动优势，实现作战体系的"动态组合"；赋能于火力优势，实现体系能力的"精确释放"；赋能于保障优势，实现后装保障的"精准定制"。

数据驱动体系综合对抗。信息数据是驱动算法和算力运行的基础，是驱动作战体系运行的血液，数据权决定战场综合制权的掌控力度。基于网络信息体系，数据是支撑联合作战、全域作战体系运转、触发敌我双方力量对抗、定下作战决心和牵引作战行动的核心驱动力。可以说，谁拥有"数据权"，谁就拥有"制胜权"的条件，谁掌握了"制数据权"，谁就掌握了"制信息权""制智能权"，也就掌握了决策优势、指挥优势和战场主动权。作战的胜利将由过去的打能量、打钢铁转变为打数据、打算力，传统的战场制权将逐步被制决策权、制认知权等制数据权所取代。

数据驱动能量集聚释放。数据运用效益决定体系释能的效率强度。在体系聚优中，数据不仅成为重要资源，而且数据流主导物质流、能量流，数据运用水平决定作战行动的快准程度，决定信息赋能的效率强度。谁能更快、更准、更全面地获取数据，谁就能快速精准决策；谁能快速处理传输数据，谁就能实时精确指挥控制和动态机动；谁能高效利用数据，谁就能实施快速准确打击和精准保障。特别是云计算和大数据技术的运用，将使信息对物质和能量的调控更加快速精准。这从根本上降低了大吃小、多吃少的效应，突出了快吃慢、准制偏的作用，标志着作战进入精确的"秒杀"时代。

5.5.1.3 构建数字化作战体系

数据既是驱动网络信息体系的核心动力，也是信息化局部战争背景下体系聚优的核心驱动力。基于数据驱动的"信息优势"机理启示我们，组织筹划和指导体系聚优，必须牢固树立数据制胜理念，强化算力、算法和算料优势，依托数据织成的网络信息体系构建数字化作战体系。

树立"一切业务数据化、一切数据标准化、一切数据共享化"的理念。首先，一切业务数据化。体系聚优将围绕认识数据、依靠数据、争夺数据和运用数据展开，制胜关键在于谁能够最多、最快地占有数据，有效地利用数据，并有效地削弱乃至剥夺对方数据占有的能力。要把侦察监视、任务规划、指挥决策、行动控制、火力打击、信息对抗、综合保障等作战活动，后装保障、训练管理、国防动员等业务活动，以及作战规则、保障标准、协同规则等军事知识映射为数字空间可存储、可发现、可获取、可理解、可信任和可互操作的入网数据资源，才能为作战体系强能赋能。**其次，一切数据标准化。**数据标准化是指将数据按照一定规范与逻辑规划形成有机整体，目的是实现数据价值的最大化。数据的标准化是一个统一规范、统一模式的过程，主要是开展数据获取、数据处理、数据交换、数据服务、数据安全等标准研究，通过数据采集、融合、分析、组织、交换的标准化，实现全域作战空间内数据的可标识、可认知、可融合、可流通、可生产、可应用、可保护，只有标准化才能真正实现数据的高效有序流转与开发利用，带来体系的联动效应和乘数效应。**最后，一切数据共享化。**即一切数据依权共享。数据是驱动作战体系运行的"血液"和"灵魂"，可以促进感知、决策、控制、交战、保障等战场资源跨域融合与协同运用，形成更加高效的作战环路，加速信息力向战斗力转换。没有数据和数据共享，网络信息体系就不能运转，作战体系也就无法形成和持续输出作战能力。基于数据驱动的网络信息体系的基本要素、技术架构与能力构成，与数据再也不可分割，直接影响和决定作战胜利。随着数据上升为核心作战要素，数据的积累量、分析和处理能力正成为获得战场优势的关键。数据将是一种重要战斗力，成为提升部队战斗力的新引擎。

打造网络化组织、网络化处理和网络化服务的作战体系。网络具有数据通信、资源共享、协同处理和能力整合的功能，是作战体系的支撑要素，是信息流动的骨干和"经脉"，是兵力联合运用和柔性重组的平台，没有网络，就没有体系聚优。**首先，实现力量的网络化组织**。网络化可以将配置在陆海空天电网多维空间的多种力量组合起来，依托于网络进行规划、配置、使用和调控，形成虚拟的多机制、多模式、多类型的力量运用形态，从而提高军事力量的使用效益。**其次，实现数据的网络化处理**。主要是利用网络的优势和先进的信息处理技术，对相关军事数据进行多源融合处理、相互补充印证、综合分析挖掘，综合处理不同种类、不同粒度、不同时空的军事数据，从而生产时空统一、要素齐全、理解一致的军事信息。**最后，实现信息的网络化服务**。网络具有巨大的连通性、渗透性、融合性和黏合作用，可将零散孤立的单元、要素、力量连成整体，对各信息用户实现随遇入网、即插即用，按需提供各种粒度的军事信息产品，大大提高基于网络的按需定制、柔性聚合、服务共享和协同支持能力。

大力强化算力、算法和算料优势。孙子兵法指出"多算胜，少算不胜"，可见"算"是人类历史自有战争以来解决胜负最基础的问题。当前，谋略制胜的对抗方式正从"人脑对抗"向"算法博弈"转变，通过"算力＋算法＋算料＋打击力"才能获得对抗优势，取得胜利。数据、计算力和算法的优势，是形成体系聚优能力的基础。**首先，提升算力**。算力，即计算能力。强大的计算能力能把算法和算料用于作战流程，在智能化战争中发挥"倍增器"的作用。体系聚优中，战况瞬息万变，战机稍纵即逝，只有及时作出决策，抓住战机，采取有效的作战行动，才能抢占先机，获取优势。因此，智能化网络信息体系感知到敌情信息后，相关数据通过战场信息网络进入作战体系，后续的数据处理、融合，直至搜索、优化方案，形成最终应对策略，都需要系统端大量快速、稳定的数据计算，因此，必须通过云计算等新技术的不断创新发展为算力提升提供有效的技术支撑。以"量子搜寻算法"为例，其计算速度比传统经典算法快 1 亿倍，若以每秒 10^6 次的运算速率，经典计算机破解 56 位密码需 1000 年，而量子计算机采用"量子搜寻算法"则需要不到 4 分钟；美军"阿尔法"智能软件的反应敏捷度是人类的 250 倍，在一场美军三代战斗机对四代战斗机的智能对抗模拟空战中，使用"阿尔法"操控的三代战斗机成功捕获并击落了飞行员驾驶的四代战斗机。**其次，优化算法**。算法是指解决一系列问题的准确且完整的描述，是求解问题的策略机制，是战争效能跃升的核心。从古代的兵法阵法到现代的兵棋，妙用算法以赢得战争胜利一直被中外军事家所广泛重视，特别是近年来随着信息技术、人工智能技术的发展和应用，算法已广泛应用于操控系统、自动系统到智能系统，从战争规划设计到战争实践，从实兵演习到模拟训练，都离不开算法模型的构建和精算、细算、深算基础上的精准筹划，未来战争谁掌握了算法优势，谁就能快速、准确地预测战场态势，创新最优作战方法，实现"未战而先胜"。**最后，积累算料**。算料，即信息数据。足够的信息数据是驱动算法和算力运行的基础，是驱动作战体系运行的"血液"。在网络信息体系的信息生态中，数据从传感器到网络、终端、指挥员，再到作战平台，其流转中经过多个环节，且众多进程同步并发，数据在每个环节上的细微变化，都会带来在最终价值显现上的不可预知效应。基于智能化网络信息体系的体系聚优，其智能优化决策的结果来源于背后的大数据计算，在确定算法模型的基础上，计算的结果是否符合现实实际，除数据精确性外，数据的积累量至关重要。只有提取到足够真实的组织机构、人员、装备、物资等基础数据和坐标、战场环境等战场情报数据，装备性能、战例、演训等数据，才能确保计算的运行和结果可靠，否则根本难以得出正确的结果。想要掘取质量较高的数据，除了对传感器进行升级，更为重要的是对"云+边+端"支持模式的智能平台进行升级，提升其计算能力，嵌入符合不同作战场景、作战任务和作战规则的算法模型，使其能够生产出高质量的数据产品驱动算法和算力运行。

5.5.2 基于动态组合的"体系增能"是制胜的基本方式

在信息化局部战争中,武器系统作战效能的发挥,主要取决于整个作战体系的支持与支撑,单个平台发挥的作用显得越来越弱。从近几场局部战争看,即使单个武器平台再先进,哪怕是技术上具备一定的跨代性,但如果没有作战体系的有力支撑,也难以发挥其应有的作战效能。例如,在海湾战争和科索沃战争中,伊拉克和南联盟军队的手里还多少有些当年所谓的"杀手锏"武器装备,比如第三代战斗机、地地战术导弹等,这些单个武器平台具有很强的作战能力,但受制于其不完备的侦察预警、指挥控制系统,形不成体系作战能力,单平台武器的作战效能无法正常发挥。在海湾战争中,伊拉克防空系统拥有米格-29 等作战飞机 680 架、1700 枚防空导弹和 700 多部雷达,虽然武器装备整体性能与多国部队存在差距,但是米格-29 战斗机等部分装备还是具备与多国部队主战装备"拼刺刀"的能力,令世人震惊的是,萨达姆用重金打造的防空系统"死相"不仅难看,且在全军覆没前仅仅打下一架多国部队的作战飞机,创造了世界战争史上的奇迹。伊军惨败的原因是多方面的,但其中一个重要原因就是缺乏网络和体系支撑,以单个武器平台的单打独斗对阵整个作战体系的协同作战。

体系聚优中的体系增能制胜更加强调基于网络的开放柔性动态组合。与所有的作战概念一样,体系聚优也呈现出制胜因素、制胜途径多元化特征,但基于动态组合的"体系增能"制胜是体系聚优最基本、最新质的制胜机理,体系聚优就是通过"整合""聚合""融合"获得体系优势,达成制胜目的。

5.5.2.1 以"开放+柔性"的排兵布阵法制胜

战争的艺术往往取决于把人、武器、战略战术和不同的战场赋予创意的组合,这种组合在传统战争中,往往是"人+装备"的力量编成编组模式,而且这种力量组合虽然是依据作战的目的任务、战场环境和敌我双方客观实际确立的,具有一定的战场适应性和灵活性,但受侦察情报、通信联络、指挥控制等方面技术手段和条件的限制,作战中的组合，始终停留在主要依靠战前规划的"人+装备"编成编组模式，谁的力量组合数质量占优，谁就能在作战中占有主动权。

传统的联合作战中，不同军种的作战平台相对集中在本军种作战部队编成之内，作战力量在部队级别形成了联合，但在作战平台级别却没有构成紧密的协作关系。导致传统联合指挥机构在进行任务分配时，往往考虑的首要因素是如何便于组织和完成，而不是如何高效低耗地完成。也就是说，传统联合作战是基于组织优先，而不是基于体系和效益优先实施的。比如，选定打击目标以后，联合指挥机构通常从便于指挥、便于组织的角度首先考虑将其分配给哪一支部队去完成任务，而不是从投入最低成本获取最佳效果出发将任务直接指派给几个跨军种的作战平台，甚至是跨平台的火力单元遂行任务。其结果是遂行火力打击往往需要用更长的时间、更多的武器弹药，付出更大的伤亡，才能达成预期作战目的。

进入信息时代，随着信息网络和人工智能等高技术群的迅猛发展及在军事领域的广泛应用，为更大规模、更广范围、更多手段、更加高效地实现组合，甚至是跨域、跨界组合，提供了前所未有的有利条件。在信息化局部战争条件下，作战组合正由力量组合向战力组合方向突破发展，组合的内容由"人+装备"向"人+装备+信息"转换，组合的形式由实体组合向实体组合+虚拟组合过渡，组织的目的则更突出产生体系作战能力的结构力。

传统战争的力量组合和集中力量，主要是通过物理空间上的位置移动实现的，是实体的组合。基于网络信息体系的开放柔性动态组合的"体系增能"机理，不是简单地、机械地把各种作战单元、作战要素、作战系统通过位移集中、组合到一起，而是根据需要，通过大容量、高速度广域分布的战场网络和各作战单元随遇入网、即插即用的能力，将配置在陆海空天电网多维空间的多种力量组合起来，依托网络进行规划、配置、使用和调控，形成虚拟的多机制、多模式、多类型的力量运用形态，根据作战进程和战场态势变化适时进行网络机动，调整优化网络配系和链路，塑造作战力量可自由进出、动态组合的网络环境，进而主导作战能量的聚散，实现多维分布、全域联动、效能聚集的效果，形成基于网络信息体系的联合作战、全域作战体系，如图5-2所示。例如，美军马赛克战重点强调利用马赛克部队的快速组合能力，战前广域分散部署作战力量，战中快速变换重组作战体系结构，能够根据作战任务需要，通过网络和程序实现兵力和平台功能的充分解耦、快速可靠连接，组合杀伤链，编织密集杀伤网。

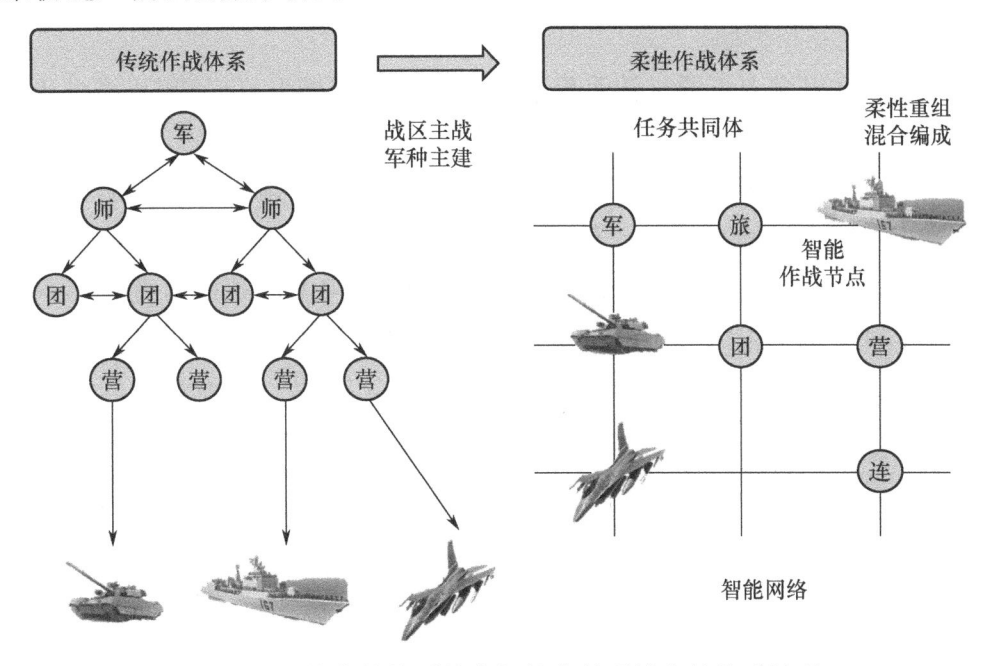

图 5-2 传统作战体系将向智能化的柔性作战体系转型

体系聚优是基于先进信息网络技术基础之上的高度一体融合的联合作战、全域作战，是信息+智能时代的"排兵布阵法"。体系聚优中的动态组合、开放柔性组合的"体系增能"制胜，突出联合性、协调性和整体性，强调以效能为核心，以系统和要素集成为实施途径，按照任务需求合理选取资源、动态激活网络、柔性组织应用，通过规则灵活扩展、系统与功能重组，随遇接入、快速融入所需作战力量、作战单元、作战要素，构建作战体系内探测感知、指挥控制、作战行动、综合保障的整体联动机制，形成能力集成、泛在赋能，实现从单平台叠加作战向多平台多要素体系作战转变，使体系涌现出原本不具备的新质作战能力，产生"1+1>2"的效果。

5.5.2.2 动态组合助力体系作战能力最大化

体系聚优强调作战力量编组由固定编组向柔性动态组合转变，在组合内容（组合什么）、组合手段方法（怎么组合）及组合效果（组合成什么）等方面，都发生了极大变化。主要体现在组合聚能、信息赋能、体系增能释能三个方面。

在组合内容上，通过体系重塑实现"组合聚能"。信息和智能时代，军队战斗力的构成突破了传统的"杀伤力+机动力+防护力"的组合模式，在信息力的融合、聚合作用下，打破了作战要素之间的封闭、割裂性，引起战斗力的非线性"结构质变"，产生了"杀伤力+机动力+防护力"等战斗力要素总和之外的独立增量，即结构力，结构力就是体系作战能力。结构力和信息力是打赢具有智能化特征的信息化战争的核心战斗力要素。特别是结构力，它运用信息技术，将单一功能的武器装备系统，如侦察监视、指挥控制、信息对抗、火力打击、战场机动、全维防护、综合保障等多要素功能一体化。同时，将参战诸军兵种部队、指挥控制、信息系统、后装保障等，组合成一个精干而密切协同的有机整体。结构力是军队各系统之间通过有机联系所形成的组织合力，是军队战斗力主要构成要素之一。一支结构力强的军队，内部各要素运行协调，能够产生最大的结构能。

体系聚优在网络信息体系支撑下形成的结构力，通过体系重塑实现"组合聚能"。它改变了传统军事力量组合的逐级配属、层层加强的有形合成方式，实现了跨领域、跨空间、跨层次、跨军兵种的无形合成，实现了单元优势与系统效能的完美结合，表现出信息主导下的不同作战单元功能耦合的整体性。体系聚优充分利用体系重塑的"组合聚能"机理，通过网络信息体系将分散部署在各域的作战力量、作战单元、作战要素动态柔性组合成为一个有机整体，围绕统一作战意图，实时共享战场态势，使异地分散部署的不同力量能够互动配合、协调一致，多域多点多向聚能，从而形成整体合力，实现战斗力倍增，达成体系聚优制胜。

在组合手段方法上，通过"连接+共享"实现信息赋能。网络信息体系使信息技术和信息网络渗透到单兵、单个武器平台、单个弹药等"细胞末端"，使陆海空天电网紧密相连，作战体系融合度空前提高。连接和共享既是实现信息力和结构力的基础，也是实现基于动态组合体系增能的关键。借助人工智能、网络信息、精密控制等先进技术，作战人员可以通过"连接+共享"，借助人工智能辅助决策更自由地优选作战方案，灵活组合不同的兵力、兵器和战法，以互联与共享资源实现体系赋能。信息化局部战争中军队的核心战斗力不仅要求有结构力，也要有信息力。"连接"的目的是实现结构力；"共享"的目的是实现信息力。体系聚优通过"连接+共享"，适应信息化局部战争对联合全域作战的基本要求。

"连接"实现结构力。连接既是点对点、单向的连接，也是一点对多点、多点对多点，双向或多向的连接，最后形成"网络"。结构力是依靠信息技术使作战力量各要素进行有机组合、科学统配、综合集成所产生的整体效能。在体系聚优中，网络具有数据通信、资源共享、协同处理和能力整合的功能，是兵力联合运用和柔性重组的平台，是体系能力生成的基础支撑，通过多种多样的通信网络链路、信息交换机制，确保分布于各作战域的作战节点互联和万物互联成一个整体，实现网络环境下单一能力的互联与集聚，形成功能强大的"泛在网络"，支持作战单元、作战力量所达之处随遇接入、动态组网。利用信息技术对分布于各作战域的节点进行科学、合理的网络化组合，不仅可以优化军队诸要素的建构方式，而且使各节点实现无缝链接，形成适应信息化局部战争要求的全新军事组织体制与作战编成，可以最大限度地发挥整体作战效能。体系基于网络构建，网络基于链接聚能。体系聚优一方面强调把感知、处理和打击等能力分布在各独立节点上，并通过网络与其他节点连接；另一方面强调把整个作战空间内的传感器、打击系统连接起来，实现网络整体作战，而不是单个要素作战。网络不再是传统意义上的通信网络，也不是平台，而是一个连接了传感器、信息系统、武器平台和作战人员的有机整体，所有节点都能够按照指挥员的意图来形成优先顺序和布局，都能在交战中发挥决定性作用，通过基于链接的聚能实现体系能力的涌现效应。

"共享"实现信息力。"共享"是各节点之间相互传递、交流、共享信息，是实现信息力的主要手段。信息力是指信息在战争实践中产生的作用力,是信息化战争的核心作战能力,它不仅渗透到观察-判断-决策-行动(OODA)的各个环节,并且渗透到综合保障中,与整个作战体系紧密融合在一起,成为作战能力的"倍增器"。如果只有"连接"而没有信息的交流与"共享",则各节点就感知不到对方的意图,无法回应和交流,所形成的结构也是一个"死"的结构,产生不了应有的结构力。在体系聚优中,数据和信息成为作战精确释能制胜的关键因素,只有实现信息交流与共享,只有任何感知终端获取的各类战场信息数据都可自动转化为作战数据输入网络系统,在比对、分析、处理、融合后,生成情报信息数据供作战体系实时共享,才能产生信息力,才能为作战体系赋能、增能,提高作战效能。体系聚优在指挥控制上,强调依靠无缝链接的通信网络、全天候的实时传感器网络、及时完善的精确数据库,以及由此产生的供指挥员与整个指挥环节使用的近实时态势感知,在网络信息体系支持下,各级指挥员可以实时共享战场态势,同时并行展开组织指挥活动,从而大大提高指挥效率。

在组合效果上,通过形成体系优势实现作战效果增能、释能。在体系聚优中,通过释放作战效能克敌制胜既是双方对抗的直接目的,也是有效手段。只有善于聚能集优,将作战效能在关键的时机与地点充分释放出来,才能赢得作战胜利。体系聚优中的作战行动在全纵深展开,各作战域均是主战场,无主要方向与次要方向、主攻与辅攻、前方与后方之分。无论是进攻或防御,都要科学配置力量,确保在任一作战域、任一方位或点位,能够迅即聚集力量和释放作战效能,形成对抗优势。

"整""聚""融"是获得体系优势的主要途径。信息化局部战争是体系与体系的对抗,是战争双方各自利用其拥有的战争资源所展开的全系统、全要素和全时空的对抗。其战争体系对抗、军事体系对抗、作战体系对抗、战术技术体系对抗形式的多样性、多层级性,决定了体系对抗成败的关键在于能否把各层次间的对抗通过"整合""聚合""融合"的作用获得较为理想的整体结构能力。"整合"就是对各类作战力量、作战资源进行优化组合,调整改造诸军兵种力量单元和作战体系诸要素的建构方式;"聚合"就是通过网络链接达成能量聚集的效果,依网聚合能力、依网调度能力、依网共享能力,实现诸作战功能的一体化;"融合"就是对作战力量结构进行"基因重组",使陆海空天电网各域的作战单元融合集成,从而最大限度地发挥整体作战效能。体系聚优就是利用信息网络的"整合""聚合""融合"功能,将参战力量按不同作战功能进行模块化编组、积木式组合,把远程多域、非线式部署的各种作战要素高效聚合,形成力量多元、效能多维、内聚外联的体系化力量结构,获得体系优势,达成制胜目的。

开放柔性组合是实现体系增能的主要形式。 与传统"刚性"系统不同,体系能力生成是通过对若干系统能力、装备能力的实时动态智能集成而实现的。体系聚优中,由于实现了实时、近实时的高速、精准火力打击,交战双方的对抗不仅呈动态式,而且攻防行动转换更趋频繁,因此要根据战场态势变化,围绕作战重心,依靠网络支撑和信息牵引,通过协调有序的多维、多方式机动,使各种作战资源在整个战场空间进行高效流动,达成动中重组力量,通过动中聚优,实现机动聚能、集优聚能,形成有利的战场态势。

体系释能是体系聚优的根本出发点。 只有善于聚能集优,把所有作战要素、单元和兵力的作战效能以动态组合的方式在关键的时机与地点快速精准释放出来,才能赢得作战胜利。在体系聚优中,精确调控是达成聚集优势、精确释能的重要手段。体系聚优强调通过实施动态精确协调控制,有效聚集资源和优势力量,使各力量之间即时聚优,协调一致地展开行动,在陆海空天电网等多域同时发力,在恰当的时机、恰当的地点,由恰当的兵力、兵器,用恰当的方式释放出来,快速对敌要害目标、薄弱环节实施精确打击,使得作战体系的能量释放向着位置精确、时间精准、效果精细方向发展,从而具备体系破击能力。

5.5.2.3 打造网络化智能战场

基于动态组合的"体系增能"制胜机理启示我们,在组织筹划和指导体系聚优时,应通过分布式部署、网络化机动、虚拟型集中,将广阔多维战场空间的各作战系统、作战要素和作战单元,构成一个有机的作战力量整体,从而充分发挥作战体系的整体效能。

分布式部署。 体系聚优是基于网络信息体系的作战,高速率、大容量、全方位、高可靠、智能化的信息连接,为作战编组依托网络节点,由集中式部署走向分布式动态部署打下了良好基础。实施分布式部署的关键在于必须要有强韧性的、覆盖全战区的通信网络，以同步协调规划信息网络节点和远战力量，战前尽可能地以不规则、非线式、分散的形式进行作战部署，形成主要作战力量分散布局、多向互动、异地同步的响应能力。

网络化机动。人类自从有战争以来，军队调整机动兵力，均为人员和装备通过在物理空间上的位移，即通过从某地到另一地的物理空间上的位置移动来实现。但在基于网络信息体系的体系聚优战场上，则实现了作战力量机动从物理位移到网络化机动的转变。即各作战力量依托功能强大的"泛在网络"，使各作战单元、作战力量所达之处随遇接入、动态组网，根据作战进程和态势变化适时进行网络机动，塑造作战力量可自由进出、动态组合的网络环境，谋取虚拟空间优势和信息优势，进而主导作战能量的聚散，实现多维分布、效能聚集效果，如图5-3所示。

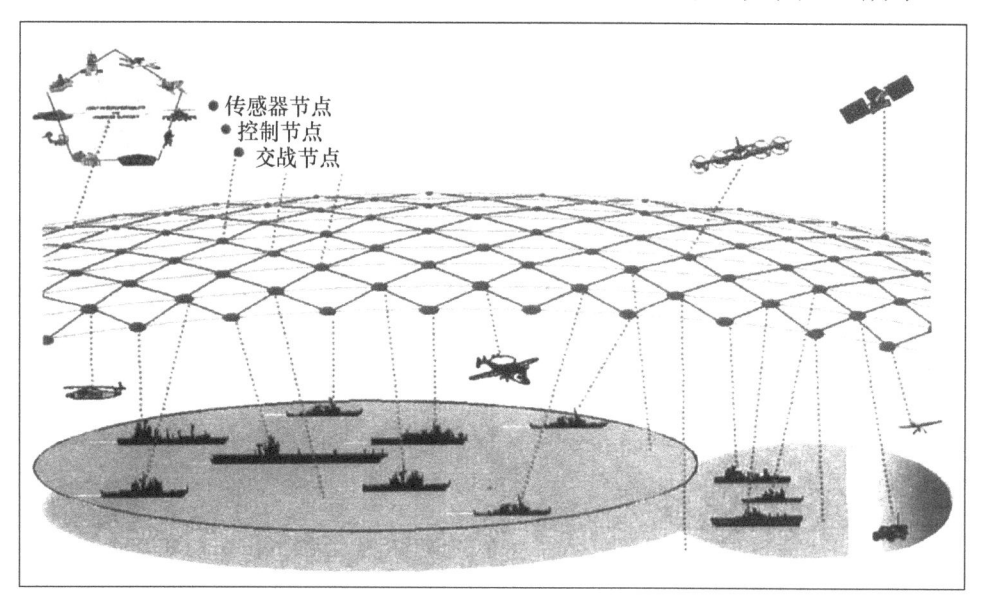

图 5-3 网络化作战信息网格示意图

虚拟型集中。传统作战强调在必要的地方和必要的时间，使自己的军力超过敌人，即集中优势兵力，各个歼灭敌人。显然，这种集中是通过对兵力、兵器的预先调配达成物理空间上的实体集中，从而形成作战优势。基于网络信息体系的体系聚优强调集中，但与传统战争中的集中法不同的是，体系聚优强调的是虚拟型集中。即分散部署于各作战域的参战单元、要素，依托无缝链接融合的网络进行规划、配置、使用和调控，形成虚拟的多机制、多模式、多类型的力量运用形态，使节点状、分布式疏散配置在各作战域的各作战力量单元与作战要素通过信息网络实现力量的动态调整、"虚拟集中"，从而提高军事力量的使用效益。

5.5.3 基于并行联动的"聚能集优"是制胜的主要形式

冷兵器时代，进攻一方往往先是弓箭手齐射，然后才是步兵以持盾的方阵战术攻击。机械化时代，通常先是空地火力协同压制，然后才是地面线性阵进攻。传统作战，就是把诸军兵种按照相对固定的作战时序和空间，区分为前沿、纵深、后方、进攻梯队、预备队等，按时空顺序投入交战，通过逐次消灭敌有生力量、逐点争夺来达成作战目的。在体系聚优中，基于并行联动的"聚能集优"机理发挥着重要的制胜作用，不同于顺序作战、梯次攻击、逐次抗击作战的"并行联动"，其强调按联合作战要求统一筹划和分工并行作战，对敌全纵深实施不规则、非线性、能产生整体共振效应的同时打击，发挥作战体系的整体威力。可见，体系聚优更加强调从顺序协同向并行联动，从集量聚优向聚能集优的转变和运用。

5.5.3.1 以并行联动实现聚能集优制胜

并行，是指并排行走或同时实行或实施。联动，是指若干个相关联的要素一个变化时，其他的也跟着运动或变化。联动是由"联"和"动"组合而成的，"联"说明这些若干个事物之间有一定的机制和关系，"动"说明这些若干个事物之间能够实现相互策应和支援、协同动作，具有一定的整体性。

基于并行联动的聚能集优制胜不同于传统作战的交战机理。传统作战中各力量编组通常按照由前至后线式推进的作战进程依次展开、逐层递进、顺序交战。而基于网络信息体系的作战，由于各力量单元和作战要素形成了纵向功能集成与横向效能融合，作战中，配置在多维广域战场空间上各力量单元和作战要素可以实现异地同步展开，跨域协同、整体联动交战，通过信息网络动态、实时地聚集战斗效能，实现综合网聚功能，而无须集中统配成较大规模的作战力量群，各作战力量的作战行动可以在多维立体空间同步展开，并行联动交战。

基于并行联动的聚能集优制胜，是指陆海空天电网等多域多维空间作战力量在网络信息体系的支撑下，共享战场态势信息，围绕统一的作战企图和作战目标，依照一定的作战协同规则，从战场上的多维空间并行、同步、有序地展开一系列多维度、多层次、多环节的作战行动，最大限度地发挥单位时间内的体系作战效能，通过整个作战体系的实时联动效应，以体系的形式整体释放作战效能，达成克敌制胜的目的。

5.5.3.2　以并行联动实现作战行动集能最优化

基于并行联动的聚能集优机理强调通过多要素、多维度、多层次、多环节的并行联动聚力，形成作战行动并行联动、作战效能指数放大、靠系统涌现的整体威力制胜。聚能集优不是简单地将各种作战单元、作战要素叠加起来，而是着眼于发挥作战布局优势、力量结构优势、体系支撑优势，实现各种优势的重组、重构、重塑。聚能集优是从已有优势中选优聚优，从而实现新的更大优势。其主要机理作用如下。

依网布势、以网聚优。在体系聚优中，网络产生聚合效应，能将侦察监视、指挥控制、火力打击、综合保障和毁伤评估等作战功能，从现实中分散的物理空间迁移到统一的虚拟网络空间，有利于达到联动聚能的功效；网络产生融合效应，能对作战力量结构进行"基因重组"，使多域空间各作战要素可靠入网、在线运行、融合集成，实现依网聚合能力、依网调度能力、依网共享能力，从而最大限度地发挥整体作战效能；网络产生黏合效应，作战资源入网用网后产生了和以往相比所不具备的功能、能力和作用。依网布势、以网聚优主要体现在：网络聚优全域感知，基于网络信息系统以网控域的优势，将分布在陆海空天电网等多域空间的各类传感器联为一体，具备广域多维情报网络化收集共享、精确高效一体化情报融合处理和战场综合态势生成等功能，使对手陷入战场"单向透明"；网络聚优泛在互联，推动"联网入云"，把分布于各作战域的体系要素通过各种网络连成一个整体，形成可供所有作战力量共用、功能强大的"泛在网络",支持作战单元、作战力量所达之处随遇接入、动态组网,基于任务实现感知、决策和打击等各类作战功能的深度有机融合,实现"传感器到射手"的铰链,实现由以平台为中心向以网络为中心的转变;网络聚优高效抗毁,以网络为纽带,各作战要素、作战单元在陆海空天电网全域空间实现优化调度、自主协同与能力聚合,支撑柔性作战体系产生,形成不间断的高效抗毁能力。

全域聚优、跨域聚优。体系聚优是全域对全域的激烈对抗,企图以某一作战域或某几个域的优势就慑敌制敌,显然是不切实际的,只有形成基于网络信息体系的联合作战体系、全域作战体系,把物理域、信息域、认知域的诸多优势,基于网络进行全域优化布势,实现跨域聚能聚优和同步运用,才能形成整体作战优势。体系聚优中,各作战单元、要素在指挥控制系统统一调控下,可实现多维大区域分散部署,陆海空天电网和认知多维跨域编组,各战场之间的流动性、关联性、耦合性大为增强,使其极大地突破原有任务空间界限,相互借用不同战场空间的异质优势实现跨界联手,在关键时段优势叠加形成决定性优势,并快速利用优势、释放优势,从而实现非对称打击优势。

动态聚优、局部聚优。全域聚优、跨域聚优不是静态聚优,也不是寻求和保持全时段、全空间、全领域的压倒性优势,而是围绕战场实时态势变化,依托网络信息体系,通过网络机动布势、体系并行联动、多域同步策应,集中相对优势于关键的战场和重要的时间节点,在动态聚优中对敌形成局部聚优。在体系聚优中,实现动态聚优、局部聚优要注意把握两个条件。**一是要寻求和保持在物理域、信息域和认知域全域行动自由。**即作战力量要具备在陆海空天电等实体作战空间和网络、认知等虚拟作战空间自由切换行动,同步协调多域作战的能力,一域交战,全域响应,牵一发而动全身。**二是采用模块化编组、积木式组合、任务式联合的动态力量编成。**能根据作战任务需求,以"搭积木"的方式编组成不同类型和规模的联合部队,遂行多样化任务,确保全域到达、全域制敌、全域保障。

即时聚优、快速用优。并行联动、聚能集优强调各种作战行动高度耦合并发进行、多维行动即时快速聚优。分布于多维战场空间的各火力打击单元、武器作战平台,基于网络信息体系统一的时间基准、空间基准、定位导航授时等资源，依托网络信息体系的辅助决策功能，科学选择打击目标、打击方式、打击方法和打击时机，同步叠加多维空间的军兵种火力，形成自主有度、行动有序、打击有力的跨域整体行动计划，即时聚集火力毁伤效果形成整体合力。并行联动、聚能集优在具体运用中要求：作战时间上保持同步，即多点同时实施作战行动；作战空间上保持同步，即在广域分布、多维立体的空间中实施作战行动；作战层级上保持同步，即在战略、战役、战术上相互融合、上下贯通，同步实施作战行动；作战单位间保持同步，即不同作战单位间可实施有效联动，保持整体上的内部互动。

5.5.3.3 把握并行化作战规则

基于并行联动的聚能集优机理启示我们，集中兵力、以强胜弱原则，仍是信息化局部战争的重要用兵原则，但其内涵发生了深刻变化，要求我们在筹划和指导作战中必须认清具备智能化特征的信息化局部战争的特点规律，转变对战争的思维程式和认知观念。

在筹划决策上，要摒弃由前至后相间梯次配置兵力、作战程序从前沿逐步向纵深推进的传统线性作战观念，确立在多域全维战场空间实施全纵深、同步并行作战的非线性作战理念，制定统一精确的联合作战、全域作战计划，为各层级并行联动提供依据。

在作战部署上，网络信息体系是并行联动的基础支撑，把作战体系内的作战要素和作战单元集成一体，不仅将打破按战区、按方向分区域区分作战任务、编组规模化作战集群的方法，而且将彻底摒弃传统作战中的相间梯次、静态部署形式，形成按要素模块化编组作战力量，并行同步展开行动，临机动态组合、聚合作战效能的新模式。

在行动实施上，并行联动的前提是作战行动由计划协同向自主联动转变，作战指挥实施并行式指挥，应建立相应的指挥机制，为实施并行联动提供必要的组织保障。即在实现全域作战、联合作战过程中，诸军兵种各级指挥员应在网络化指挥信息系统支撑下，依据联合作战指挥员的统一意图，实施自主指挥、自主协调的并行指挥，从而提高作战指挥时效。

在力量建设上，并行联动离不开具有灵活部署、横向组合能力的作战力量，作战力量建设必须强调在物理结构上能随意进行裁减和抽组，形成特定功能的作战力量聚合体。这种按能力编组、按需求聚合，采用搭"积木"构架组合方式形成的矩阵式、网络式和即插即用的弹性动态力量编成，将实现作战力量要素效能的内聚，达到作战力量效能的最优化和作战进程的最短化。

5.5.4 基于失能控能的"降维打击"是制胜的崭新途径

2021年8月15日，阿富汗塔利班（以下简称阿塔）兵不血刃、出人意料地占领了首都喀布尔，赢得了阿富汗战争的最后胜利。阿塔对阿富汗政府军的胜利，是在兵力只有7万余人，既无外国支援，又无完善的作战体系，缺乏飞机、坦克和大炮等重武器和信息化武器的情况下取得的，被视为一场低维对高维，通过失能控能形成的降维打击制胜的战例。在体系聚优中，通过降维打击控制敌方作战体系、使敌作战体系逐渐失去能力，既是作战指导的基本原则，也是克敌制胜的崭新途径。降维打击制胜不仅在现代战争条件下具有普遍的意义，而且随着战争形态加速向以"智能化"和"类人化"为特征的信息化战争转变，降维打击制胜机理将发挥越来越大的作用。

5.5.4.1 以"空间+时间"实现降维弱敌制胜

"降维"一词源自计算机术语，是指将高维多媒体数据的特征向量映射到一维或者低维空间的过程。科幻作家刘慈欣在其经典作品《三体3·死神永生》中，首次创造性地运用了降维打击的新词语，原意指外星人以"二向箔"为攻击武器，将太阳系由三维空间强行变成平面二维世界，从而使适应三维空间的地球人无法生存，不战而败。从以上表述看，降维打击是通过主动改变敌方所处的作战环境，使其在低维度空间难以适应和生存发展，通过削弱敌人能力取胜的一种制胜手段。也可引申为站在比对方更高维度，用低维度世界无法想象的武器和战术攻击对方，实现对低维度作战对手的降维打击。

降维打击的战例古来有之，只是以前没有形成概念，在兵法理论的高度不被人们重视。冷兵器时代，一名单个步兵只能同时攻击一个敌人，可以视作"一维攻击"。当出现排兵布阵后，一队持短兵器、长兵器和抛射兵器的士兵，既可近攻又可远攻，还能同时实现多个方向的攻击，"一维攻击"升级为"二维攻击"。例如，汉代对匈奴的战争，匈奴为游牧民族，靠骑兵快速突击形成对汉军步兵的巨大作战优势，步兵与骑兵单打独斗根本不是对手，汉朝军队最初屡屡失利。但当汉军有了骑兵，步兵组建了方阵，通过马匹、士兵与武器的优化组合，就实现了作战能力的整体"升维"，面对同样能力的匈奴骑兵，就形成了兵马阵的降维打击优势。热兵器时代，火炮、机枪的出现，使用面状火力杀伤对点状目标杀伤形成了火力阵的降维打击。信息化时代，信息和网络技术的发展运用，使信息化军队对机械化军队形成了网络阵的降维打击。

阿富汗局势骤变也呈现出降维打击的特征。与阿政府军相比，阿塔在军事力量对比上劣势明显，按常理不仅毫无胜算，而且不少人认为，战争最终结果应是阿政府军与阿塔的高维对低维的碾压。但阿塔通过极端宗教控制、狂热的信仰追求、苦行僧般的斗志和"农村包围城市"的战略战术，在一定程度上实现了其军事力量的整体"增能"和"升维"。同时，以对阿政府和军队重要人物的暗杀和袭击，以及对低层官员和士兵的极端宗教蛊惑宣传和威吓，配合在阿富汗全国各地同步实施的不同规模的军事攻势，攻心夺智，迫使装备精良、人数众多的阿政府军在美撤军之际，恐战、惧战、厌战情绪迅速蔓延，战斗力轰塌，整个军队突然间丧失作战能力，不战而降。这是阿塔利用点穴战、认知战迫使阿政府军丧失作战能力，实现降维打击的胜利。

基于失能控能的降维打击制胜形式多样。在现代战争条件下，以空军、陆军协同对地面部队的攻击，是降维打击；以信息化部队攻击机械化部队，是降维打击。在未来战争中，无人作战系统对于有人作战体系，是降维打击；基于网络信息体系的体系作战对单一的指挥信息系统，是降维打击。美军马赛克作战概念，也追求基于失能控能的降维打击制胜。马赛克战尤其强调在较小时间窗口内，对敌高价值目标实施饱和式打击，以迅速达到破击敌方作战体系、降级作战能力的效果。

在体系聚优中，基于失能控能的降维打击机理的主要含义是：在网络信息体系的支撑下，在多维全网空间，运用高机动性有人无人、有形无形、软硬复合作战手段，重点打击敌方作战体系的时间、空间等维度，通过使敌作战人员和作战体系"点"上的功能丧失或降低，降低敌作战体系本身所处的空间维度，致使敌作战体系在低维度下无法有效运转而只能被动挨打，从而达成作战目的。

5.5.4.2 降维打击催生作战效费比的最高化

从上述概念定义看，降维打击的核心是通过打破目标的惯性生存条件，从而使对方无法生存。即降维攻击的重点可能并不在于直接攻击目标，而在于攻击目标本身存在的空间维度，从而达到毁灭目标的目的。实现降维打击可以通过两个途径来实现：聚集己方优势或削弱敌方优势。降维打击可从技术到战术、从战略到战役战斗各层面展开，追求作战效费比的最高化。其主要机理如下。

以知降维。核心是降低敌认知维度空间，目标是先发制敌、不战而屈人之兵。"庙算先胜""上兵伐谋"，认知是指主体对客观事物的认识过程，包括感知、判断和决策等，在作战资源一定的情况下，认知主导战争设计、主导战争决策。特别是具有智能化特征的信息化战争形态，更加突显势均力敌的对手之间的认知对抗，智能水平更高、战争规划设计能力更强、战场态势把握更清晰的一方，往往就能主导战局发展。这就需要在整个作战过程中，拉升自我认知的维度，比敌从更高、更全面的思维层次认知作战问题，从而形成高维打低维之势。基于智能化网络信息体系的体系聚优，首先围绕认知活动的"感知-理解-推理-判断"等环节，争夺支撑作战体系高效运转的"思考"速度和质量优势，从而先敌感知、先敌决策、先敌行动、先手布局、先发制敌。其次是通过干扰、控制敌指挥信息网络、智能决策等系统，致使其运行效率降低，功能发挥受限，也可通过脑控技术、情绪控制技术直接控制指挥人员或使其失能。以知降维打击，打破了作战双方所处的认知环境，直接剥夺了敌方的信息获取渠道，降低了敌认知维度空间，使敌我双方在认知效率上出现不对称，致使敌难以准确掌握研判我方作战企图和行动，难以及时做出正确的判断和决策。认知是遂行战争的基础，认知也是战争的起跑线，以知降维使交战双方在战争伊始就处于认知域的不同层次，处于不同的起跑线。拥有 35 万大军的阿政府军，在区区 7 万余阿塔小规模攻势下不战而败，就是阿塔以知降维的典型战例。

以能降维。核心是占领能力控制制高点，目标是以高压低、出奇制胜。作战空间可划分能力控制空间和能力失效空间，降维打击强调，在军事理论、军事技术和装备水平上削弱对手是最具根本性的削弱，作战双方在军事理论、军事技术和装备水平上的差距，往往形成了高维对低维的攻击之势，使拥有先进军事理论和高端军事技术装备水平的群体直接进入落后、低端的技术理论群体领域，使对方在某一战争空间能力失效，对后者形成碾压式的打击。如作战双方在网络空间技术上发展严重不对等，那么弱的一方就无法在网络领域阻止或击败敌人的行动。体系聚优的基石是网络信息体系，网络信息体系是群体性高新技术开发应用、现代化作战理论创新运用的集成体现，基于网络信息体系的体系聚优通过各作战空间的数字化、网络化、智能化和服务化，降低了敌之能力控制空间，增大了其能力失效空间。特别是通过发展利用最前沿、最先进的网络信息技术、人工智能技术等，不断迭代、优化网络信息体系的版本，强化即时聚优、敏捷适变、抗毁顽存释放体系作战能力，导致被降维对手在看不见、听不清、预想不到的地方发起攻击，以自身的高级版打击对方的低级版，形成以高打低、降维打击的能力。

以聚降维。核心是多域动态自主聚能聚势，目标是精准释能用优、击要制敌。随着先进军事技术的发展，人类军事对抗的疆域正由自然、技术和社会三大空间向认知空间渗透，战场空间的维度也从陆海空的三维空间日益外层化、电磁化、网络化和认知化。战争边界也向"五深"领域延伸（深地、深海、深空、深网、深脑），呈现出"四极"（极深、极远、极微、极智）和"四无"（无人、无形、无声、无边）的特点。基于网络信息体系的体系聚优，强调利用新型技术融合各类传统物理空间，形成横跨涵盖物理域、信息域、认知域三大作战维度的一体化全域战场。各个维度空间和场域在泛在网络技术的支撑下，构成覆盖战场每个角落的智能化作战环境，将陆海空天电网等各个战争空间及其作战力量紧密耦合起来，将分布于不同空间、不同地域的兵力兵器通过信息系统联为一体，各作战单元、作战要素通过系统集成实现一体化，在信息高度共享的战场环境中实现互联、互通、互操作，通过整个作战体系的实时联动效应，以全域联合的整体力量夺取某一域或某一局部的制权，如制空权、制海权、制网络权等，通过敌作战体系功能等级的降低以至衰微，让敌所处的空间维度降低，处于被动挨打的境地。

以快降维。 核心是先敌发现、先敌行动、先敌打击，目标是以己之快吃敌之慢。"时间就是军队"，时间就是战斗力，时间就是胜利。体系聚优中的降维打击将速度视为时间维度，依托数字化、网络化、智能化的网络信息体系，将各种战争力量要素在单位时间内高度浓缩，各种军事信息、指令在战场上不同作战要素、作战单元或节点间传递共享只需数秒或几毫秒，感知、决策、行动将在极短的时间内完成。与敌作战活动表现出强烈的顺序性和渐进性、整个过程需要经过较长的时间才能完成，呈现时间精度显著提高、时间节奏显明加快、时间序列重新调整的对敌作战时空维度优势，在时间维度上给对方形成瞬时或秒杀优势，发现即摧毁，初战即决战。古今中外，兵贵神速一直是兵家奉行的制胜要诀，随着信息网络、人工智能、新型计算等前沿技术的快速发展，以快降维、以快制胜将更具作战价值。美军 OODA 循环理论，旨在以其高效、有序的循环链打击对手低效、无序的循环链，使对手始终处于"观察-判断-决策"的环节内不能自拔，甚至深陷"观察-判断""再观察-再判断"的死循环中，无法决策或行动，坐以待毙。

以精降维。 核心是能量的精确控制、精确释放，目标是精确制胜。体系聚优中的降维打击将精度视为"空间维度"，强调通过作战态势的精确感知、作战力量的精确使用、作战时间的精确利用、作战行动的精确到位、作战过程的精确控制、作战效果的精确生成，以空间升维形成以精打粗的效果。基于网络信息体系的信息智能、体系智能产生的精确感知力、精确决策力、精确控制力和精确打击力，以规则快速重组、动态聚合作战体系各系统、各要素，达成各类作战行动具有体系支撑、各种作战功能得到极致发挥，实现特定时空信息优势、决策优势、行动优势，快速、精准释放作战效能，整体跃升体系作战能力。

5.5.4.3 坚守主动性作战方略

基于失能控能的降维打击制胜，就是在军队建设和作战准备中突出以技升维、以谋强维、以网聚维，致力营造、寻找敌最薄弱的时空维度，发挥我之优长，实现"巧战或小战而屈人之兵"之目的。

极力争夺军事科技制高点。基于失能控能的降维打击制胜，技术是基础。有人说过，权力争夺重点的转变在很大程度上源于科学技术的进步，因为国家利益和国际权力的内容都是随着技术水平变化而变化的。这种权力的转移体现在当今政治、经济、社会生活的方方面面，特别是在军事领域，技术不仅成为未来战争规则的改变者，也成为作战体系构建的外在推动者和塑造者，是赢得作战胜利的基础条件。获得并保持技术优势已成为大国争夺战略的核心，各大国企图通过发展以太空、深海、网络和认知空间为代表的"新兴领域实战"技术，夺取全维全域战场控制权；发展以人工智能、无人化武器为代表的"无人自主"技术，抢占无人智能化战场；发展以定向能、高超声速、网络攻击为代表的"颠覆杀伤机理"技术，谋求改变战争游戏规则。在未来战争中，要获得降维打击制胜的能力，必须大力发展以颠覆性技术为主的前沿军事技术，紧紧围绕能打破已有认知模式或技术体系，可导致武器装备实现作战效能的指数级提升，形成新的非常规或非对称战斗力，产生新的作战方式甚至改变战争面貌、重塑军事体系的新原理、新机理的前沿技术和技术群上寻求突破，争夺军事技术的制高点，从而在军事技术装备上对敌形成以优胜劣的能力。

超前设计领先型作战概念。基于失能控能的降维打击制胜，理念是关键。第二次世界大战，德军充分利用飞机、坦克的机动优势与火力优势，集中编组使用，发展出了横扫西欧的"闪电战"。而在飞机、坦克装备规模、质量上并不逊于德国的英法联军，却墨守成规，奉行阵地防御战，结果一败涂地，这是先进作战理念提升军队战斗力的典范，也是通过作战理念的更新实现降维打击制胜的一个经典战例。美国拜登政府上台以来，公开提出了"一体化威慑"概念，宣称要把"技术、作战理念和各种能力恰当地加以结合"来威慑、战胜中俄等大国，将作战概念上升为国家威慑战略的重要组成部分，这个在世界历史上还是首次，应引起我们的高度警觉，及早加以应对。对此，一方面要在任何时候都谋求我有敌无、我强敌弱的特色，坚持"你打你的、我打我的，立于完全的主动"，实施不对称作战。另一方面，要拓宽军事理论研究渠道，鼓励、扶植军工集团、科研院所、大型智库开展新型作战概念研究，以实践战例为参考，以前沿技术为遵循，突出技术性、预测性、对抗性研究，加紧设计先敌一筹的作战概念，从而在作战理论和概念上对敌形成以高打低的能力。

全力构建网络信息体系。基于失能控能的降维打击制胜，网络是核心。未来战争无人不在网、无物不联网、无战不用网、无谋不涉网，网络信息体系是信息化作战体系的基本形态，是打赢信息化战争的核心支撑。必须以网络信息体系为抓手，加快推进军队信息化建设实现跨越式发展。进一步加强网络信息体系的顶层设计和科学统筹，加快推进建设和作战运用，加快提高基于网络信息体系的联合作战能力、全域作战能力，从而在作战体系构建上对敌形成体系对系统的制胜能力。

5.6 体系聚优是多种战法的"组合拳"

作战概念首先是作为一种新的作战样式被提出的。创新作战样式是作战概念开发的核心内容。这种作战样式经过推演、演习的检验，可在很大程度上确定该作战概念是否成立，是否能够更有效地应对某些安全威胁、解决某一类作战问题。在使用层面，作战概念的阐述和表达方式，与作战样式几乎一致，甚至可以将二者等同。例如，空地一体战、空海一体战、分布式作战等作战概念，人们对其首要印象就是一种新的作战样式。这些作战概念针对具体作战对手和地理区域，具备作战样式所有的要素和特征。

体系聚优是具有智能化特征的信息化战争的作战指导理论，是在网络信息体系支撑下的体系作战。体系聚优不限定特指某一种作战样式，而是由多种作战样式和战法组成的"组合拳"，或作战样式群。根据作战任务、作战对手和战场形势的不同，可以在网络信息体系支撑下，灵活运用多种作战样式和战法，形成作战优势。特别是技术和装备处于弱势的一方，由于对手强大的军事体系主要依靠先进技术和装备支撑，因而就必须详细研究其所依赖的主要技术系统的弱点，从其最易受到攻击或被摧毁的系统和薄弱环节进行反击，从而取得作战胜利。

5.6.1 整体威慑战

整体威慑战是指在体系聚优中积极组织静态威力展示和威慑行动，

力争不战或小战而屈人之兵。孙子曰："不战而屈人之兵，善之善者也。"威慑和战争是军事活动的两种主要形式。而威慑，主要是通过显示力量或威胁使用强大实力，向潜在对手表明决心意志，以慑止对手行动的行为。可以说，体系聚优中的整体威慑战是实现不战而"止"人之兵的一种重要手段或战法。

克劳塞维茨强调，战略的第一条规则是尽可能强大，首先是总体上的强大，然后是在关键部位的强大。现代战争是体系与体系的对抗。信息化局部战争下的整体威慑战，不仅要有陆海空等传统威慑手段和能力，也需要太空威慑、电磁威慑、网络威慑等新型威慑手段和能力，更需要有显示国家整体实力的整体威慑。特别是随着信息技术等先进技术的迅猛发展，科技革命、产业革命、军事革命加速融合，战略竞争力、社会生产力和军队战斗力耦合关联更加紧密，打赢信息化战争更大程度上是国家意志和国家整体实力的较量。若要遏制战争，首先要从整体实力上对对手形成威慑。

5.6.1.1　整体威慑战强调多域联合威慑

威慑手段通常包括核威慑和常规威慑。核威慑与常规威慑的不同在于，核威慑是以使用核武器报复相威胁，而常规威慑则是使用常规武器发出威慑警告。在体系聚优中实施整体威慑战，旨在综合运用陆海空全域常规威慑手段，达成威慑目的。特别是随着信息网络技术及太空、定向能技术在军事上的应用，太空、网络、电磁武器等成为新型威慑手段。太空威慑，主要是以快速响应电磁轨道武器、天地网络化反导航定位服务系统、大椭圆轨道激光武器、高功率微波武器等装备，威胁攻击对手空间目标，形成对敌空间信息"干扰阻断"威慑。网络威慑，主要是以网络空间态势感知和攻击装备，威胁攻击对手军事网络及其他关键信息基础设施，实现对敌威慑。电磁威慑，主要是以电磁频谱作战系统，威胁攻击敌探测、导航、通信等信息化武器装备系统，实现对敌致聋致盲威慑。

5.6.1.2　实施整体威慑战应具备三大要素

实施整体威慑战并达成威慑预期效果，通常必须具备三大要素：一是实力，威慑方必须具备令对手感到忌惮和畏惧的可靠能力或实力；二是决心意志，威慑方在必要时必须敢于使用这种能力；三是明确传递信息，威慑方必须将行动能力与决心准确、有效地让对方清楚知道。正如基辛格所言，"威慑需要实力、使用实力的意志及潜在进攻者对上述两点的估计等三者的结合，威慑是所有这些因素的乘积而不是和。其中任何一个因素为零，威慑就会失败"。

从历史上看，判断威慑实力的标准主要有三个方面：**一是现役军事力量；二是综合国力或战争潜力；三是主战武器装备总数**。在相当长一段历史时期内，军队数量就是威慑，军事实力的强弱直接取决于现役军队的规模、重要武器装备的数量，以及军队训练组织士气等非物质因素。进入 20 世纪后，随着战争规模的扩大，出现了"总体战"的概念。由于总体战是全民族的战争，因而卷入战争的不仅仅是军队，还包括举国普通民众，也就是整个国家都要动员起来，集中人力、物力、财力和意志力，投入战争。因此，总体战中，威慑实力已不再仅限于军队兵力和重要武器装备的数量，而由国家战争潜力所决定，其中包括经济实力、科技实力、能源资源，甚至人口数量，等等。例如，美国在参加第一次世界大战、第二次世界大战前，军队总数并不多，但在参战后，凭借强大的经济和技术实力，以及大量高素质兵员，很快成为军事实力最强的国家。而日本虽然能够在战争初期取得辉煌战果，但随着战争消耗增加，后期开始陷入经济崩溃、资源短缺和兵员枯竭困境，最终必然走向失败。可见，总体战中，威慑实力主要由综合国力决定。体系聚优中的整体威慑战，其威慑实力的形成主要基于网络信息体系，以及在该体系融合集成下形成的联合全域威慑能力。

5.6.1.3　强大整体实力是实现有效威慑的核心

信息技术的发展及在军事领域的广泛渗透和应用，为构建整体实力、实现整体威慑提供了有利条件。体系聚优以网络信息体系为支撑，充分利用信息技术的渗透性和联通性，不仅把各种作战力量、作战要素、作战单元融合为一个有机整体，实现军事上的体系作战优势，而且把国家政治、经济、外交、金融、交通、能源等与战争和国家动员相关的各领域，都连接、汇入国家战争动员体系，凝聚各方面力量和资源形成整体合力，实现体系能力的涌现效应，从整体上显示综合实力优势，形成众志成城、同仇敌忾的强大无形威慑，塑造使敌"有力量但不能行动""能行动但没有效果"的态势，起到遏制和打赢战争的作用。

在整体威慑战中，在网络信息体系的支撑下，国家战争动员的范围将更加广泛，不仅限于某一方向、区域，而是遍及全国各地，乃至世界有关地区；动员时间更加迅速，利用网络和信息系统，动员和行动信息可在第一时间迅速传达到每个人、每个节点；行动协调和协同更加一致，分布在各域各地的各方力量可以基于同一态势、根据同一命令几乎在同一时间统一行动，极大地提高行动协同效率；资源利用更加充分，基于网络的各种战争资源，可以快速实现平战转换、军民转换，实现前方后方一体化保障、精确保障，从而使人民战争的巨大力量和优势得到最大程度的发挥和释放。

5.6.2 电磁扰阻战

电磁扰阻战是指在体系聚优中灵活运用电子侦攻防等多种作战手段和行动样式，扰乱、阻止、破坏对方电磁能力的发挥，积极争夺电磁优势，夺取制信息权，进而赢得作战主动。

5.6.2.1 争夺信息优势成为关键

信息化局部战争高度依赖电磁频谱，对电磁空间的控制与反控制成为争夺制信息权的焦点。组织实施电磁扰阻战，主要是破坏对方对电磁频谱的控制和使用，保护己方对电磁频谱的控制和使用不受破坏。在电子战领域，电磁频谱是传输信息的主要载体，电磁频谱是无线电波、红外线、可见光、紫外线、X 射线和 γ 射线等电磁波，按频率或波长分段排列所形成的结构谱系。电磁频谱的频率范围为零到无穷，各种不同形式的电磁波占用不同的频率范围。使用电磁手段对对方电磁频谱实施阻挠破坏，将有效降低敌信息作战能力，并使己方在拥有制信息权的场景下，保障信息的快速有效流动，通过信息流驱动指挥流、行动流、物质流、能量流，进而拥有作战的主导权、主动权。

美军提出电磁频谱作战概念，将电子对抗从各种传统作战空间扩展为整个电磁频谱空间，并贯穿观察-判断-决策-行动（OODA）全过程。美军的"马赛克战""决策中心战""联合全域作战"等作战概念的实施，都高度依赖电磁频谱控制权，认为电磁频谱战是争夺信息优势、决策优势的根源和关键。

俄军对电子战建设高度重视，电子战能力不断增强。俄罗斯克拉苏哈-4 电子对抗系统是目前世界上最先进的电子设备，其电子作战能力十分强大，作用范围可达到 300 千米以上，能够屏蔽美国的 GPS 信号系统，同时还能向美国的接收系统发送虚假信号，从而使美方导航系统产生混乱，甚至一个按钮就能使美军的导弹飞向自己的目标，使拥有极强跟踪能力及监测能力的战斗机完全丧失战斗力。

5.6.2.2 使对方作战体系失能失效

体系聚优中实施电磁扰阻战，主要是针对对方对电磁空间的依赖，同时为确保己方对电磁空间的有效利用，组织各种电子侦察、干扰、攻击、防御和支援力量，对敌通信网、雷达网、计算机网和指挥中心、通信枢纽、雷达站、计算机网络节点，全球导航定位系统、天地一体互联网等空间链路系统，以及其他各种用频武器装备，实施干扰、攻击，阻断、破坏其通信联络和数据传输，破坏对方作战体系的"连接"与"共享"结构重心，从根源上为夺取制信息权、制电磁权提供支撑，进而削弱对方指挥控制能力，使对方整个作战体系失能、失效。

5.6.2.3 破解无人集群作战的有效战法

"蜂群""狼群""鱼群"等无人自主集群作战，是具有智能化特征的信息化局部战争的重要特征。各种无人自主集群数量庞大、类型多样、特征复杂，且每个个体都可以互补位置、互相替代发挥作用，拦截毁伤整个无人集群将十分困难。但从技术角度分析，无人集群作战为实现有效协同，每个个体相互之间必须进行信息共享与交互。无人集群间通信协同一旦受到干扰，将无法共享战场态势与信息，不能相互协同行动，也就很难发挥应有的作战效能。这就给对方实施通信拦截与电磁干扰提供了机会。因此，实施电磁频谱战，对无人集群的信息通信网络实施干扰、攻击，破坏其信息共享与交互，将使无人集群中每个个体无法实现有效协同，从而失去作战能力。

俄军电子战武器装备在叙利亚战争中，充分发挥了打击无人集群作战的重要作用。2017年12月，俄驻叙利亚基地遭到13架小型无人机"蜂群"攻击，俄以电子战手段控制了其中6架。为保护叙利亚的赫梅利姆空军基地免受无人机袭击，俄军2020年2月6日使用电子战系统，成功拦截了25架叙利亚叛军发射的自爆式攻击无人机。俄军尤里·博伦科夫少将称，俄电子战系统甚至可以操纵叛军无人机自动坠毁和迫降。

5.6.3 网络破击战

网络破击战是指在体系聚优中综合运用网络和计算机等技术及其他有效手段，围绕信息、信息网络的控制权而进行的军事对抗行动，是网络空间作战、争夺制网权的一种主要作战样式。其主要作战行动既有软杀伤，也有硬摧毁，以软为主、软硬结合。其中，软杀伤主要是网络攻击，即综合利用阻塞攻击、病毒攻击等手段，对对方信息网络、指挥系统、武器平台等进行阻滞和攻击，使对方网络、指挥信息系统等难以有效运转甚至瘫痪；硬摧毁主要是利用精确火力打击、高能微波、电磁脉冲及反辐射攻击等手段，瘫毁对方信息网络物理设施，摧毁对方作战及武器装备实体。

在体系聚优中，组织网络破击战就是针对作战对手军事信息网络存在的弱点，利用体系优势，组织各种网络攻击力量，在作战全过程对对方作战指挥网、侦察情报网、通信网乃至后勤补给网等，持续实施软杀伤和硬摧毁行动，破坏对方网络体系，使对方作战体系功能整体下降甚至失能。信息化、智能化网络信息体系，集"互联网+物联网+知联网"于一体，因此要先敌对其基础信息网、情报网、指挥网、保障网等核心目标，实施网电协同攻击、欺骗迷茫、链路阻塞、接管控制等一系列作战行动，使对方智能化作战网络体系失能失效，达成瘫敌体系的关键性胜利。

5.6.4 认知控扰战

认知域，即人的思维空间、意识空间，是对作战决策、判断等具有关键性影响的领域。信息技术特别是人工智能技术的发展及在军事领域的广泛应用，使战争的较量从物理空间、信息空间扩大到认知空间，使认知空间成为一个全新的作战域。制认知权成为未来战场控制权的关键要素。体系聚优中的认知控扰战，是指在体系聚优中通过信息攻击、舆论攻击、脑攻击，干扰、破坏或控制敌思维认知，使敌不能做出正确判断、决策，从而在认知空间对敌形成控制优势。随着信息化、智能化技术的发展且在军事领域的广泛深入应用，人机智能趋于融合，使认知在智能化战争作战中的地位更加凸显，认知领域逐渐成为重要的战场。争夺认知控制权成为具有智能化特征的信息化局部战争作战制胜的重要作战样式。

5.6.4.1 控制态势感知认知权，争夺信息优势

体系聚优中，信息流驱动物质流、能量流，信息优势决定决策优势，信息对作战体系的主导和支撑作用凸显，情报信息是作战制胜的前提和关键。对情报信息和战场态势的快速、准确认知，对夺取指挥决策优势具有重要影响。因此，组织实施体系聚优，要充分利用智能技术、大数据技术，对海量情报信息数据进行综合分析研判，挖掘提取所需情报信息，实现对战场态势、作战环境的更精准、更快速认知，从源头上确保先敌发现、先敌认知。在消除己方"战争迷雾"的同时，还要为对手制造"迷雾"。因此，争夺认知权，不仅要先敌掌握、先敌处理信息，还要采取网络舆论攻击、高度虚拟现实乱真等措施，积极制造、散布虚假信息，破坏、扰乱对方对战场态势的感知、认知，最大限度地制造混乱、增加不确定性，干扰对手的作战决策，迟滞其作战行动。

美军在 2017 年提出"算法战"概念，其核心就是利用智能技术对海量数据信息进行筛选、分析，第一时间从中挖掘、提取所需情报信息。在美军精确狙杀苏莱曼尼行动中，实时区域网关系统（Real Time Regional Gateway，RT-RG）发挥了重要支撑作用。该系统是美国国家安

全局基于反恐战争需要研发的一个全新数据分析系统。实际运用中,其已不仅局限于分享情报,而是采用分布式系统,运用大数据分析挖掘、规则发现、深度学习、数据驱动模型计算、管理与处理和可视化等方面的前沿技术,通过强大的、不断迭代的相关性分析算法,存储、融合、分析多源、异构海量数据,将海量可用数据快速转变为可用于组织作战行动的情报,并在时间和空间上进行规范和协调,为指挥员和作战部队呈现一幅统一的作战空间视图,有效缩短探测感知、指挥决策等耗时,大幅提升作战体系跨机构协作能力。

5.6.4.2 控制指挥决策权,争夺决策优势

决策优势决定行动优势。组织体系聚优,部队行动成败很大程度取决于指挥员的决策速度。指挥员的快速决策是缩短"指挥周期"、实现快速制胜的关键。要利用智能辅助决策系统,优选最佳作战方案,科学合理调配作战资源,实现作战效能最大化;利用泛在智能网络,随遇接入所需作战节点、作战平台,构建形成一体化作战体系,实现力量、信息、能力分散部署、跨域联动,在作战所需地点、时间形成优势,集聚释能、聚优制胜;实施"攻芯战",通过侵入对方"芯片"、篡改其程序及指挥决策系统算法等,使敌指挥决策发生错误或偏差。

5.6.4.3 控制"脑"权,夺取脑控优势

体系聚优中的认知控扰战,强调"攻心夺志",即利用网络战、电磁战等方式,对对方人脑和意识认知及无人自主平台的控制系统实施"攻心控脑夺志"的认知控制战,以"控制"取代"摧毁",以最小代价实现止战、胜战之目的。攻心控脑与传统的谋略威慑不同,其更强调主动攻击,是一种主动攻击行动,主要运用先进信息作战技术、控脑技术等,对对方决策首脑,以及智能化无人自主作战平台、辅助决策系统等,实施控"脑"攻击,直接控制、扰乱对手"大脑",影响、控制对方决策,或使其失能,实现隐形操控敌作战行动。如以人的认知思维为目标,利用读脑、脑控技术,运用心智导控手段,直接对对方人员大脑实施"注入""侵入"式攻击,干扰、控制或破坏对方指挥人员认知体系,从意识、思维和心理上对其深度控制,夺取"制脑权",以乱敌决

策、破敌士气，迫敌缴械。

5.6.5 敏捷机动战

敏捷机动战是指在体系聚优中高效率决策、高效率调整兵力兵器部署和高效率即时聚合作战力量，在既设战场高效率聚集能力，抢夺作战先机。现代战争作战意义上的敏捷概念是由《网络中心战》的作者艾尔伯茨（Alberts）提出的。艾尔伯茨在其另一部名著《敏捷性优势》中指出，敏捷是一种快速及时应对战场环境变化的能力，有响应性、健壮性、柔性、弹性、创新性及适应性等特征。其中，响应性是指对外部影响及时做出调整的能力；健壮性是指指控机构（系统）能够承受战场环境与作战使命一定程度上的变化而维持较好的运作效能；柔性是指处理不可预测变化的能力；弹性是指快速从致命打击、中断或退化中恢复的能力；创新性是指在没有充分的备选响应方案时用新方法做事情的能力；适应性是指在面对非预期的激烈变化时，能够快速、有效地进行结构和策略调整以维持良好的效能。

2015 年 9 月，美国空军发布《空军未来作战概念 2035》，提出了敏捷作战概念的定义：为应对既定挑战，迅速生成多个解决方案并在多个方案之间快速调整的能力。这一概念的核心目标是实现多域敏捷作战。美国空军以此概念为基础，又总结出敏捷作战所需要具备的 5 个特性，即灵活性、快速性、协调性、平衡性和融合性，如表 5-1 所示。

表 5-1 敏捷作战概念的特性

特　性	内　　涵
灵活性	体现在跨域作战，主要是装备具有强机动性，具备跨域作战能力
快速性	表现为高效率快速决策，主要是装备快速响应、快速发挥效用，能够跨域无缝集成，为有效支撑快速决策提供全面、准确的信息保障
协调性	表现为动态指挥控制，主要是装备所探测感知的信息全部传递至联合指挥控制系统；装备能够跨域协同、信息共享
平衡性	表现为效费比平衡、功能分解，主要是装备成本与性能配比合理，既要获得高性能，又要尽可能降低成本；采用分解式结构等，将能力分散于不同武器平台上
融合性	主要是优化重塑作战力量结构，将人工智能技术充分运用于各作战域，强化装备融合、作战力量融合

5.6.5.1 高效率快速决策

实施敏捷机动战,首先要高效率快速决策,赢得作战先机。因此,要综合运用各种侦察探测感知与监视手段,及时获取战场态势和目标信息,特别是时敏目标的特征信息、活动轨迹及实时位置信息,确保为快速决策提供精准情报支持。高效率决策还体现在情报处理速度上,要用更少的时间甄别有效情报信息,根据情况变化,以更快的速度制订行动方案,快敌一步占据主动,夺取先机。高效率决策重在缩短决策周期,要以目标时间窗口为中心点,决策指挥与作战单元、武器平台一体协同、快速响应、整体联动,提高作战效率。

5.6.5.2 高效率形成有利作战态势

传统条件下作战,受技术装备等条件制约,作战过程较长、节奏缓慢,作战力量需提前部署、配置于作战地域,作战中攻防行动较分明,战场情况变化较小。而在信息化局部战争中,作战机动力、打击力等提高,作战空间扩展至全纵深,攻防转换快,战场态势瞬息万变。因此,在体系聚优中应突出敏捷机动战,随时掌握战场态势变化情况,依靠信息网络支撑,通过跨域、跨维、多样化立体机动,达成作战力量动态重组、动中融合,作战资源全域高效流动、动中聚集,实现机动聚优,形成有利战场态势。敏捷机动战依靠数据融合处理、智能化辅助决策等手段,快速形成作战方案,依据方案高频率快速投送作战力量,组织部队快速形成有利作战部署,实现先敌发现、先敌决策、先敌开火、先敌评估,以最短时间、最快速度改变力量对比,形成作战优势,提高作战行动效率。

5.6.5.3 高效率即时聚合作战力量

组织敏捷机动战,关键是要在有限时间内选准作战力量,协调整个战局,形成整体合力,确保一击致命。因此,要针对战场态势特别是目标情况变化,抽组形成由多域作战力量形成的联合机动作战系统,即时聚合作战力量,快速机动部署至有利战场,对敌实施即时打击。针对信息化局部战争中深空、深海等成为新的作战空间,应组织智能化无人自主作战平台,快速机动部署至人类因生理所限而难以到达的重点目标或重要通道附近潜伏,待机实施伏击作战,对敌形成新的跨域制衡优势。

5.6.5.4 敏捷机动战是对传统机动作战的创新发展

1960 年,英国陆军元帅蒙哥马利访华时,盛赞毛泽东指挥的辽沈、淮海、平津三大战役可与世界历史上任何伟大战役媲美。而毛泽东却说四渡赤水才是其"得意之笔"。四渡赤水是中央红军长征中最惊心动魄而又最精彩的一次军事行动,也是遵义会议后毛泽东指挥的第一个战役行动。这是红军第五次反"围剿"失败后取得的第一个重大胜利,扭转了长征开始后的被动局面。其突出特点是发挥红军徒步快速机动的能力,"走""打"结合,灵活变换作战方案和作战地区,通过主动创造和寻找战机,化被动为主动,牢牢掌握作战主动权,充分展示了灵活机动、以我为主和保持攻势的指挥艺术。此役表明,机动作战是对时间和空间高超把握的艺术。时间、空间是作战的载体,是作战赖以生存的外部条件,都对作战进程和结局有直接而重要的影响。快节奏、高速度的机动是从时间和空间上达成作战制胜的一个重要手段。古今中外战争史上,依靠快速隐蔽机动达成作战目的的成功战例比比皆是。但信息化局部战争作战进程大幅压缩,作战节奏极速加快,战机稍纵即逝,对快速机动捕捉战机提出了更高要求,仅靠"快节奏、高速度"已难以满足信息化条件下联合作战、全域作战的要求,因而必须实施敏捷机动战。

5.6.6 无人集群自主战

无人集群自主战是指在体系聚优中广泛运用"蜂群""狼群""鱼群"等无人作战手段,自主组织行动、分布式攻击,实现人机联合制胜。随着无人自主技术在军事领域的广泛应用,无人自主作战装备的成本更加低廉,规模化、批量化生产成为可能,数量庞大、结构简单的无人自主装备将成为战场上的主要作战力量。以无人自主装备通过集群和数量优势战胜敌人,将成为信息化局部战争中的一种重要作战样式。无人集群自主战是体系聚优的一种重要作战样式。

5.6.6.1 有利于形成体系优势压制对方

在网络信息体系支撑下,无人集群自主战充分发挥无人作战兵器全天候、无极限、难防御、低消耗等特殊优势,构建组成无人"蜂群""狼群""鱼群"等大规模无人作战集群或编队,自主组织、相互协同,可实施近距离、全覆盖侦察,或充当诱饵实施干扰、欺骗,或配合主战兵器实施分布式协同攻击,实现整体机动、联合制敌。根据美国海军设想,其未来作战中 25 分钟内能投放上万只微型无人机"蜂群",可覆盖 4800 平方千米战场区域。这种作战行动快速、隐蔽、突然、猛烈,且无人化装备成本低、效益高,抗毁顽存性强,具有分布式、无中心、自组织等特点,更有利于体系聚优,对对方形成局部压制(见图 5-4)。

图 5-4 无人机蜂群自主作战

5.6.6.2 有利于增强作战效果

在无人集群自主作战中,无人集群编成内的不同作战单元分别担负不同功能、不同任务,既有负责侦察的,也有实施电磁干扰、火力打击的,还有扮演"诱饵"角色的。集群通过群间网络传递、共享战场信息,按照分工各司其职,根据战场变化实时、自主、动态协同,既充分发挥数量规模优势,又运用信息网络和智能集成技术实现集成效果,以集群优势消耗对方防御探测、跟踪和拦截能力,使对方防御体系迅速饱和、陷入瘫痪。美国海军研究院多次模拟试验表明,由 8 架无人机集群攻击当今世界上最先进"宙斯盾"防空系统，至少有 2.8 架无人机能避开拦截；即使"宙斯盾"系统升级现有最先进技术，也至少有 1 架无人机可突防成功。如果无人机数量增至 10 架以上，则只能拦截前面的 7 架左右。而随着集群智能的提升和集群数量的增加，这种优势将进一步加大。图 5-5 为美国海军发布的无人机集群对抗驱逐舰防空系统作战效果示意图。

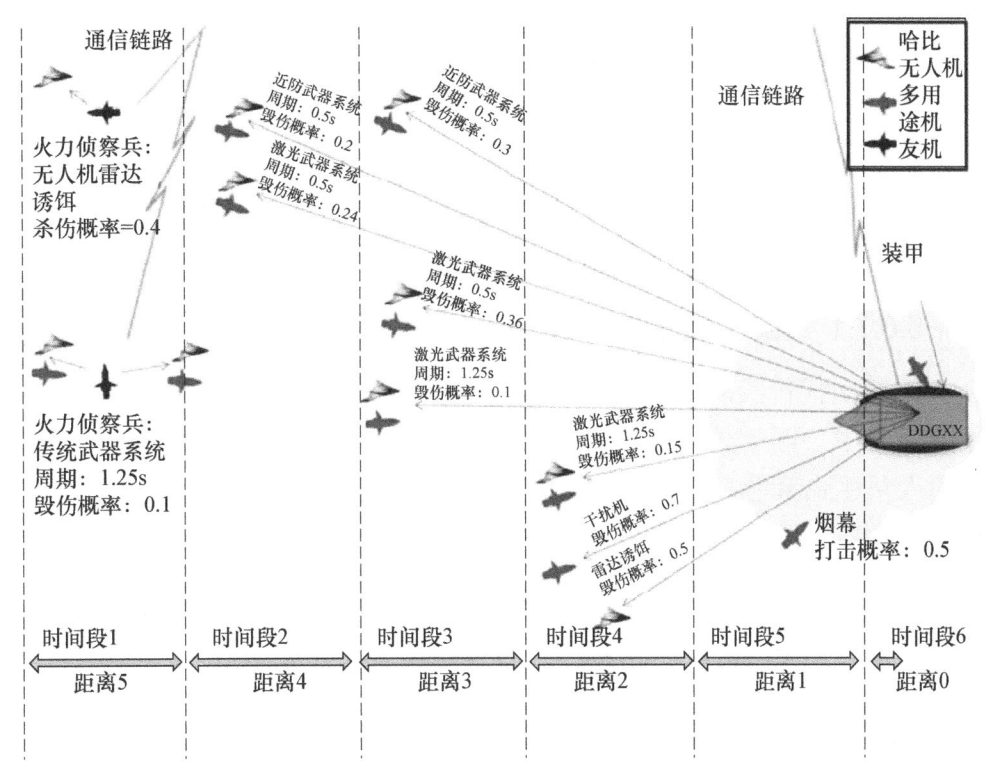

图 5-5 无人机集群对抗驱逐舰防空系统作战效果示意图

5.6.6.3 有利于陷敌于作战困境

无人集群自主战以大量不同功能的自主无人作战平台混合编组，形成集侦察探测、电子干扰、网络攻击、火力打击于一体的无人作战集群，对同一目标或目标群实施多方向、多波次、持续不断的攻击，将使对方难以作出有效反击。无人集群自主作战陷敌于被动的成功战例不胜枚举。例如，在 1982 年 6 月以色列对叙利亚的贝卡谷地空战中，以色列在预警机及电子战装备的支援下，通过释放大量诱饵无人机，成功诱骗叙利亚防空部队雷达开机并发射防空导弹,使贝卡谷地内的 SAM 防空导弹系统完全暴露而被以军悉数击毁,叙军众多战机也在随后的交战中被击落,成就了西方军事界吹嘘多年的 82∶0 的辉煌空战战果。这场交战也将世界空中战争由"平台对平台"推进到"体系对体系"时代。

5.6.7 精确点杀战

精确点杀战是指在体系聚优中精准获取情报,实施多域精确打击,力争打一点撼全局,实现作战效益最大化。信息化局部战争是体系与体系之间的整体对抗,实施精确点杀战,对对方作战体系重要节点和关键环节实施精确打击,破坏对方作战体系,降维对方作战能力,将达到事半功倍的作战效果。

5.6.7.1 实现作战的高效费比

用最小代价实现最大作战效益是作战双方都在追求的目标。但在以往的战争中,囿于技术和装备的限制,交战双方都难以避免所付出的巨大的人员生命和物质财富代价,因此,这一目标只能概略实现。随着信息技术在军事领域的广泛应用及信息化战争来临,精确制导武器、智能化动能武器、察打一体无人机及激光武器等将广泛装备部队;通过运用大数据、人工智能等技术,精确计算所需兵力兵器已经成为可能。这些都为实现精确点杀战,以较小代价达成作战目标,实现作战高效费比,提供了物质和技术条件。

5.6.7.2 打关键节点目标是重要选项

精确点杀战重在打关键节点,不打则已,打则必痛、打则必胜,打一点破敌体系、撼动全局。打击的目标不仅局限于敌分散部署的舰机等,还应针对敌指挥中心、重要枢纽,甚至主要将领、指挥员等局部、动态、时敏目标或独立目标实施打击,追求威慑震撼和破敌体系效果。针对对方采取分布式作战,将昂贵的大型装备功能分解到大量小型平台上、实施兵力分散部署这一战术,运用精确打击火力对其进行"点杀"式打击,也将是一个较为有效的对策。

5.6.7.3 大范围体系支撑是基本条件

实施精确点杀战，离不开大范围体系支撑。围绕实现作战目标，从分散部署的各作战域抽调所需兵力兵器，在网络信息体系支撑下，动态融合形成精确打击体系，实现整体联动、体系聚能，通过合理够用的火力集中对目标实施打击，达成精确用兵、精确释能。例如，美军在阿富汗战争中，虽然主战场在阿富汗境内，但支撑体系延伸到美国本土、遍及全球。作战中，美军 B-2 隐形战略轰炸机从美本土起飞至阿富汗境内实施空袭，航程上万千米；飞行途中有 89 个国家和地区向美军机授予领空飞越权，76 个国家授予着陆权，23 个国家同意接纳美军部队；在外层空间，美军部署数十颗卫星为作战提供情报、导航及水文气象等作战支援保障。这个广域分布式的大范围精确保障体系，为美军前方作战提供了重要支撑和保证。实施精确点杀战要做到精确，需要整个作战体系内各个环节紧密衔接，不能有丝毫差错。2011 年美军击毙本·拉登行动中，在最前线执行特种作战任务的只有 4 架直升机、24 名特战队员，但背后支撑的却是庞大的作战体系，这一全域体系包括天基卫星提供情报信息保障、海上航母舰队接应、陆上驻中亚军事基地支援，以及本土的战略指挥和战略支援。该体系广域分布、多级多域联动，是作战行动成功的关键。这种作战方式成为信息时代大国或武装集团之间在战略体系支撑下的一种典型的战略性战术精确作战行动。

5.6.7.4 离不开精确情报保障

精确点杀战中，精确情报保障始终是达成作战目标的关键。因此，战前应动用各种手段搜集对方各种情报资料信息，特别要对对方目标作出精准分析研判。作战行动中，应动用各种传感器和情报侦察手段，适时精准掌握对方目标变化和动态目标情况，为实施精确点杀战提供有力、有效的情报保障。美军对苏莱曼尼的定点清除行动，就是一次典型的以高效情报体系支撑的精确点杀战。行动中，美军使用 MQ-9"死神"长航时察打一体无人机，对伊朗军事指挥官苏莱曼尼实施空中打击、定点清除。与 2011 年美军猎杀本·拉登相比，此次事件更加凸显出美军全球布势、全维侦察、全源分析的全球情报体系优势。美军综合运用侦察卫星、网络侦察装备、侦察机和特种人力情报等，持续对苏莱曼尼进行跟踪监视，运用人工智能、大数据、云计算等技术，大幅缩短"侦察-判断-决策-行动"时间，为此次无人机成功实施斩首行动提供了关键支撑和保障。

5.6.8 补给断链战

补给断链战是指在体系聚优中组织精锐力量，打敌后勤物资和装备供应补给链、补给线和补给基地，迫敌失去补给而退出战斗。在体系聚优中，针对敌后勤补给线长、装备保障摊子大等弱点，组织精锐力量构建"断链战"作战体系，对敌后勤物资和装备供应补给链、补给线和补给基地等，实施持续、精确、毁灭性打击，将使其因失去补给而难以为继，不得不退出战斗。

5.6.8.1 供应保障链对作战全局影响巨大

后勤装备保障是作战的重要基础。后勤物资和武器装备持续不断的供应补给，最终决定一支军队作战部队的规模、能否作战、在什么季节作战、在哪里作战、能离开后方基地多远、能作战多长时间、机动的速度多快，等等。随着机械化战争向信息化战争转型，战场物资消耗呈指数级上升，作战对后勤装备保障的依赖程度不仅没有减小，反而越来越大，而且保障的专业化程度要求也越来越高，特别是现代化作战装备器材型号规格纷繁多样，混装运输体积巨大，部队部署更加分散，对运力也提出了非常高的要求，这使基地、通信线路和运输比以往任何时候都更加重要。而作战中，后勤保障系统的重要性与脆弱性并存。据统计，在阿富汗和伊拉克战场上，美军燃料运输遇袭近 3000 次，仅 2010 年就高达 1000 次以上。因后勤系统被攻击，美军整体战斗力被极大削弱。可见，供应保障链的稳定高效运行和持续不间断的供应保障，是作战制胜的关键，将对作战全局产生巨大影响。

5.6.8.2 打击重心是断敌供应保障链的关键节点

补给断链战的作战重心是打击对方供应保障链的关键环节，通过断链使其丧失持续保障能力。因此，组织补给断链战应主要以对方地面铁路公路运输线、海上补给船队、军事征用的商船和战斗支援舰，空中大中型运输机，以及后方补给基地等作为打击目标。比如打击对方海上供应保障链，航母战斗群一般采用接力式后勤机制，跟随航母战斗群的是1～2艘综合补给舰，在航母战斗群和前进基地之间的是单一物品补给船队，然后是后方基地和前进基地之间的普通商船。跟随航母战斗群的综合补给舰在航母战斗群保护圈内，得到火力防护，攻击难度较大。但补给船队、所征用商船和战斗支援舰及补给基地等护卫力量较弱，容易受到海上、水下和空中等打击平台的攻击。而在航母编队补给体系中，燃料、弹药甚至淡水和食品等物资是主体，也是支撑航母战斗群作战的基本保障。断敌燃料、弹药、淡水、食品补给，将使敌航母战斗群失去持续作战能力，进而甚至影响一场战役的胜负。

5.6.8.3 重在选准时机活用战法

组织实施补给断链战，选择有利打击时机至关重要。通常情况下，对方地面补给机动时、海上补给航渡时、空中补给航线飞行时，机动时间较长，自身防护较弱，容易遭到打击。因此，补给断链战的打击时机，应选择敌补给机动时组织实施，以出其不意、攻其不备的隐蔽战法，对敌补给车辆、舰船和运输机实施突然打击，终止其补给行动。具体战法通常有隐蔽伏击战，组织精干力量埋伏在敌运输工具必经路线和航线上，伺机实施隐蔽突然打击；隐形奇袭战，使用潜艇、隐形战机等隐蔽前出，对敌运输目标实施打击，以奇制胜；远程精确战，使用远程常规地地导弹部队对敌补给基地和机场、码头等补给出发地实施远程精确打击。

5.6.9 体系毁瘫战

体系毁瘫战是指在体系聚优中综合采取破网、断链、打节点等多种手段，干扰、迟滞、破坏甚至瘫痪对方作战体系有效运转，削弱对方作战体系功能。体系毁瘫战的本质，是通过削弱对方作战体系要素间的关联性和结构力，使体系功能退化，不能发挥能力倍增作用。

5.6.9.1 作战目标是使对方作战体系运行失序

随着信息技术不断迭代更新,军队武器装备快速更新换代,特别是大数据、云计算、智能算法等软性要素发挥着特殊而极为重要的链接融合作用,使军队作战体系呈现出规模越来越庞大、结构越来越复杂的发展趋势。在信息化局部战争中,交战双方作战体系都有其内在的秩序,这个秩序是维系和支撑作战体系运行的关键所在。能够维护和驾驭作战体系内在秩序的一方将获得优势,反之则处于劣势。因此,体系毁瘫战应确立乱敌制胜机理、致敌作战体系失序这一目标。这就要求在体系毁瘫战中充分利用信息技术特别是智能算法的强大赋能作用,对己方作战体系进行快速调整和重构,迅即生成并释放强大的作战威力,对对方作战体系实施敏捷精准打击,使敌作战体系失去正常的运行秩序,在失序中使体系功能遭到破坏,整体作战能力显著下降。

5.6.9.2 重拳打击作战体系的关键节点

体系对抗是信息化战争的一个主要特征。体系是体系对抗的重要基础和支撑,也是战场上各种作战力量、武器平台和武器系统联为一体,有效发挥作战效能的关键。体系能否保持健壮、顺畅运转,对取得战争和战役胜利具有决定性影响。因此,体系本身也成为对阵双方千方百计企图破坏和瘫痪的重点目标。而在体系毁瘫战中,关键是着眼对方陆海空天电网一体化作战体系,破网、断链、打节点,通过打关键节点目标,使对方作战体系遭到破坏,因关键节点被打击而使体系运行机理失序,甚至遭到重创或毁瘫。因此,体系毁瘫战的基本指向是选择对方作战体系的关键单元、关键节点、关键要素实施打击,击其一点、毁其一片、瘫其整体,达成克敌制胜的目的。

5.6.9.3 对对方作战体系实施软打击

组织实施体系破击战硬摧毁时,同步组织电子战、网络战、心理战、舆论战等软杀伤作战行动,对对方作战体系的信息域、认知域实施软打击。**电子战**,是指使用电子战力量对对方实施强电磁干扰,使其信息失灵,陷入战争迷雾之中;**网络战**,是指使用网络进攻力量对对方网络信息体系实施攻击，使对方指挥通信系统和计算机网络受到严重破坏，使其指挥失灵，陷入信息孤岛乃至战争孤岛；**心理战和舆论战**，是指使用心理战、舆论战手段，对对方实施心理打击和舆论引导，重创其作战意志，诱导其认知错乱。克劳塞维茨早在《战争论》战略要素一章中，把精神要素作为第一类战略要素，并指出"精神要素始终贯穿整个战争领域，并且与意志，也就是支配和推动整个物质力量的意志紧密结合在一起"，"精神的原因和结果才是真正的刀刃"。在信息化局部战争中，信息技术的发展使由人的精神和心理活动构成的认知空间，成为新型作战空间和作战体系的重要组成部分，制认知权成为新的作战制权，精神因素对作战结局的影响愈加凸显，精心组织体系破击战中的软杀伤行动，对干扰破坏敌作战体系正常运行至关重要。在体系毁瘫战中组织民生战，打击对手的重大国计民生设施，同样可以对敌作战体系起到"釜底抽薪"的作用。1999年科索沃战争中，美军没有打击南联盟军队，而是打击其战争潜力目标体系。美军的胜利，起决定性作用的不是其击溃了南联盟的军事体系，而是通过火力打击摧毁了南联盟的供水系统等生活设施，导致民众缺水、断电，严重影响了正常生活，从而失去战斗意志使得战争难以继续，最终导致其失败。这些目标是作战体系的"阿喀琉斯之踵"，其影响往往会产生多米诺骨牌效应。

参考文献

[1] 王祉璇. 认识集中兵力的新内涵[N]. 解放军报，2021-08-18（2）.

[2] 克劳塞维茨. 战争论[M]. 孙永彧，译. 北京：中国华侨出版社，2021.

[3] 李正浩，刘学军. 一种基于贝叶斯网络的作战重心评估模型[J]. 计算机技术与发展，2014，24（9）：50.

[4] 李赟. 基于复杂网络社区探测的作战体系目标分群方法研究[D]. 长沙：国防科学技术大学，2013.

[5] 许三飞. 混合战争理论缘何而生[N]. 解放军报，2021-08-09（7）.

[6] 君潭. 透视混合战争基本特性[N]. 解放军报，2021-08-20（7）.

[7] 乔良，王湘穗. 超限战[M]. 武汉：长江文艺出版社，2016.

[8] 岳松堂. 从 C^4ISR 到 GIG 再到 C^4KISR——美军综合电子信息系统未来发展

综述[J]. 国外坦克，2007（9）：11.

[9] 吴敏文. "马赛克战"：美军研究新作战样式[N]. 中国青年报，2019-12-26（11）.

[10] MAJOR. 杀死"佐勒菲卡尔"的致命链条——从苏莱曼尼被杀谈美国军事打击链条的前沿技术[J]. 坦克装甲车辆，2020（2）：28.

[11] 谢地，荣莹. 新中国 70 年军民融合思想演进与实践轨迹[J]. 学习与探索，2019，287（6）：11.

[12] 电镜之鹰. 跨越有人和无人—波音忠诚僚机项目分析[J]. 军事文摘，2021（3）：30.

[13] 谭亚新，罗建华，范锐，董志明. 一种基于作战编成并行仿真方法及其实现[J]. 系统仿真学报，2019，31（11）：2351.

[14] 穆裕怀. "分布式海上作战"怎么战[N]. 中国青年报，2021-08-26（2）.

[15] 夏华锋，丁敏. "并行作战"：美军用兵的新招法[J]. 环球军事，2004（15）：56.

[16] 邹力. 刷新精确作战的"分辨率"[N]. 解放军报，2021-04-06（7）.

[17] 刘建民. 未来作战须强化五大能力[N]. 解放军报，2021-08-03（7）.

[18] 季自力，张申，王文华. 联合集群作战力量将成为未来战场的主角[J]. 军事文摘，2021（8）：6.

[19] 孙盛智，孟春宁，侯妍. 无人机与巡航导弹自主协同作战模式及关键技术[J]. 航空兵器，2019，26（4）：11-12.

[20] 海军装备研究院科技信息研究所. 2009—2034 年美国无人系统路线图[M]. 北京：海潮出版社，2011.

[21] 朱小宁. 从战争规律、制胜机理到战争指导[N]. 解放军报，2020-08-11（7）.

[22] 海军指挥学院课题组. 深刻把握信息化战争制胜机理核心内涵[N]. 解放军报，2016-11-12（6）.

[23] 代科学，孙合敏，黄志良. 军事网络技术基础[M]. 北京：电子工业出版社，2017.

[24] 许世勇，王家胜. 探寻智能化作战制胜机理[N]. 解放军报，2018-01-04（7）.

[25] 李志刚. 积极推进我军组织形态现代化[J]. 军队政工理论研究，2016，17（1）：28-31.

[26] 张自廉. 聚能者胜[N]. 解放军报，2020-03-05（7）.

[27] 汪维余，等. 信息化战争哲理[M]. 北京：国防大学出版社，2011.

[28] 邱滨，张德群. 战争制胜应确立全域聚优理念[N]. 解放军报，2019-05-30（7）.

[29] 石中武. 基于信息系统的体系作战制胜机理[J]. 军事学术，2013（3）：25-28.

[30] 芭芭拉·亚当. 时间与社会理论[M]. 金梦兰，译. 北京：北京师范大学出版社，2009.

[31] 张占军. 解析战争之根本制胜机理[N]. 解放军报，2018-07-24（7）.

[32] 冯潇然. 不战而止兵：论有效威慑[M]. 北京：中央编译出版社，2019.

[33] 顾国华，易芳. 从克拉苏哈-4摧毁叙无人机看俄军电子战发展[J]. 军事文摘，2020（3）：36.

[34] 逯志安，刘洪顺，康国钦. 战场网络战：联合作战体系破击利刃[N]. 解放军报，2018-12-20（7）.

[35] 胡晓峰，荣明. 智能化作战研究值得关注的几个问题[J]. 指挥与控制学报，2018，4（3）：198.

[36] 董治强. 认知域下智能化战争制胜机理[N]. 解放军报，2019-12-24（7）.

[37] 梁韬. 把握智能化战争的制胜机理[N]. 学习时报，2018-08-22（7）.

[38] 肖卫东，成世文. 指挥控制系统敏捷性内涵分析[J]. 信息安全与技术，2015（9）：31-32.

[39] 郝雅楠，陈杰，祝彬. 美空军敏捷作战思想研究[J]. 中国航天，2017（11）：46.

[40] 徐飞，杨茹，娄思佳. 四渡赤水：毛泽东的"得意之笔"[J]. 决策探索，2017（2）：70.

[41] 顾海燕. 美军无人机集群作战的发展启示[J]. 电讯技术. 2018，58（7）：867.

[42] 马丁·范·克雷维尔德. 战争新论[M]. 中国航天科工集团第三研究院第三一〇所，译. 北京：国防工业出版社，2017.

6 流程篇
体系聚优的流程再造和各环节活动创新

任何作战形式都有其独特的制胜机理和战场表现，需要与之相适应的物质条件和技术手段支撑，并突出表现为对原有作战体系的适应、优化和重塑，进而依托新的作战体系进行作战行动的重新设计和作战规则的优化创新，实现作战流程的再造和作战效能的提升。体系聚优是在网络信息体系支撑下的一种新型作战形式，它是机械化、信息化、智能化融合发展、共同作用的结果，同样也将经历一个服务作战体系、优化作战体系、重塑作战体系的过程，并主要通过对态势感知、指挥决策、机动部署、攻防协同、综合保障等各环节的优化再生，完成与体系聚优相适应的作战流程再造和其各流程环节中活动的创新。

6.1 作战流程再造是对原作战流程的继承式发展和颠覆性创新

作战流程再造与企业业务流程再造有着高度的相似性。研究和实现体系聚优作战流程的再造，需要从认识与把握作战流程和业务流程再造的本质内涵入手。

6.1.1 业务流程再造的目的是通过流程革命释放技术创新活力

从人类社会发展历程来看，科技与经济、科技革命和产业革命一直是互存共生的。18世纪以来，科技革命尤其是重大技术发明一直是产业革命的先导，产业革命是科技革命的结果，而新技术群突破和现实而紧迫的需求则是产业革命的前提条件，人类社会就是在一次次科技革命引发产业革命中不断向前发展的。先进技术的发展和应用，必然带来新的产业形态、生产工具和生产方式，而业务流程是生产方式中最具有活力和最具代表性的要素，生产方式不改变、业务流程不再造，再先进的技术也难以高效转变为生产力。

6.1.1.1 业务流程再造的基本内涵

20世纪60年代起，一方面，受美苏争霸、陷入越南战争等影响，美国经济长期低迷徘徊，日益激烈的国际市场竞争，使美国企业发展和生存都面临着前所未有的严峻挑战；另一方面，以电子计算机普及应用为主要标志的新一代信息技术革命蓬勃兴起，给美国企业的经营环境和运作方式带来了新挑战和新机遇。在这种背景下，为应对来自日本、欧洲的企业的威胁挑战，美国的迈克尔·汉默和詹姆斯·钱皮在20世纪90年代提出了业务流程再造的概念。

业务流程再造意指为了改善产品产量、服务质量或降低成本而重新创建核心业务流程的行为，其目的是通过对企业经营战略、业务流程及支撑它们的信息系统、政策制度、组织结构的重组与优化，实现业务流程的最优化，最大限度地提高生产力。业务流程再造强调，以实现企业经营在成本、质量、服务和速度等方面的突破性的改善为目标，以业务流程为改造对象和中心，广泛利用先进的信息技术及现代化的管理方法手段，最大限度地达成技术上的功能集成和管理上的职能集成，从而建立全新的过程型组织结构，实现对现有的业务流程进行根本的再思考和彻底的再设计，有效满足客户的需求和提高满意度。

6.1.1.2 业务流程再造的国外实践

业务流程再造理论提出后，得到了IBM、科达、通用汽车、福特汽车等公司青睐和力主推行，并取得了巨大成功。20世纪80年代，美国汽车工业处于萧条时期，为了削减成本，福特公司决定对部分部门进行审查，以寻找效率低下的流程。他们很快发现，由500人组成的应付账款部门，效率竟然不如马自达公司只有 50 人的应付账款部门。为此，福特公司组织对当前应付账款系统进行了分析，发现其工作流程如图6-1（a）所示。

当采购部门填写采购订单时，他们将采购订单副本发送到应付账款部门。物料控制部门接收货物，之后将相关凭证的副本也发送到应付账款部门。同时，供货方会将收货收据发送到应付账款部门。按照这一业务流程操作，应付账款部门的业务员必须匹配这三个订单。只有这三个订单完全匹配，操作人员才能发出付款。如果这三个订单匹配不上，应付账款部门就需要与采购部门、物料控制部门、供货方进行多次沟通协调，这些操作需要各部门都付出大量的时间和人力成本。于是，在原有操作流程基础上，福特开始以数字化方式对业务流程进行再造［见图 6-1（b）］：采购部门发出订单并将其输入在线数据库中。物料控制部门接收货物并与数据库进行交叉引用，以确保其与订单匹配。如果存在匹配项，则物料控制部门就在计算机上接受订单。这样，就完全消除了需要应付账款文员来匹配订单的情况。经过业务流程改造后，福特汽车公司的应收账款回收效率获得大幅度提升。

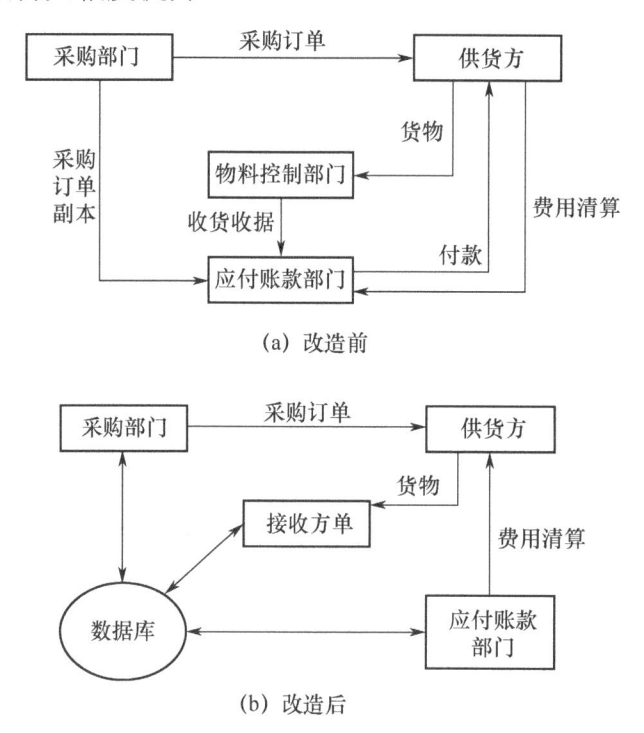

(a) 改造前

(b) 改造后

图 6-1 福特汽车公司应收账款流程再造前后对比图

6.1.1.3 业务流程再造的国内实践

业务流程再造理论引入我国后也取得了巨大的成功。2000 年前后，海尔公司开展了一项名为"并行工程"的业务流程再造工作，并运用于海尔"美高美"彩电的设计、制造和销售。"并行工程"的实施，将彩电设计、生产、投放市场的周期从原来的 6 个月降低到 2 个月，比当时国际上最快的彩电开发程序周期也缩短了 1 个月。

华为公司的业务流程再造比海尔公司还早一年。1998 年，华为公司就拿出其一年的利润 20 亿元天价咨询费，请 IBM 公司为其做了第一个 IPD（集成产品开发）流程再造，之后又完成了销售与回款流程、定制产品或方案流程、订单履行流程、服务营销流程四个客户导向的流程再造，同时还开展了战略规划与管理流程、市场规划与管理流程等战略导向的流程再造。其中，华为公司销售 LTC（Lead to Cash，从线索到回款）流程示意图如图 6-2 所示。

LTC流程（从线索到回款）
➢ 定义
LTC：Lead To Cash，是对从线索到回款全过程进行管理的端到端流程

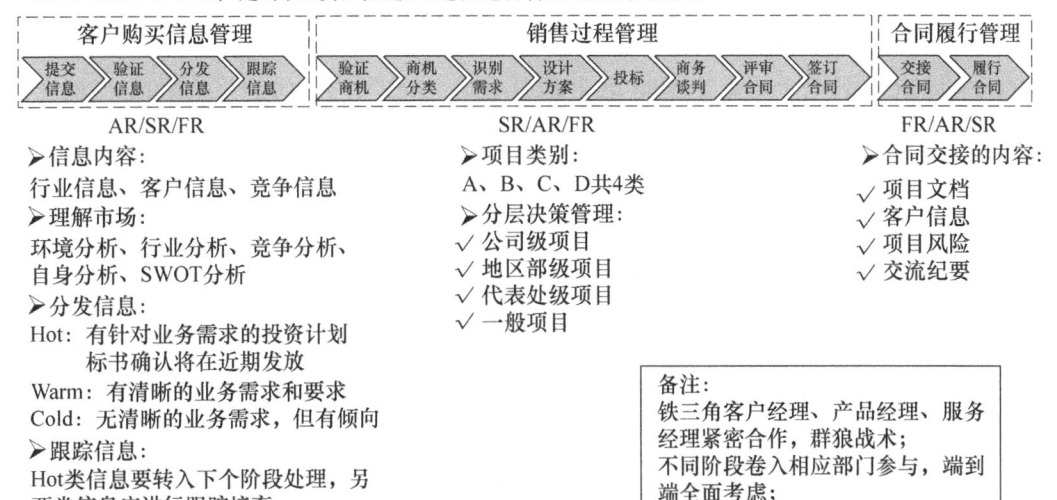

客户购买信息管理	销售过程管理	合同履行管理
提交信息 〉 验证信息 〉 分发信息 〉 跟踪信息	验证商机 〉 商机分类 〉 识别需求 〉 设计方案 〉 投标 〉 商务谈判 〉 评审合同 〉 签订合同	交接合同 〉 履行合同
AR/SR/FR	SR/AR/FR	FR/AR/SR

➢ 信息内容：
行业信息、客户信息、竞争信息
➢ 理解市场：
环境分析、行业分析、竞争分析、
自身分析、SWOT分析
➢ 分发信息：
Hot：有针对业务需求的投资计划
标书确认将在近期发放
Warm：有清晰的业务需求和要求
Cold：无清晰的业务需求，但有倾向
➢ 跟踪信息：
Hot类信息要转入下个阶段处理，另两类信息应进行跟踪培育

➢ 项目类别：
A、B、C、D共4类
➢ 分层决策管理：
✓ 公司级项目
✓ 地区部级项目
✓ 代表处级项目
✓ 一般项目

➢ 合同交接的内容：
✓ 项目文档
✓ 客户信息
✓ 项目风险
✓ 交流纪要

备注：
铁三角客户经理、产品经理、服务经理紧密合作，群狼战术；
不同阶段卷入相应部门参与，端到端全面考虑；
自始至终，以客户为中心，客户关系是第一生产力！

图 6-2 华为公司销售 LTC 流程示意图

通过上述业务核心流程的再造，华为公司完成了"作坊式管理"的企业向"世界一流"现代企业的转型。特别是在任正非的主导下，探索

和形成的"构建不依赖于人的流程文化""取消、合并、重新排序和简化原则""流程+角色+规则+IT"成为独特的流程再造"华为模式",对于作战流程的再造具有重要的参考价值。

6.1.2 作战流程的本质是明确规范各种作战行动的步骤和顺序

流程原意是指水流的路程或工艺程序。从管理角度看,流程是为了完成特定任务或工作,将管理目标、管理程序、管理方法、管理手段、管理标准、管理对象等节点,按照科学的组织关系和运行路线整合联接起来的环节、步骤与程序。作战流程,在军队以往被称为作战程序。作战程序,是指作战进程中各种作战行动的步骤和顺序。作战流程源于作战程序,两者都是指作战各种行动/活动的工作事项及其实施顺序和步骤,但前者更加关注作战行动/活动各项工作的输入与输出,即各项工作的实际效果。下面以OODA循环理论和"侦-控-打-评"火力打击作战理论为例,分析作战流程的基本环节和各环节的主要作战活动。

6.1.2.1 OODA循环理论

OODA循环理论是军事领域著名的空战战术模型,也是极具代表性的作战流程描述,它由美国空军上校约翰·博伊德于1987年提出。该理论认为,任何作战行动都可以看作以"观察(Observe)-判断(Orient)-决策(Decide)-行动(Act)"四个环节构成的循环过程,作战制胜的关键在于先敌发现、先敌判断、先敌决策、先敌打击,谋求实现先于敌人的再循环,"快速为王"(或者称机动为王)是OODA 1.0理论的基本特征。随着先进中距空空导弹的出现,超视距空战成为空战的主流形式,"快速为王"的OODA时代正在过去。信息领域的能力比力学领域能力显得更为重要。2017年洛克希德·马丁公司的托德·舒克和美国空军研究实验室的埃里克·布拉希提出了以信息权和信息机动性为标志的OODA 2.0循环理论,其核心在于增强自身的信息获取和利用能力,削弱对手的信息获取和利用能力。"信息为王"是OODA 2.0理论的基本特征。近年来,随着机器学习、计算机视觉等技术的涌现与发展,人工智能被引入OODA循环,形成了新的"智能为王"的OODA 3.0循环理论。OODA

6 流程篇　体系聚优的流程再造和各环节活动创新

3.0 是在 OODA 2.0 的基础上，在 OODA 环中的各个环节都引入人工智能技术，大幅提高了 OODA 环的准确性、敏捷性和快速性。OODA 理论发展历程及特征示意图如图 6-3 所示。OODA 理论既适用于战术级行动的组织实施，对战役级行动筹划和战略级运筹也具有很强的指导性，甚至可作为指导人类所有博弈或对抗性行动的普遍性规律。

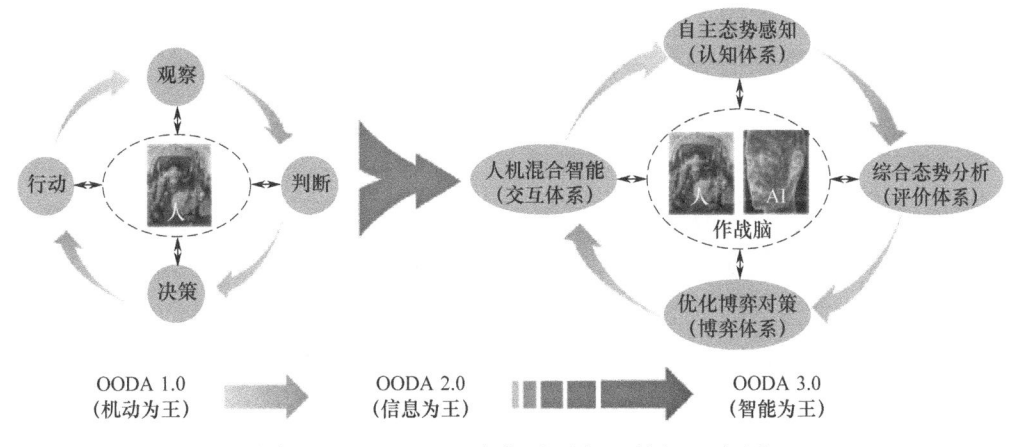

图 6-3　OODA 理论发展历程及特征示意图

6.1.2.2　"侦-控-打-评"火力打击作战理论

20 世纪 90 年代，国内有学者提出了"侦-控-打-评"一体化火力打击作战模型。这一作战模型将作战行动分为侦察、控制、打击和评估 4 个环节。"侦-控-打-评"一体化组成结构与关系示意图如图 6-4 所示。

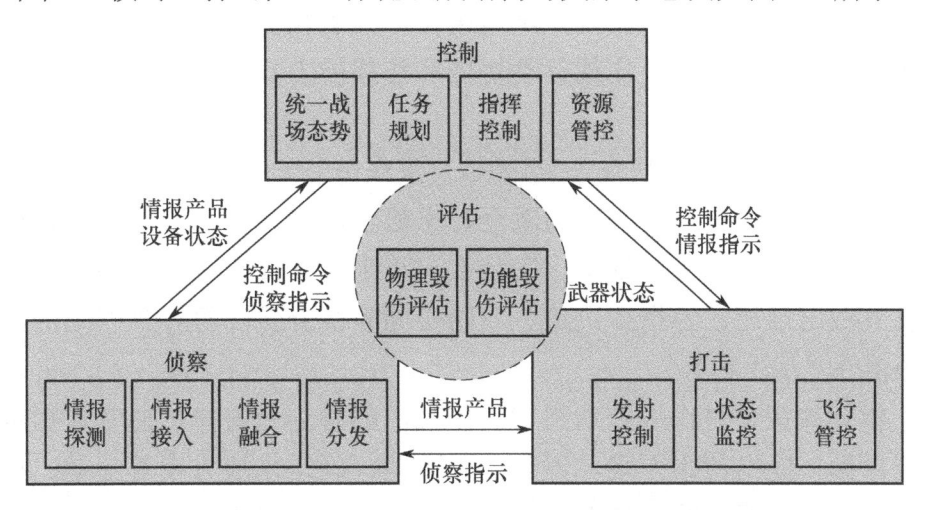

图 6-4　"侦-控-打-评"一体化组成结构与关系示意图

侦察包括情报侦察、情报接入、情报融合和情报分发等功能，侦察环节由目标探测、跟踪、定位、识别、威胁判断等侦察活动组成，这些侦察环节和活动构成了情报侦察信息链。

控制包括战场统一态势生成、任务规划、指挥控制、资源管控等功能。这里的指挥控制侧重于对部队及其行动的控制，资源管控侧重于对侦察资源、保障资源、武器资源、保障资源等的管控。控制环节由受领任务、战场态势评估、任务规划、行动指挥、武器发射控制等控制活动过程组成，这些控制环节和活动构成了指挥控制信息链。

打击包括发射控制、状态监控、飞行管控等功能，打击环节由目标发现、目标瞄准、发射开火、弹药导航、弹药杀伤 5 个打击活动组成，这些打击环节和活动构成了武器打击信息链。

评估包括物理毁伤评估和功能毁伤评估等功能，评估环节由下达评估指令、展开评估行动、判断打击效果 3 个评估活动组成，这些评估环节和活动构成了效果评估信息链。

6.1.2.3　作战流程的主要作战行动与步骤顺序

在分析总结 OODA 循环理论和"侦-控-打-评"火力打击作战理论的基础上，人们归纳演绎出了作战流程的主要作战行动与步骤顺序：态势感知-指挥决策-攻防协同-综合保障。态势感知、指挥决策、攻防协同和综合保障是一个有机的整体和过程，态势感知是基础，指挥决策是指引，攻防协同是手段，精确保障是条件，几者相互促进、相互作用，最终实现作战要素聚合、作战行动协同和作战能力聚优，即整体作战能力或体系化作战能力。

态势感知（也称战场态势感知）是作战行动组织实施的起点和前提，通常包括态势理解、态势融合、态势预测和态势展现等活动，核心是快速精确掌握敌我在哪里、干什么、将来会干什么，并对战场未来可能发展做出预测，为指挥决策、攻防协同和综合保障等各种行动的组织实施消除"战争迷雾"。

指挥决策是对作战行动组织实施做出的筹划和安排，通常包括确定决策目标、提出初始方案、评估优选方案、确定作战方案等活动，核心是确定作战目标、区分与编组作战力量、明确作战方法和保障事项与措施等活动,即打什么、谁来打、怎么打,为作战的组织实施快速定下"作战蓝图"。

攻防协同是作战组织实施的能力聚合途径,通常包括明确规定各作战部队的任务、组织协同的方法和要求、各种保障措施等活动,核心是围绕统一的作战目标,各种作战力量、作战单元、作战要素一体并行联动、密切动态协同,为作战的组织实施明确协同内容、要点和方法。

综合保障是作战组织实施的源泉和支撑,通常包括作战保障(侦察情报、警戒、通信、机要、工程、伪装、测绘导航、气象水文、战场管制等)、后勤保障(财务、物资、卫勤、军事交通运输、基建营房等)和装备保障(装备调配、装备维修等)等活动,核心是根据作战需要主动、按需、适时、适量提供作战、后勤、装备等保障,为作战组织实施保持持续的战斗力。

6.1.3 作战流程再造应坚持以形成整体作战能力为价值导向

与业务流程再造类似,作战流程再造重在解决如何"正确地作战""高效地作战",核心是适应技术发展要求、运用流程管理学的规律和方法,推进作战行动由粗放向精确、无序向规范、分散向联动、封闭向集约、迟缓向快捷、僵化向灵敏转变。作战流程再造的实施应牢牢坚持以提高战斗力为根本导向,遵循以下原则和程序。

6.1.3.1 明确作战流程再造的目标和任务

信息化局部战争条件下的作战流程再造,就是适应信息化技术和信息化作战发展的特点趋势,把握信息优势-决策优势-行动优势的要求,以态势感知、指挥决策、机动部署、攻防协同和综合保障等活动为重点,重新设计相关信息交互关系与处理程序,打造新结构,规范新流程,拓展新功能,从而达到激活作战潜力的预期目的。

在此目标引领下,作战流程再造还应遵循流程再造的程序和方法,高质量地完成以下工作任务。**一是坚持作战需求的根本牵引**。按照"拟制任务清单、编配作战力量、制订作战方案、明确作战方法"的步骤,实现从输入端到输出端闭合的军事需求目标。**二是做好作战流程设计与**

优化。突出任务清单拟制、组织架构匹配、关键路径分析、冗余路径整合等环节和内容，明确作战行动的目的/目标与要求，各作战力量编组与主要作战行动，完成任务所需时间、空间和资源保障等，以关键任务的实现为主干，对设计的作战流程进行模拟仿真或实兵验证优化，避免作战行动出现盲目性、无效性和无序性，确保作战流程整体优化。**三是人机结合推动流程再造**。广泛运用大数据、人工智能等技术，推动以网络单元替代流程节点、以信息架构承载流程架构、以智能算法助力流程运行，支持各作战环节的全流程信息同步处理、按需定制、分布计算、一键分发，推动流程管理由以人工流转为主阶段向人工干预的自主高速运转阶段转换。

6.1.3.2 遵循作战流程再造的准则

与作战流程优化或改进（都专注于使用现有流程）不同，作战流程再造从很大程度上意味着从根本上更改现有作战流程，采取全新的业务/活动执行模式。体系聚优的作战流程再造应遵循以下几条基本准则。

体系化。体系源于复杂自适应系统但又高于该系统，是相互关联起来实现指定能力的独立系统的集合。与一般的系统相比，体系呈现出自治性、从属性、连通性、多样性与突现性等主要特征。战争的本质是体系对抗，作战胜利拼的是体系、靠的也是体系。体系聚优的作战流程再造，应坚持体系理念和体系工程方法，率先建立起科学链接各作战环节的标准化作战流程，建立矩阵式、分布化网络链接基本架构。在纵向上链接战略、战役、战术、单兵等不同层级节点，在横向上链接侦察、指挥、打击、保障等不同职能节点，把传统树状体系结构再造为互联互通的网状结构。同时，尽快建立不同隶属关系和层级间纵横联通的作战协作链路，以流程穿越组织、推倒壁垒，实现作战资源的按需提取、定向聚焦、精确释能。

规范化。战国时期，各国道路宽窄不同，车辆种类繁多，车轨尺寸混乱，导致交通效率低下。秦始皇统一全国后，修建了统一规格的车道，并规定各种车辆的车轨之间距离必须为 6 尺。从此，无论何种车辆均可在全国的道路上通行。车行同轨，贵在道路与车轮的标准统一，由此可见，越是繁杂的事物越需要规范化的标准。体系聚优的作战流程再造应遵循规范化的原则。要坚持科学严谨的态度，在揭示把握体系聚优特点规律、反复研究论证、推演复盘的基础上确立作战流程的标准规范；要强化实战化训练乃至实战检验，能够根据军队联战联训实际情况不断完善优化、调整改进，做到真正按使命任务设计内容、按实战环境设置条件、按作战进程组织演训、按打仗要求评估能力，最大限度地贴近实战，适应未来作战需要。

极简化。极简化源于极简主义，也被称为简约主义。极简主义是最早出现于西方绘画领域的一种风格流派，后来逐渐扩展到各个领域，如建筑、时尚、文学、音乐、产品等领域。欧洲的现代主义建筑大师密斯·凡德罗的少即是多（Less is More）的核心设计思想，是极简主义的理论来源。优化作战行动顺序、简化作战行动程序，通过作战流程的极简化，提高作战效能，是体系聚优作战流程再造遵循的又一个原则。具体地说，要适应战场情况变化复杂、作战行动快节奏的需要，善于根据作战目标、作战部队能力与部署、战场环境等情况打破作战常规，简化作战步骤和程序，能平行展开的就不要顺序展开，能合并执行的就不要分别进行，边指挥、边行动、边调整，必要时可将作战命令与敌情通报、作战决心、作战协同和综合保障要点等一起下达给部队执行，让情报、决策、行动和保障联为一体。时间急迫时，还可将指挥权限下放给下一级、下两级指挥员，让其根据战场情况进行决断，确保在第一时间判断情况、定下决心和实施作战攻防行动。

去中心化。去中心化一词最初来源于互联网，原意是指使用分散存储、网格等分布式存储模式，取代传统的服务器-客户端的集中存储-指向访问的模式。后几经演化，去中心化是指在一个拥有众多关联节点的系统中，采取平等开放的系统架构，让绝大部分节点甚至每个节点都可以成为中心，消除绝对的、固定的中心节点存在。体系聚优的作战流程再造，遵循去中心化原则应把握以下三个方面：**一是分散中心功能。**将作战体系的关键节点功能进行分解，建立多个具有关联关系和自治特征的次中心，然后将这些次中心分散于全维全域战场的广阔空间，并利用网络链接成为一个具有自适应特征的"活"系统，用这个"活"系统来代替原来的中心。中心功能分散后，作战对手就难以在有限的时间内全部找到并予以全部毁伤，极大地增强作战体系的健壮性和抗毁顽存性。

二是备份关键中心。当作战体系的部分关键目标不能进行分解时，可采取冗余备份的方法，把每个关键目标都做成"双胞胎"甚至是"多胞胎"，从而弱化原有关键目标的重要性。比如，在设置作战数据库的时候，可以同时设置多个地域上分散、功能上互为备份的多个数据中心。通过这种预有冗余备份的方式，保证作战数据库在遭受攻击时能够通过充分的多手准备迅速恢复被攻击数据库的核心功能和完整能力。**三是快速转移中心**。通过多手段、多方式掌握战场局势变化和可能发展趋势，不仅能够有效防止作战对手精确瞄准关键中心和环节，实施"牵一发"的作战行动，而且能够在敌实施"牵一发"作战行动后通过快速转移中心有效弱化"动全身"的危害和影响。

6.2 作战流程再造的物质基础是以智能化为先导重塑作战体系

一般认为，作战体系是指由各种作战系统按照一定的指挥关系、组织关系和运行机制构成的有机整体。如信息化作战体系是以网络化信息系统为支撑、多种作战系统组合，具有指挥控制一体、多维对抗联动、综合保障高效等特征。一般认为，作战体系主要由作战指挥体系、作战力量体系、作战保障体系、作战理论法规体系等构成。

技术决定战术。**从作战体系角度看**，无论是冷兵器时代的作战体系、热兵器时代的作战体系，还是机械化时代的作战体系、信息化时代的作战体系，每种形态作战体系从萌芽、产生、发展、成熟直至消亡，都是冷兵器技术、热兵器技术、机械化技术、信息化技术迅猛发展并在军事上广泛而深入应用的结果。**从技术驱动角度看**，无论是冷兵器技术、热兵器技术，还是机械化技术、信息化技术，新技术一经产生并在军事上得到运用，首先是催生出新型的武器装备，但原有作战体系中的指挥关系、力量结构、作战理论法规等基本保持不变，技术与作战体系的关系主要表现为**适应、服从和服务于原有的作战体系**。随着新技术运用的更广泛和更深入，原有作战体系中的指挥关系、力量结构、作战保障、作战理论法规等越来越成为新型武器装备效能发挥的"桎梏"和障碍，强迫作战体系做出相应的变革，但这时的作战体系从本质上仍然是上一种形态的作战体系，技术与作战体系的关系主要表现为**优化、改造**

原有的作战体系。随着新技术向作战体系的指挥关系、力量结构、作战保障、作战理论法规等的全要素纵深拓展,并向军事训练、综合保障和日常业务领域全方位延伸,新型指挥关系、力量结构、作战保障、作战理论法规等将不断涌现,最终诞生新型形态的作战体系,技术与作战体系的关系主要表现为**颠覆和重塑原有的作战体系。**

体系聚优是以信息化、智能化为主导的新型作战形式,其实现的物质基础是以信息化、智能化作战体系为依托,以网络信息体系支撑下的能力聚优为目标而构建的新型作战体系,突出表现为着眼智能化、扁平化和高效化重组作战指挥体系,立足无人化、精简化和模块化再构作战力量体系,突出对抗性、机理性和前瞻性创新作战规则体系,推动以信息化、智能化为主导的体系聚优作战体系重塑。

6.2.1 着眼自组织、虚拟化和智能化重组作战指挥体系

一般认为,指挥体系是指由各级、各类指挥机构,按照指挥关系构成的有机整体,是军队履行作战指挥职能且相对稳定的组织形式,是实施各种作战指挥活动的组织基础。重组体系聚优作战指挥体系,就是要着眼体系聚优对作战指挥能力和指挥效率的需求,遵循作战指挥规律和基本原则,广泛运用人工智能、大数据等技术,加快构建权责清晰、结构扁平、运行高效的智能化作战指挥体系。

6.2.1.1 指挥体制更加趋向弹性自组织

未来作战智能系统通过左右博弈、迭代升级,将极大地提升作战效能,达到以一敌十甚至以一敌百的效果。"网络+"向"智能+"方向发展,加速了作战指挥机构的重构。体系聚优在大幅缩减作战指挥层次的同时,也导致了指挥跨度的增大,导致指挥机构复杂化和信息链路响应时限的极大压缩。军事智能技术的突破性变革,使其可通过简单复制或适当改造即可实现智慧的迁移,既能辅助指挥员极大地提高指控力,又留有弹性保持指挥冗余。**一是指挥机构更趋分布自组织**。体系聚优战场信息呈爆发式增长,指挥机构需要能在极短的时间内快速、准确地掌握复杂变化的战场态势,并据此做出科学、高效的判断决策,迅速定下正

确的作战决心。体系聚优更加强调分布化和体系性，各指挥机构依托"综合集成研讨厅"的资源池、智慧库、战法货架，可在分布式环境下统揽全局，动态调整人力、物力、信息力、智力等的投向、投量和投速，在降低指挥机构的负担的同时，又通过分散化提高其战场生存能力。**二是指挥关系更趋动态可重构**。信息链决定和影响指挥链。传统"按级、分层"的作战指挥关系不仅效率低下，而且还面临战时遭敌"断链瘫体"的风险。未来体系聚优中，依托智能驱动的边界监测预警系统和内生溯源防御系统等，能够快速查证攻击源、随机跳变指挥链路、动态调组指挥关系、按需增减指挥强度，保持指挥体系稳健运行。**三是指挥层次更趋柔性可集成**。随着无人作战力量日趋成为作战力量的主体，随时根据具体任务使命动态编组一体使用作战力量成为常态，这就要求传统指挥机构必须能够集成为一个虚拟的"指挥大脑"与"智能云"，以适应指挥层次快速、柔性、可重组的要求。组织体系聚优将出现这样的场景：当侦察机、雷达发现来袭敌机目标后，相关信息快速传递到各级指挥机构的"指挥大脑"中，各级指挥机构的"指挥大脑"协同利用信息与知识优势迅速分析判明目标情况、定下作战决心、形成作战任务规划，时间允许时进行作战模拟和推演，优选和完善作战方案，并通过"指挥大脑"发送到最合适的一线作战部队，以消灭敌方目标。在整个作战过程中，高度智能化的新型作战指挥体制，能够根据战场上瞬息万变的作战态势，面向任务动态组合的作战单元，动态、柔性与集成地构建指挥拓扑结构；依据战场中掌握的信息与知识层级及任务使命，而不是直接按行政等级来确定指挥权限与决策权重。作战指挥权限和重心将彻底下移，基层作战部队甚至单个作战平台将拥有所需的作战指挥权限和高度自主性，能够自协同地高效完成作战任务。

6.2.1.2 指挥组织形态更加趋向虚拟精干

在体系聚优中，全维全域一体的作战空间、有人无人融合的作战力量、分布重构多元的指挥机构、动态多变复杂的指挥关系，要求传统作战指挥机构形态必须发生革命性变化，采取更加实虚结合、精干高效的新的组织形态。**一方面，更加强调虚实结合配置**。传统"集群化"的指挥所配置模式，往往是"走起来一大串，停下来一大片"。在网络信息体系的支撑下，体系聚优作战指挥系统将形成基于指挥权责动态配置的网状、多层级实体形态，以及基于指挥信息高度交互的虚拟形态融合共存的"虚实二元一体"结构。在这种新型的指挥机构配置方式下，指挥机构与人员可以动态分布于战场上的任一地点，根据作战任务需要和战场环境临时进行虚拟的作战指挥编组，通过信息终端设备和网络规划实施机动式指挥，真正实现"物理上分散、逻辑上集中"，达成作战指挥的"形散神聚"。**另一方面，更加突出精干化编席**。随着人工智能等技术在作战指挥信息系统中的广泛运用，特别是"指挥大脑""虚拟指挥参谋"等的发展和应用，指挥员和参谋人员将大量从固定流程、程序重复等工作中解放出来。体系聚优中，依托更加泛在、高速和安全的通信网络，各级作战指挥机构之间可以通过智能化指挥信息系统提供的"智能研讨厅"，按照权限与席位分工，通过自主话音交流、文字表述和多媒体演示等多种方式讨论作战方案，评估优选作战方案，并定下作战决心；利用网上文电操作系统，拟制下达作战命令，也可以依托信息网络，以网络会议或视讯会议的形式，异地组织作战协同和作战保障。因此，体系聚优的各级指挥机构应更加精干化，其席位设立可以各指挥要素为主进行分散配置，基于网络分布联动作业，加快实现由规模组合向效能融合转变。

6.2.1.3 指挥模式更加趋向人脑主导、机器实施

指挥模式的实质是指挥职权如何分配和掌握，核心是解决人干什么、机器干什么、人机如何配合。在 2020 年发生的纳卡冲突中，阿塞拜疆军队通过"有人与无人协同作战系统"的网聚效应，实现对 TB2 攻击无人机、哈比无人机等的远程遥控指挥，成功突破亚美尼亚 C-300 防空系统，大量杀伤亚方地面力量，初步展现了有人/无人协同作战指挥的巨大威力。体系聚优中，作战指挥将在强调固有人、机各自优势发挥的基础上，充分挖掘机器的智能辅助决策支持功能，以便更好地催化人的潜在意识，提升人决定性作用的广度、宽度和深度。这种人脑主导、机器实施的智能化指挥模式更加强调人、机共同认知和决策，实现人定性、判断、决策等行为与机器定量、分析、学习等行为在决策层面的深度融合。具体地讲，可采取以下四种指挥模式。

机器辅助，人在回路中"主干"。 在这种指挥模式中，智能化作为辅助手段，是人的"助手"和"工具"，人是指挥回路最具决定性的主体。随着指挥信息系统智能化程度的提高，指挥信息系统可以辅助指挥员和指挥机关解决作战指挥的特定问题。比如对敌情、我情、战场环境等信息进行综合处理，快速生成战场态势分析报告，辅助对战场局势可能发展做出预测；还可以快速生成作战任务规划，并对作战任务规划进行仿真模拟推演，辅助分析评估作战任务规划的可行性与冲突点。人在回路中，是指作战指挥回路运行时，指挥主体即指挥员和指挥机关，不但要承担筹划决策、突发情况处置等作战指挥核心职能，还要承担智能系统不便处理的指挥信息加工分析、指挥作业编辑拟制等工作，人始终处在指挥回路之中，发挥主体职责与核心作用。

人机混合，人在回路内"主导"。 在这种指挥模式中，人与指挥回路深度融合、一体联动。从目前智能技术发展与运用看，有两种可行途径：一种是"脑控作战"，是运用脑电波直接控制人与智能武器进行的人机一体协同作战，是人类运用意念直接远程控制智能武器的新型作战模式。进入 21 世纪以来，美军就积极探索"脑机接口"的军事运用，持续投入巨资研究意念控制的武器装备和机器人系统。2016 年 3 月，时任美国国防部副部长沃克宣布了"忠诚僚机"的概念，谋求通过设计和研制一种适用于无人作战飞机的人工智能模块，大幅提高无人机的自主作战能力。该概念设想，美国空军在未来战争中，在人工智能、脑机接口等技术的支撑下，F-35A 有人战斗机作为长机直接下达指令控制，无人驾驶的 F-16 战斗机作为僚机自主执行，实现有人与无人编队一体协同作战，有效摧毁对方空中和地面目标。还有一种是"人体增强作战"，即研发具有较强战场适应性的可穿戴式的单兵用机械外骨骼，穿戴机械外骨骼的战士可使用肢体或下达指令控制外骨骼做出前进、后退、格斗、使用武器/工具等动作，通过人的外骨骼和机械外骨骼的一体联动，突破人的奔跑、跳跃、力量等生理极限，极大地增强人的战斗力和战场适应能力，这需要借助感知智能的进步，以及微型、高效可穿戴式能源的突破。人机混合，人在回路内"主导"的指挥模式，人的指挥控制更加精细直接，机器能够直接反映和实现人的想法和行为，脑机一体、骨机一体，实现真正意义上的智能"钢铁军团"。

机器主干，人在回路上"监控"。 在这种指挥模式中，智能化指挥信息系统是作战指挥的主要承担者和实施者，由其做出情况判断、选定作战目标、制定作战任务规划、组织作战攻防行动等；指挥人员的主要职责是"监控"，适时下达干预和纠偏指令。指挥信息系统的一个重要功能就是使用计算机等技术替代人、补偿人、延伸人、拓展人的作战指挥能力，克服人类在信息读取、信息处理、计算速度、计算精度等方面的生理极限，把人从低层次、重复性的脑力劳动中解放出来。随着人工智能技术加速由弱人工智能向强人工智能转变，指挥信息系统可以具备综合判断、知识推理、深层理解等类人智能，能够根据作战需要实施跨领域、跨专业综合处理的作战指挥活动。届时，指挥人员将承担明确总体任务、提供初始条件、给出最终状态、规定作战限制、监控指挥信息系统运行等工作，其他一切中间环节交给智能化指挥信息系统就可以了。为确保智能化指挥信息系统运行的安全可控，特别是避免引发作战伦理问题，指挥人员需要对指挥信息系统的运行进行监督管理、指导仲裁、应急处置，预留"启停"系统的干预接口，保留人类始终掌控"开火权"，随时准备接管智能化指挥信息系统的指挥权。

机器自战，人在回路前"预控"。 在这种指挥模式中，指挥人员的决策控制已提前植入机器，智能化作战系统、平台按照人的要求自主行动作战。战场无人化是智能化的一个显著特征，人工智能将推动未来战争进入无人集群作战时代，无人作战集群已在叙利亚战争、纳卡战争、巴以冲突等中牛刀小试、初露锋芒。当前，以无人机为典型代表的无人化作战系统，仍然是以人类在后台进行遥控的半自主方式运行的。随着人工智能技术的不断突破和应用，无人化作战系统的自主化程度将不断提高。高度自主的无人化装备与无人作战集群实施作战，指挥人员既不在回路中，也不在回路上，而是在指挥回路运行前的装备研发阶段、任务准备阶段，通过预编程、预设置的方式，将作战任务、力量编组、行动方式等固化在装备之中，无人化装备与无人作战集群按照预先设计遂行作战任务，自行实施启动、机动、交火、协同、保障、撤出战斗等。

6.2.2 立足无人化、精简化和模块化再构作战力量体系

作战力量,是用于遂行作战任务的各种组织、人员及武器装备等的统称,包括参加作战的陆海空天电网各作战域的作战力量、作战单元和作战要素。作战力量是军队战斗力的主要载体和物质基础。再构作战力量体系,就是着眼体系聚优对作战力量编组和运用的实际需求,遵循体系聚优制胜机理和作战指导,按照各作战力量的作战特点、可能担负的作战任务等,对陆海空天电网等各作战力量进行模块化编组和系统化集成,加快构建要素齐备、结构合理、运行流畅、功能强大的现代化作战力量体系。

6.2.2.1 加快推进作战力量体系组织形态现代化

马克思指出:"随着新作战工具即射击火器的发明,军队的整个内部组织就必然发生改变了,各个人借以组成军队并能作为军队行动的那些关系就改变了。"结构决定功能,作战力量体系的组织形态直接决定与影响作战能力效能的发挥。适应体系聚优需求,应加快推进作战力量体系组织形态现代化,**一是加快体系化建设**。适应体系聚优能力聚优特点,坚持体系建设、一体运用,加强作战力量的体系设计,调整军兵种力量结构布局,扩大新质新域作战力量规模构成,打造以精锐作战力量为主体的联合作战力量体系,形成精兵作战、联合制胜的新优势。二是**加快智能化建设**。着眼体系聚优的特点和要求,坚持智能主导和引领,通过智能化加快推进指挥信息系统集成改造和升级换代,通过发展智能化武器装备和武器装备智能化升级改造,提高智能感知、智能指挥、智能打击、智能评估、智能保障等能力,把各种作战力量、作战单元、作战要素自主融合起来,锻造实施智能作战、制胜未来战场的"拳头"部队。三是**加快模块化建设**。立足体系聚优全域全维战场和行动复杂多样要求,按照要素模块化、功能集成化、平台一体化的要求,通过对作战要素的优化重组和作用机理的科学运筹,加快推进作战力量模块化建设与编组运用。通过作战力量模块化建设,确保每个作战力量模块既具备独立作战的能力,又具备临机接

入、即插即用的便捷式组合能力，促使在体系聚优中打击力、信息力、机动力、保障力融为一体，实现人与装备、装备与装备之间的有机融合。总之，要适应体系聚优的特点和要求，加快作战力量体系组织形态现代化建设步伐，通过作战力量组织形态的深化改革减"脂肪"、壮"骨骼"、强"内功"，推动军队由数量规模型向质量效能型、由人力密集型向科技密集型转变，部队编成向充实、合成、多能、灵活方向发展，为体系聚优组织实施奠定组织基础。

6.2.2.2 着力发展网络化、无人化等新型作战力量

在体系聚优中，新型作战力量以其特有优势起着举足轻重的作用。随着机械化、信息化、智能化三化融合加速发展，传统新型作战力量发展方兴未艾，以网络空间作战部队、无人作战部队为代表的新型作战力量迅速发展。智能无人系统与有人系统成为战场"密友"，"无生部队"与"有生部队"进行混合编组，人机协同、以快制慢将成为新常态。为此，世界许多国家军队都在充分利用不断发展的信息技术打造新型作战力量，提高军队的整体作战能力。网络力量正式成军，无人作战、蜂群作战力量投入实战，极地、深海、深空作战手段加快发展，极大地改变了战争面貌，也使作战流程发生重大变化。适应体系聚优要求，应坚持作战需求牵引、技术创新驱动，把加快新型作战力量和手段建设作为突破口，高标准、高起点推进网络空间攻防、太空攻防、无人作战车、无人作战舰艇、无人作战飞机等新质新域作战力量建设加速发展、一体发展，大幅提高军队新质战斗力。加大"腾笼换鸟"力度，以对体系聚优的贡献率为标准优化部队编成，不断拓展新质作战能力的增长点。

6.2.3 突出对抗性、机理性和前瞻性创新作战规则体系

作战规则是作战理论的核心"组件"，是军事决策和军事行为的执行规则，其构成要素包括：时间规则、空间规则、交互要素、实体状态与限制要素、作战环境要素等。体系聚优的作战规则创新，应在深入研究信息化局部战争形态特点规律、制胜机理的基础上，突出作战规律和作

战指导规律的揭示与把握，突出引领性、前瞻性和实战性，构建具有我军特色、符合现代战争规律的先进作战规则体系，将"能力聚优"上升为法，为依法"聚优"、依法促"聚优"提供依据。

6.2.3.1 紧盯作战对手加强对抗性创新

作战理论研究的全部意义在于指导作战实践。作战理论创新只有增强针对性，坚持以敌为靶，才能指导打赢未来战争，否则就是无的放矢。体系聚优的作战规则创新，要坚持以敌为靶、以敌为师、以敌为鉴，把对手的新作战理论研究透彻，找到对手的弱点和破绽，瞄准其软肋创新作战理论，聚焦对手最怕什么就研究什么，坚决避免作战规则创新不看对手、自说自话，生吞活剥、食洋不化，照猫画虎、盲目跟风现象，切实形成一批实用、好用、管用的战法创新成果，不断完善体系聚优场景下的作战规则、作战方法和作战条令，确保一旦需要，你打你的，我打我的，即刻取得见兔放鹰之效，真正实现知彼知己、先胜后战。

6.2.3.2 紧盯技术发展加强机理性创新

研判战争之变，探索打赢之道，应从技术原理上寻求机理性答案。当前，信息化局部战争形态快速演进，并加速向智能化阶段发展，云计算、物联网、大数据、人工智能、区块链等技术的发展，对战争制胜机理又产生了深刻影响。未来战争肯定不会在上一场战争的延长线上，必须坚决摒弃用传统习惯思维研究现代战争的做法，要善于借鉴复杂系统科学基本理论，从技术性、机理性角度研究战争理论问题，并能及时捕捉技术发展的"拐点"，实现在"拐点"处弯道变速超车。**一是更加注重自主作战、智能制胜**。战争是力量的竞赛，在人工智能、大数据等技术的支撑下，人机一体、自主作战成为力量运用的崭新形式和高级阶段。体系聚优的作战规则创新，要强调依托网络信息体系，运用人工智能、大数据、云计算等技术，基于智能生成数据链、畅通信息流，使精确作战能力获得新跃升；基于智能辅助决策系统和作战任务规划系统，使快速反应能力增添新动能；加快发展人机一体协同作战、智能无人集群作战等新型力量，基于智能催生新力量、新战力，使新质作战能力变成新利器，不断把智能制胜推进到一个新的发展阶段。**二是更加注重跨域作战、聚优制胜**。战争是战场综合制权的竞争，体系聚优的作战规则创新，要强调在作战具有决定意义的时空点上，创造战机、跨域聚能、夺控优势、快速攻击，实现速战速决，把夺取战场综合制权推进到一个新的发展阶段。**三是更加注重总体作战、攻心制胜**。战争追求的最高境界是不战而屈人之兵，即攻心制胜。体系聚优的作战规则创新，要强调多种力量综合运用，构建军民一体的联合作战力量体系，充分发挥信息加能量的优势，形成硬打击与软杀伤一体，物理域、信息域、认知域并行发力的格局。还要充分发挥综合施策的优势，把作战聚焦认知领域，把握作战对手的地域特性、文化特性和指挥员的性格特性、心理特性，力求从认知上控制对手，从心理上战胜对手，牢牢把握作战主动权。

6.2.3.3 紧盯人的作用加强人机融合创新

随着人工智能技术在军事上的普及应用，作战指挥无人化、作战装备无人化、作战保障无人化的"无人化"战场加速呈现，人在战争中的地位正变得越来越低，甚至有人提出了战争让人类走开的论断。其实，这是一种假象抑或误区。恰恰相反，武器装备越是发展，人在作战中的作用越是凸显，体系聚优的作战规则创新必须牢牢把握这个特性。**一是战争无论如何发展，都始终是以人为核心、系统与系统间的综合实力对抗**。大到跨越时空的战略博弈，小到狭路相逢的勇者对决，从战争决策、行动协同到后勤装备保障，都离不开人的运筹帷幄。**二是武器无论如何发展，都是由人制造和操纵的**。从冷兵器时期的刀、枪、剑、戟，到机械化时期的飞机坦克，再到信息化时期的 C^4ISR 系统和信息化武器装备，始终是由人决定在什么地方、什么时间、使用什么武器、采取何种作战方式将什么样的对手、打击到什么样的程度。因此，体系聚优作战规则创新，始终不能离开研究鲜活的对手，始终不能离开流动的思想和跳跃的情感，需要紧紧围绕发挥人的主导作用进行重点规范。

6.3 作战流程再造的核心是实现网络信息体系支撑下的能力聚优

在网络信息体系的支撑下，传统的"态势感知-指挥决策-攻防协同-综合保障"作战流程将实现"凤凰涅槃浴火重生"。实现智能化再造后的体系聚优作战流程将表现为全域态势智能认知、人机一体混合决策、有人无人自主协同、主动按需精确保障，进而达成网络信息体系支撑下作战体系高效运转和作战能力即时自主聚优的目的。

6.3.1 全域态势智能认知

态势认知在体系聚优中处于源头的位置，无论是指挥决策、力量部署、行动协同还是综合保障，都需要及时、准确地获取陆海空天电网等全域的侦察情报、预警探测等信息，快速、精确描绘出战场上敌我邻等各方位置、行动，并以此为基础揭示敌作战目标、企图，预测分析其下一步作战行动与可能的作战发展前景。

6.3.1.1 认知源于感知但又高于感知

从哲学角度看，人类主要通过经验方式获得感知，通过概念方式把感知生成和转化为认知，由此认识世界。认知是对感知的概念化加工和映射，它发生在认知域，是先验知识和实际环境知识进行复杂交互的结果。因此，从一定意义上说，感知更强调使用机器和工具搜集、掌握相关信息，但这些信息的真与假、有用与无用、适合谁用、谁需要用等，只靠机器和工具难以分辨、处理。而认知则强调通过人和机器的结合，进行去粗求精、去伪存真、由此及彼、由表及里的分析研判，形成全面、准确、客观的情报判断结论，从而能够为指挥决策和部队作战提供较全面、客观、真实的态势情报支持。

6.3.1.2 态势认知的基础在于感、核心在于认

体系聚优中的态势认知又称态势分析，是在多源信息融合和态势要

素感知基础上对战场态势的感知、理解和预测，如目标识别、威胁估计、作战行动预判和未来战况走向预估等。态势认知是指挥控制活动从信息域向认知域跨越的重要标志，也是指挥员准确掌握战场态势进而实施正确决策的基础。1995 年，Endsley 从人类思维认知过程的角度出发，提出了一种新型的基于"人因"的态势认知模型，这一态势认知模型包括三个级别（见图 6-5）：第 1 级是对当前态势要素的感知，处于战场态势认知的最低层次，此阶段只是形成了战场态势的原始画面，尚未完成对战场态势感知数据的解释；第 2 级是对当前态势的理解，随着当前态势要素感知之后进行理解，本质上是认识这些要素的含义并获得一个分析/估计态势画面，所达到的理解程度取决于人的专业知识水平；第 3 级是对未来态势的预测，这是最高级别的态势认知，其与对环境元素的未来状态、关系、事件的预测能力相联系。预测态势提供给当事人，使其预先采取措施、行为和方法，以适时处置可能出现的问题。Endsley 还特别强调，态势理解包含对外部获取的数据与已有知识、目标/企图的集成；态势认知是一种由态势估计过程得到的知识状态；态势估计是实现、取得、保持态势认知的过程。

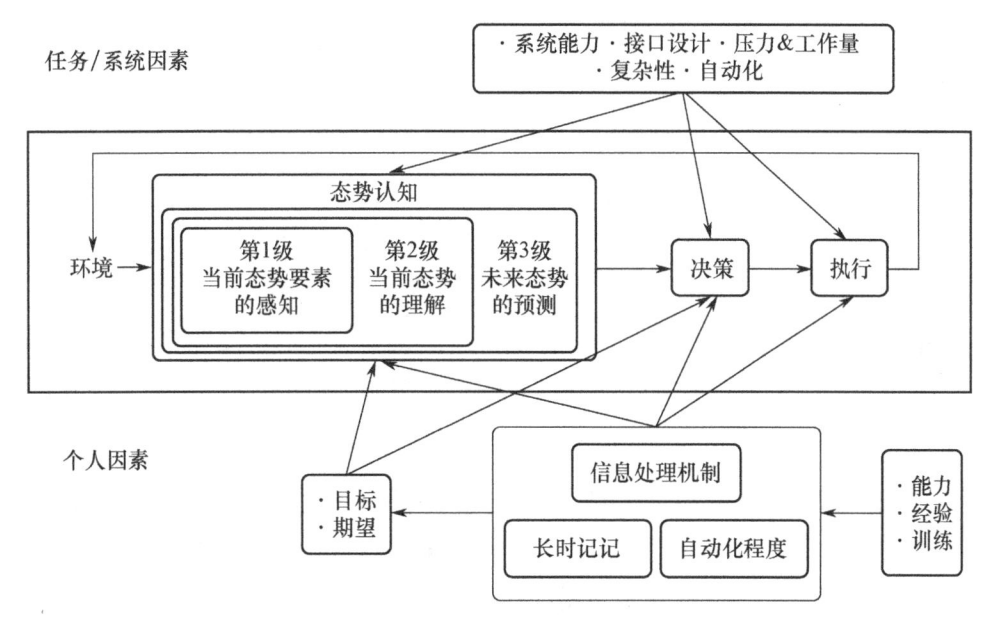

图 6-5 Endsley 提出的基于"人因"的态势认知模型

6.3.1.3 全域态势智能认知的实质是实现全域战场态势估计与预测

体系聚优中,掌握和分析判断情况是作战流程的逻辑起点。作战中信息海量增加、纷繁复杂,只有通过智能化辅助分析研判,形成态势认知,运用人工智能辅助决策进行动态任务规划,才能实现体系聚优。因此,以人机融合为主要模式,充分利用机器学习、深度学习、模糊认知、增强学习等人工智能技术,进行动态任务规划,生成武器-目标分配和多武器平台协同配置最优作战方案,并根据战场毁伤情况及作战效果进行快速评估,随时适应变化、动态调整,推进战场态势由感知向智能认知发展,如图 6-6 所示。全域态势智能感知内涵包括以下三个方面。

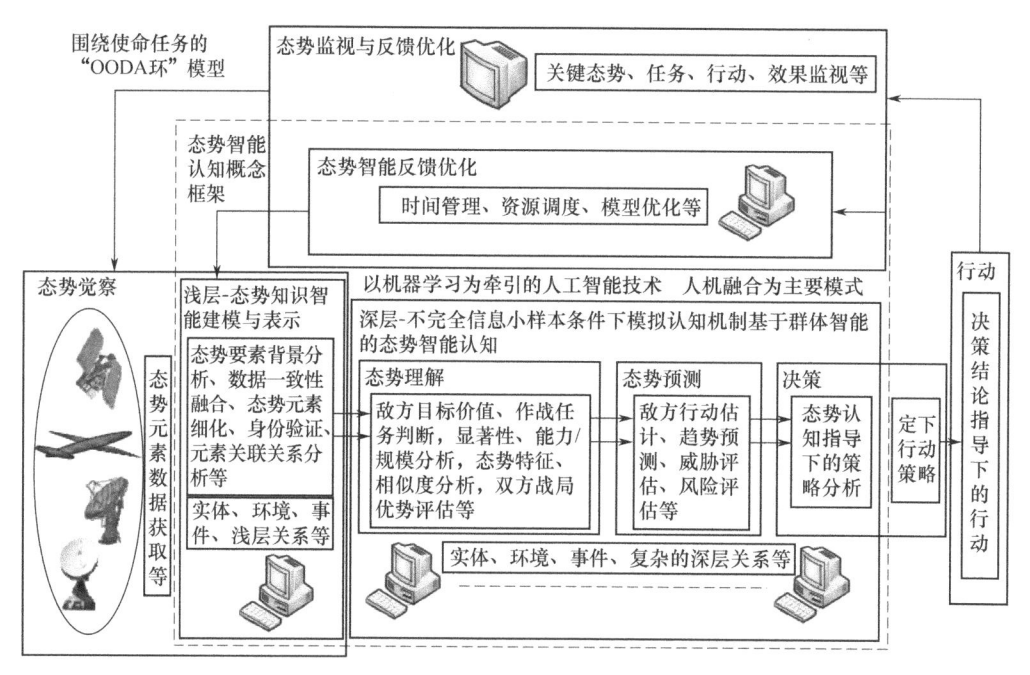

图 6-6 基于深度学习等人工智能技术的态势智能认知模型

一是智能态势觉察。通常包括三部分的活动,首先是单个目标跟踪和识别,即对飞机、舰艇、防空导弹等战场单个目标进行跟踪识别;其次是对象聚合成群或单元,即根据时间和空间将装备和人员聚合成一个单位或部门,如将出现在某一海域的航母、驱逐舰、巡洋舰、潜艇、综合保障舰等聚合为一个航母战斗群;再次是识别敌人的作战行动,即对作战活动的识别。体系聚优中,战场态势觉察的数据量将急剧增长,这就需要综合运用人工智能技术和认知计算等技术,充分发挥人工智能在海量图像视频中的目标检测与跟踪、文本提取与理解等机器处理识别中的优势,大幅提升情报处理效率和对军事目标的理解能力。如利用仿生智能算法和人机融合等技术,可以实现战场目标/低小慢目标的及时发现、准确识别和全程跟踪;利用分布估计算法、边缘计算和机器学习等技术,可以解决海量图像视频数据及时处理与有效利用等难题。

二是智能态势理解。态势理解是根据对态势实体行为及态势事件的检测结果,解释当前态势情况,判断敌方的作战布势,识别敌方意图和作战计划。态势理解的核心是对作战行动事件在当前态势下的作战结果是什么、敌方行动企图是什么、对我方产生的影响是什么等进行逻辑判断和推理。在体系聚优中,态势感知将从以信息获取为主转向以信息深度认知利用为主,更加强调从信息优势到决策优势,要求在人工智能技术的支持下,能够从全球传感器采集的海量和异构数据中自动提取、关联和融合,形成跨时空、跨领域和跨任务的知识体系,快速做出正确的判断和推理。如利用仿生智能算法、智能博弈技术、边缘计算和分布式估计算法等,进行态势理解与认知的模式挖掘与推理,并将实际战场环境与知识体系关联,实时和自动生成战场局势和趋势等"势"的研判结果及支撑证据,帮助指挥员快速识别敌方意图,准确预测态势变化。

三是智能态势预测。态势预测也称为态势估计,是指基于对当前态势的理解,对未来可能出现的态势情况进行预测。对于态势实体,可利用其位置预测、事件的可能演变、活动的可能范围、惯用战役战术,进行综合分析和判定而得出未来态势。在体系聚优中,指挥员不仅要全面准确分析、理解、判断与评估当前战场局势,更要在人工智能技术的支撑下,基于当前战场的"态"准确预测未来战场的"势",即战场发展的趋势与走向。如利用数字孪生、智能博弈、人机融合和边缘计算等技术,构建与真实战场一致的战场态势平行仿真系统,基于实时战场态势信息,在线仿真模拟战场目标运行状态,并根据我方行动方案计划和掌握的敌情,快速推演未来不同时刻的敌我体系化对抗的可能态势和走向,为辅助指挥员超前决策和临机调整作战方案/计划提供时间窗口和备选方案。

6.3.2 人机一体混合决策

在体系聚优中，人机一体指挥决策是最重要的流程环节，是对体系聚优实施做出的筹划和安排，核心是在军事智能等技术的支持下人机协作确定作战目标是什么、谁来打、怎么打，为体系聚优的实现快速定下作战决心。

6.3.2.1 发挥机器力支持决策的智能作用

决策原是指人类做出决定的策略和方法，目前已扩展到机器决策等领域。决策的实质是为了实现特定目标，根据已有基础（能力）和条件、客观可能性，运用人类知识和经验等，借助一定的工具、技巧和方法，进行信息搜集、信息处理、做出判断、得出结论的过程。无论是人类决策还是机器决策，通常都需要对影响目标实现的诸因素进行分析、计算和判断选优后，对未来是否行动、如何行动做出决定，即包括"决"和"策"两个方面的内容。在体系聚优中，无论是作战对手还是战场环境，大都是动态的、非合作的甚至是强对抗的，作战双方通常长时间处于动态的强博弈状态。在作战环境的规则和信息不完全的战场上，作战决策不仅面临大量静态的、历史作战数据，还面临更多的实时到来的大量战场情报、信息和作战数据。作战环境复杂，战场态势瞬息万变，作战指挥决策更多的是不确定决策，且常是多目标决策，单纯依靠人工经验显然已难以适应且效率低下，迫切需要引进具有决策功能的机器，人机结合、人机互补，根据决策任务和环境的变化，在战前、战中和战后提供相应的全过程决策支持。

像用工具/机器延伸和增强了人的体力一样，人类一直在追求使用工具和机器支持人类的决策。早在冷兵器时期就开始使用算筹、沙盘、兵棋等，提高作战决策的速度和准确度。军事运筹学、作战仿真等理论的出现和成熟，计算机、专家系统等技术的发展和运用，极大地促进了作战决策能力的提升。20世纪70年代，外军提出作战决策支持系统这一概念，旨在以军事运筹学、决策论等为指导，以计算机技术、仿真技术、人机交互技术等为支撑，辅助指挥员做出及时和正确的判断并实施决策控制。比如，美军研制的防空旅射击指挥辅助决策系统，能够通过捕捉图像、控制管理传感器等，辅助指挥人员完成战场态势分析、制订计划、作战模拟等指挥决策活动。2007年，美国国防部高级研究计划局（DARPA）启动了拟嵌入旅级指挥控制系统的"深绿计划"，目的是大大缩短指挥员临机决策时间，使作战计划制定时间缩短到25%。其核心技术是通过人机交互获取指挥员意图，形成作战方案备选集合，通过红蓝双方高速模拟对抗和结果分析，形成对未来作战空间的深入了解，提供关键事件和决策点的概率模型，并通过人机交互可视化方式给予呈现。

6.3.2.2 人机一体混合决策的实质是实现人脑主导的机器决策

在体系聚优作战流程中，定下作战决心是最重要的内容。随着人工智能技术特别是算法的大量植入，指挥控制系统具备了混合决策也称智能决策的能力。混合决策脱胎于早期的决策支持，将机器支持下以人工为主的决策转变为人机一体决策，甚至进一步发展成为某些作战领域和行动中完全的机器决策，人只承担决策目标的确认、决策过程的监督和干预等角色。在人机一体混合决策中，借助于人机交互系统和技术，人工智能技术、决策推理技术、大数据技术和脑科学实现完美的融合，机器将能够更准确、更快速、更充分地利用人类的知识/经验，通过逻辑推理来支持人类甚至取代人类解决复杂的作战决策问题。在这一过程中，如何发挥军事云脑的作用，将人类的作战决策知识和经验，转化为能够为机器所理解的情报数据库、作战模型库、决策算法库及专家系统，以人机交互系统实现人机的互联、互通、互操作就显得尤为重要。

军事云脑是指挥信息系统智能化发展过程中形成的AI生态系统，由资源层、服务层、应用层等业务脑区的智能体组成，如图6-7所示。军事云脑能够接受各种物联网节点的传入信息，经过整合挖掘后获取、存储、共享、融合与更新各种知识，并在各类知识库及智能服务的协同驱动下，由单体智能形成群体智能，实现对军事任务的认知、判断、决策和控制。

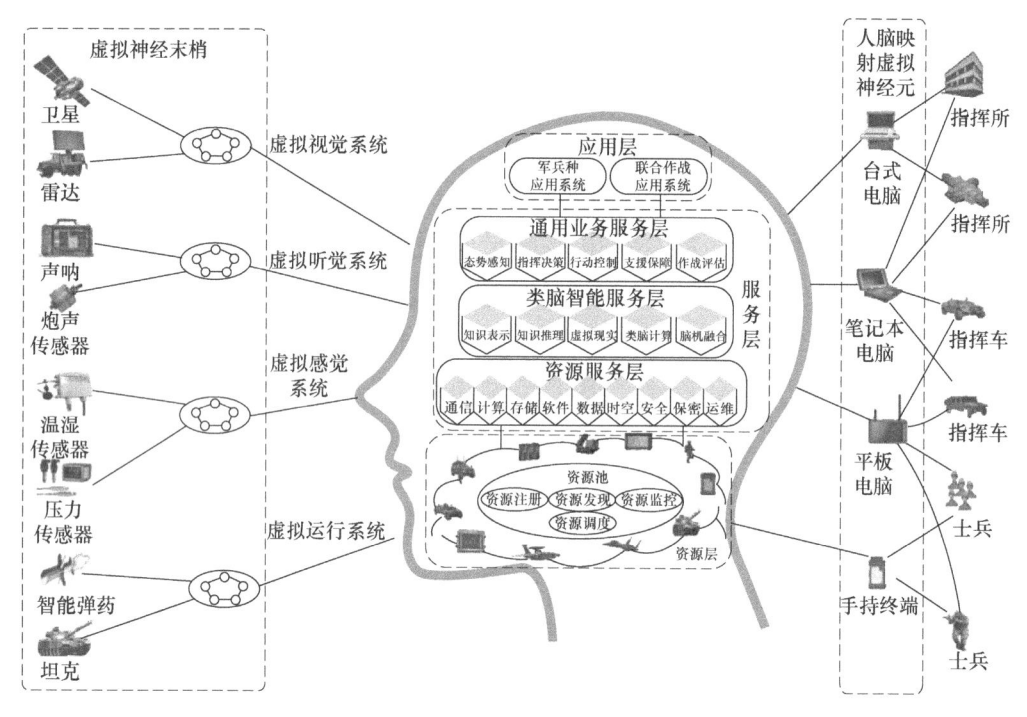

图 6-7　军事云脑构成示意图

体系聚优在"军事云脑"的支持下，实现人脑和机脑的深度融合和双向赋能，人的智慧谋略与机器智能决策融为一体，基于战场信息认知优势和作战意图，进行动态任务规划，生成武器-目标分配和多武器平台协同配置最优作战方案，并根据战场毁伤情况及作战效果快速评估，随时适应战场情况变化并做出动态调整。根据指挥员意图和作战行动目的，作战的决策权、行动权在各指挥层级之间、人与机器之间灵活调整分配，人脑主导、人机协同、联合决策成为体系聚优中新型的指挥控制关系。具体地说，体系聚优中的人机一体混合决策有两种实现形式：**一是人机融合下的辅助决策**。由于感知与决策能力存在的生理局限性，人类指挥员难以全面驾驭未来战争，由人来控制整个战场因素的传统决策模式，已经无法适应高强度、高对抗和高风险的未来战场环境。在体系聚优中，面临日趋紧张、复杂、困难的作战指挥决策，人类指挥员将被迫退出全决策链和全控制链，更多地作为监督者、指令者和协调者的角色，引领支持机器的智能决策把控整个作战进程，从而推动体系聚优从人类之间的作战转变为人机协同作战的全新形式，包括机器精准感知、人机自然交互、人机协同推理、人机融合筹划。**二是辅助决策的人机智能演进**。机器智能的出现可能会颠覆传统作战指挥决策逻辑、流程和模式。以深度强化学习、大数据、超级计算为基础的新型人机混合博弈对抗策略，催生了以数据驱动、知识推理为特征的博弈策略生成新方式，表现了强大的博弈对抗能力和自学习进化能力。在体系聚优中，以知识数据混合驱动的学习进化型决策逻辑，将逐步取代传统的单纯以军事运筹学为基础的军事博弈决策模式，极大地提升作战指挥决策的速度、精度和效率。

6.3.3 有人无人自主协同

在体系聚优中，组织有人无人自主协同是作战流程再造的重要环节。核心是各种有人无人作战力量、作战单元和作战要素，围绕统一的作战目标，根据作战任务、作战目的需要和战场态势变化，基于网络信息体系在全域立体空间异地同步展开、一体并行联动、自主动态调控，实现动态实时集聚战斗效能，提高体系打击效率。

6.3.3.1 人的因素仍然是主导因素

在体系聚优中，无人作战力量集自主侦察、自主决策、自主打击、自主防御、自主保障等功能于一体，遍布陆海空天电网全域全维，高度无人化、超级集群化、自主协同化的机器人作战军团将成为制胜未来战争的决定性力量。原有的以有人侦察、有人指挥、有人打击、有人保障为主体构建的作战体系有可能被颠覆，"人在回路上"甚至"人在回路外"的以无人作战力量为主体的实施"无人"较量，将成为战场的主要对决双方和作战形式。但智能技术的发展仍然不能让人从作战中走开，一方面，战争是政治的继续，没有人类的主导和参与，没有政治立场、阶级属性的机器之间的厮杀，将使传统意义上的战争不复存在；另一方面，限于现有人工智能技术机理与技术发展水平，无人作战系统自主观察、自主判断、自主决策、自主机动、自主打击、自主保障的实现难度大、应用范围窄，没有人类主导和参与、纯粹意义上的无人作战系统之间攻防较量的时代还远没有到来。体系聚优是激烈而残酷的对抗活动，容错程度低，一旦失误，需要用鲜血与生命去弥补。在人工智能机理、技术与应用场景等条件限制下，组织有人无人之间的作战协同，应把重点放在智能化系统辅助人、补位人，提高人的决策效率、降低人为错误上，以"人+智能系统"的人机混合增强智能，作为智能化系统技术发展的主方向和作战应用的主旋律。

6.3.3.2 有人无人自主协同将成为体系聚优的基本途径

在体系聚优中，有人无人自主协同作战的核心要义是，在高度信息化、网络化、智能化和体系化对抗的战场中，有人操作武器平台与无人作战平台在网络信息体系的支撑下采取混合编组、实施协同攻击的作战方式。它不仅是未来智能化作战的基本作战形式，也是实现网络信息体系支撑下作战能力聚优的基本途径。组织有人无人自主协同的主要方式如下。

有人无人混合编组，优势互补、各取所长。近年来，美国国防部高级研究计划局（DARPA）推出的无人机伴随有人飞机的"忠诚僚机"项目。俄军2015年12月运用人/机器人混合战斗编组，在叙利亚战场兵分多路机动、抵近协同攻击消灭极端武装分子，都是对有人无人自主协同的有益尝试。在有人无人混合编组协同作战中，以有人作战力量为主接受指挥员及其指挥机关的统一指挥控制，实时接收整个战场的态势信息，根据作战任务、作战力量、战场情况、保障资源等，迅速定下作战决心并制订作战计划，并将作战方案/计划以指令形式发送至无人作战兵器。无人作战兵器在有人操控兵器的指挥控制下，迅速完成目标侦察定位、选择打击目标和兵器、实施目标攻击、进行作战效果毁伤评估等任务。将有人力量与无人力量进行混合编组，信息反馈和指挥决策将更加及时准确，有助于实现人与武器在更高层次、更大范围、更多行动上的深度融合，在极大地提升作战效率的同时极大地减少人员损伤。有人无人混合编队在执行任务时，无人作战系统可第一时间深入抵近战场，大幅扩大作战纵深，配合有人操控兵器迅速掌握战场态势，避免因战场情况发生变化而贻误战机。同时，通过战场上操控员的控制，无人作战系统能够在远离地面控制站条件下执行任务，发现目标、识别目标和协同精确打击目标的能力将显著提升。

无人系统自主集群编组，自适应、自组织与有人监控干预相结合。在体系聚优中，在类脑计算、脑机接口、深度学习等技术的支撑下，人与人工智能系统之间的信息互传递、意图互理解、行动互协同能力将显著提升，从而创造出系统有人、集群无人的地面"蚁群""狼群"、水中"鱼群""虾群"和空中"鸟群""蜂群"等自适应、自协调无人系统自主集群编组。2018 年，美国国防部高级研究计划局的"小精灵"项目取得进展，该项目使用 C-130 运输机或其他战略轰炸机、战斗机，在敌防空火力防御圈外释放"小精灵"无人机群，无人机群快速组网和自主协同，自主执行对敌侦察、监视、压制和打击任务。体系聚优中组织无人自主集群编组协同作战，将以有人操控兵器为指挥核心，以成本低、机动性强、隐身性好、攻击能力突出的无人作战系统作为进攻主力，实现信息获取、指挥控制、武器发射与毁伤评估的"一气呵成"。

6.3.4 主动按需精确保障

在体系聚优中，主动按需精确是流程再造的支撑环节，核心是基于网络信息体系，实时采集、处理各方保障需求信息，动态掌握武器装备使用状态，并运用数字孪生技术，实现全程自动跟踪、全程实时评估、全程动态显示，即时预判、定位、评估保障时机与标准，精确筹划和运用保障资源、力量及手段，动态、灵活调控资源，减少保障层次，实施实时主动、直达配送式精确保障，为体系聚优的实现提供和保持持续的战斗力。

6.3.4.1 树立智能化、精确化、一体化综合保障新理念

以无人化、智能化为主要表现形式的智能科技已渗透至体系聚优全要素、全过程中，必然对其保障内容和模式产生深刻影响，主动按需精确保障，既要紧盯智能化技术发展前沿，积极吸收"云端大脑""物联网""虚拟仓储"等智能化因素，又要始终关注体系聚优涌现的新需求，以此牵引综合保障与体系聚优组织实施相适应。在体系聚优中，在网络信息体系的支撑下，作战信息数据和保障信息数据将实现深度互联，集作战保障、后勤保障、装备保障于一体的综合保障体系将由封闭自运转

向开放自协同方向转变,综合保障在物理域、信息域、认知域、社会域之间呈加速融合渗透态势。这就要求实施综合保障,必须紧贴作战活动和需求,树立智能化、精确化和一体化的新型保障理念,通过构建多源异构、互联互通、军民一体的超级保障网络,最大限度地挖掘和利用民用信息、交通、能源、制造等行业优势,实现智能化综合保障需求牵引与延伸借力的有机统一。

6.3.4.2 构建体系聚优综合保障体系新模式

综合保障体系是指以网络信息体系为支撑,由分散配置在战场空间的各类保障要素、模块、单元和系统综合集成的相互作用的网络化组织体系。构建体系聚优综合保障体系新模式,需要从打造综合分布式保障云平台、升级提质作战保障信息网络、实现保障力量布势优化重构等方面入手。

打造综合分布式保障云平台。分布式云平台是体系聚优综合保障智能化的实现载体和技术基础,通常包括战略级、战役级、战术级三级综合保障云平台。分布式云平台通常采取分布式系统架构和多点容错灾备机制,构建保障数据信息资源智能化管理系统,集综合保障数据信息"汇集、整编、存储、分析、分发、推送"等功能于一体,为各级各类用户提供保障信息数据和计算服务。分布式云平台将打通各军兵种之间、作战部队与保障部队之间的信息交互"烟囱",加速综合保障指挥体系的精干化、扁平化和网络化。一是打造战略级保障云平台。主要为战略决策者提供包括战场地理信息、水文气象、国防工业、水陆交通、医疗等综合性保障数据,依据战争进程自动推演战略级保障方案,并及时提出相关建议。二是打造战役级保障云平台,为战场决策者提供战场保障态势的动态监控,及时汇总分析实时战损、物资补充等关键信息,实现纵向上挂下联、横向互通有无的网络化、定制化、多链路数据信息服务。三是打造战术级保障云平台,重点提供保障分队、装备平台之间的信息交互、数据计算和资源共享服务,能够满足战术级综合保障信息的智能备份、智能接替、智能更新、智能分享等需求。

升级提质作战保障信息网络。高速畅通、弹性适变、抗扰抗毁的信息网络是实现体系聚优综合保障的基本条件。要通过保障信息网络优化整合、技术更新，拓宽信息网络业务功能、实现技术迭代发展，弹性适应未来综合保障对通信网络的新要求。**一是以天基通信网络为依托**。在加快织密天基通信网络的同时，探索"5G 通信+卫星导航"能力融合新模式，实现统一时空基准下作战保障态势的精准实时感知和高速精确传输。**二是以移动通信网络为补充**。充分借鉴世界移动通信网络先进技术与经验，加快"认知无线电技术+自组网"技术应用新模式，自动识别电子干扰、环境障碍等相关通信威胁，智能寻找"频谱空穴"资源，保持复杂电磁环境下作战保障的通信联络畅通。同时，还要积极寻求新的通信技术路径，加强信息网络复合化、多样化建设，以技术和战术相结合的方式，增强保障通信网络的抗干扰、抗毁伤能力。

实现保障力量布势优化重构。构建力量充足、要素齐全、布局合理的保障力量布势，并根据战场情况变化对保障力量布势进行快速调整优化，是实施体系聚优综合保障的重要基础和前提。重点是做好以下几项工作：**一是优化保障力量布势**。统筹战略、战役、战术各类保障力量，综合运用军地保障资源，在战场主要方向、主要交战区等地域预置综合性力量，实现作战保障、后勤保障、装备保障等融合式区域布局。同时，优化总部/战区直属力量、伴随支援力量和应急支前力量三种结构，推进模块化编组、集成化配套、一体化运用，构建广域作后装机动保障网。**二是重构储供布局**。在战略枢纽、预设战场、部队可能集中区域等预置旅营级成建制作战储备，在主要方向、关键节点开设前进保障平台，预置作后装综合化保障要素、设备等，点线配置、分布部署、网格融合，提供快捷实时保障。**三是完善储备格局**。针对各战略方向使命任务、可能作战样式、特殊战场环境、以往战训损耗情况，合理确定侦察预警、通信网络、气象水文、导航定位、运输医疗、弹药物资等储备的品种和数量，重点加强智能化装备、无人化装备、新型弹药器材、智能导弹、高标号油料等储备，同时将作战急需保障资源尽可能前伸预置，形成与重点方向作战任务相适应的储备格局。**四是高效集成无人保障力量**。逐步加大无人化保障力量的占比和实战运用，建设自主实施保障行动的有效手段，建立以无人装备为主的保障平台，开发通用无人运载工具，走开自主无人保障系统应用的路子。

6.3.4.3 前瞻创新体系聚优综合保障新模式

在体系聚优中，战场态势变化更快，对抗程度更激烈，要求综合保障具备主动智能感知各作战单元保障需求的能力，通过物联网等技术链接作战人员和武器装备，变被动等待保障需求为主动获取作战单元状态，在网络信息体系的支撑下实时采集作战单元的人、装、物、弹的健康、战损、消耗、运行情况，从而有效预判综合保障需求，实现跨军种、跨领域、跨空间、跨部门的柔性重组，提供分布式智能保障。具体可采取以下三种保障新模式。

基于万物智联的全域聚能保障。"万物智联"是体系聚优的鲜明特点。在战场智能物联网、作战云的支撑下，战场上各种作战、指挥、保障实体紧密联系在一起，形成智能互联的网络体系，能够在更大范围内实施全域聚能保障，高效满足作战需要。**一是广域分布，依网智联**。面对未来战场高度分散的保障对象，作战对手远程、快速打击的威胁，将保障力量由传统的相对集中部署调整为灵活机动、广域疏散部署，运用智能技术科学计算各级各类保障力量、资源的构成、规模和空间布局，并依托战场智能物联网等实现互联，使各级各类保障实体随时在网、随时组网。**二是智能调控，聚焦保障**。基于战场智能物联网共享信息，基于高度智能的作后装保障指挥控制系统，在全网精准选配力量，统一分配任务，打破条块分割、层级界限、地域限制，智能化调控不同军种、层级、地点、专业的保障力量和资源，使之高速、有序、定向地向作战需求端汇聚，从而提供精确、充足的支援保障。**三是跨域对接，自主协同**。在自给保障难以满足需要，且来不及逐级提报需求的情况下，作战力量可以依托战场智能物联网、大数据服务等技术手段，了解"在网"的各级各类保障力量和资源情况，跨域选择保障机构，"端对端"提出保障需求，自主协同实施跨域聚能保障。

基于智能感知的主动配送保障。体系聚优战场是"秒杀"特征显著的战场，要求综合保障"从被动补给"向"主动配送"转变，缩短产生需求和响应需求之间的"时间差"，提升保障的时效性、主动性、精确性，而智能化系统的发展将为主动配送保障提供更好的条件支撑。主动配送保障将成为适应智能化作战特点的重要保障方式。**一是智能监测，**

即时响应。主动配送保障的重要条件是及时、准确地了解部队需求。智能化作后装保障将依托智能物联网，利用自动识别、数据融合、网络通信等技术手段，实时化、可视化监测掌握部队人员、装备、弹药、物资的位置、数量、状态等信息，从而及时确定部队需求，即时准备和实施保障。**二是智能谋算，精确预测。** 主动配送保障的突出优势是基于预测主动保障。未来基于智能感知的主动配送保障将向更低层级、更高精度拓展推进。作后装保障可通过智能物联网掌握战场态势，运用大数据分析、虚拟现实、云计算服务等技术，对部队行动及其保障需求进行智能分析计算，预判部队、分队、武器平台在何时何地需要何种保障，从而预先进行保障准备，提供即时主动保障。**三是智能调配，精准配送。** 主动配送保障的关键是实施精确保障，既要实时了解、精确预测需求，还要精确感知保障资源情况，精确调配保障资源。作后装保障可依托战场智能物联网、智能化作后装保障指挥控制系统，实时掌握保障资源状态，实时监控保障进程，精确调控保障资源的投向、投量和投速，为作战提供适时、适地、适用保障。

基于无人保障平台的广域直达保障。 无人保障平台可以有效克服地理空间、高危环境和人员生理极限等因素影响，具备长时间、高速度、大强度、全空间执行保障任务的独特优势。随着数量规模的增长、载荷等性能的发展和智能程度的提升，无人保障平台将在战场上发挥越来越重要的作用。基于无人保障平台的广域直达保障，将成为提升综合保障效能的重要保障方式。**一是精确化定点投送。** 针对广域分散、时限紧急等补给需求，运用中小型无人运输机、无人船艇、无人潜航器、全地形无人车等，装载携带装备弹药物资，以单平台或编组方式实施精确定点投送，满足作战急需。**二是全空间抵近救修。** 针对地理障碍、高危环境导致人员难以实施的抢救抢修任务，运用运输、医疗、修理机器人等，抵近部队、分队、武器平台，对伤员、损坏装备进行搜救和定位，实施检测诊断、应急救修，或利用数据传输系统连接后方远程支援系统协同完成救修。**三是无人化接力转运。** 基于人机交互、机机智联、机器学习等技术的发展和运用，可以为无人保障平台预设运行程序规则，作战中通过人机交互的方式完成行动设计决策，由机器自主完成行动规划、协调，采取"远程大中型无人机运输+人机结合卸载分装+末端小型无人机/

机器人抵近投送"的方式，接力实施远距离、大运量、多点位、高风险环境下的无人化直达保障。**四是无人自主式保障**。依托地面、空中、水域等无人平台，搭载智能化、多能化的任务载荷，使其在复杂恶劣和高危战场环境下替代有人操作，遂行各种危险性高的作战保障任务。如敌后特种侦察、战场通信中继、集群精确破障、空中区域勘测、海防定点巡逻等特定场景下的任务匹配。构建无人自主作战保障装备体系，形成无人自主保障能力，逐步突破技术限制，使无人作战保障系统具备对抗条件下行为识别、自主学习进化和知识迁移能力，能够依据简单指令实现复杂非合作环境下的自主作业，形成一键式的自主保障作业能力。

综上所述，体系聚优的作战流程再造，是在网络信息体系的核心支撑下，对现有作战流程的继承发展和颠覆创新，并呈现出不同形态与特点。从作战阶段角度看，体系聚优的作战流程主要呈现为作战谋局、作战开局、作战控局、作战结局四种形态，在具体作战行动上又可分为发现-定位-跟踪-瞄准-打击-评估六个环节。从作战能力形成看，体系聚优的作战流程则呈现为情报链路支撑下的指挥链路主导杀伤链路控制保障链路。在网络信息体系的核心支撑下，根据指挥员的意图和战场实际情况，各种信息将情报链路、指挥链路、杀伤链路和保障链路联为一体，信息流通过控制物质流、能量流的流向、流量、流速，形成自主跨域融合、自学习、自组织、自修复多域从传感器到射手闭合的杀伤链和杀伤网，实现作战资源的合理分配，作战行动的协调有序，作战能量的精确释放，最终实现作战能力的以快制慢、以精胜粗、整体制敌。

参考文献

[1] 颜如祥. 时间敏感目标及其打击体系探讨[J]. 指挥信息系统与技术，2011，2（3）：26-29.

[2] 顾基发. 系统工程新发展——体系[J]. 科技导报，2018，36（20）：10-19.

[3] 黄奕佳. 极简主义产品设计研究及内涵探讨[D]. 南京：南京航空航天大学，2010.

[4] 刘奎，顾静超. 智能化作战指挥如何实施[N]. 解放军报，2020-01-02（9）.

[5] 李婷婷，刁联旺. 智能化态势认知技术与发展建议[J]. 指挥信息系统与技

术，2020，11（2）：55-58.

[6] ENDSLEY M R. Design and evaluation for situation awareness enhancement[C]//Proceedings of the Human Factors Society Annual Meeting. Sage CA：LOS Angeles，CA：SAGE Publications, 1988, 32（2）：97-101.

[7] 丁峰，易侃，毛晓彬，等. 第 5 代指挥信息系统发展思考[J]. 指挥信息系统与技术，2018，9（5）：17-24.

[8] 顾静超，刘奎. 把重点放在辅助决策上——再谈智能化指挥"自主决策"[N]. 解放军报，2019-10-24（9）.

[9] 董朝雷. 前瞻智能化作战后装保障方式[N]. 解放军报，2021-04-14（9）.

7 网信篇

网络信息体系成为体系聚优的核心支撑

网络信息体系是信息技术不断迭代发展和战争形态不断演变的必然产物,是在信息化局部战争和军队机械化、信息化、智能化加速融合发展的时代背景下,提出的战略性、引领性、创新性概念,是组织实施体系聚优的核心支撑。正确理解和把握网络信息体系的时代背景、基本内涵、作用机理,对于加速推进体系聚优作战概念深化研究和实施运用,形成即时聚优、敏捷适变、韧性抗毁的体系作战能力,在网络信息体系核心支撑下实现能力聚优,具有十分重要的意义。

7.1 网络信息体系的时代背景

网络信息体系的产生和发展有着深刻的时代背景,对组织实施体系聚优将产生深远影响。

7.1.1 网络信息体系是战争形态加速演变的必然产物

纵观人类战争历史,其形态大致可划分为冷兵器战争、热兵器战争、机械化战争和信息化战争 4 个阶段。进入 21 世纪以来,随着科学技术的突飞猛进,以信息技术为核心的军事技术革命,引发了包括武器装备、军队编制、军事理论等方面的重大变革,武器装备信息化程度进一步提高，信息网络高度一体化，战场结构网络化、指挥控制自动化，战争形态加速向信息化、智能化演变。在信息化、智能化战争中，作战空间和领域向全域、全维扩展，争夺单一领域控制权已被争夺综合领域控制权所替代；军事体系中各要素互联、互通，聚集性更强，节点的对抗将表现为体系对抗，信息上升为决定性因素。现代战争进入发现即摧毁的"秒杀"时代，体系和体系的对抗，平台作战、体系支撑、战术行动、战略保障成为现代战争的显著特征。

网络信息体系通过无所不在的信息基础网络，广域覆盖多维一体的作战空间，把陆海空天电网等作战域跨域融合起来；通过高效共享的联合信息环境，为联合作战指挥和行动提供强大、可靠的信息支撑，使信息成为战斗力生成的主导因素；通过各级各类应用信息系统集成融合和信息化武器系统的一体化运用，达成作战资源的智能协同和信息火力一体释放，最大化激发体系资源的战斗力潜能；信息流将深入主导物质流和能量流，通过优化物质、能量、信息配置，实现火力、人员、资源的按需组合，再造物质、能量、信息结合方式，创造新质作战能力。信息随时注入、网络动态调整、部队快速行动，推动作战体系上各节点同步进行自我调节，即"侦控打评"整条链路的周期循环和单个环节的自循环，形成一个多级嵌套、并行运转、开放耦合、即时聚优的"战斗力圈子"。这种作战体系的敏捷适应性，支持信息优势向决策优势、行动优势转化，并推动作战优势向战场胜势转化，实现以快吃慢、以小击大、以能击不能的新的作战效果。

7.1.2 网络信息体系是技术迭代发展的必然产物

科学技术是军事发展中最活跃、最具革命性的因素，每一次重大科技变革都深刻影响着世界军事发展走向。当前，我们正处于新一轮科技大爆发的时代，以信息技术为核心的科学技术呈现多点迸发、群体突破、交叉融合的态势，成为推动新一轮军事变革浪潮的强力引擎，引发军事领域链式突破和革命性变化。

世界各国军队在军事竞争中，无不加大对先进科技的投入。2018 财年以来，美国国防部在人工智能、大数据、云计算、5G 技术、自主系统等领域的投入持续加大。例如，在人工智能技术领域，其 2020 年的投入是 8.41 亿美元，2021 财年的预算则增加到 9.27 亿美元；而美军自提出联合信息环境（JIE）构建设想以来，在大数据、云计算、信息服务等方面的投入则更大，还于 2018 年发布《国防部数字工程战略》（*Digital Engineering Strategy*）推动数字孪生等先进建模与仿真技术发展。大数据、人工智能、移动通信、云计算等新一代信息技术应用迅速登上军事竞争制高点，需要找到一个大融合的载体，使这些技术的汇聚融合能够产生集群效应。网络信息体系则具备这样的特性，它将利用光纤通信、卫星通信和 5G 移动通信技术，形成一个广域覆盖、随遇接入的泛在化信息基础网络，搭建起网络信息体系的主体"骨架"；利用大数据、云计算等数据信息处理和服务技术，构建形成功能强大、融合高效的数据信息服务环境，激活网络信息体系的信息"血脉"；利用深度学习等技术群，以及面向特定应用的人工智能技术的重大突破，形成各类无人、人机混合平台的自主感知、智慧决策和集群协同能力，逐步聚合形成网络信息体系的"群体智能"；利用多协议标签、异构网络集成、自适应体系架构等技术，搭建起动态开放、形散神聚、敏捷适变的网络信息体系架构，使各类力量、单元、要素能够快速组合形成即时的"杀伤网"。

7.2 网络信息体系的基本内涵

网络信息体系是指以军队共用信息基础设施为依托和纽带，将各作战力量、作战要素、作战单元，以及军队各业务系统和国防支援系统等无缝连接、有机融合为一个整体，形成以全面提升联合作战能力、全域作战能力为重点，以网络中心、信息主导、体系支撑为主要特征，涵盖物理域、信息域、认知域、社会域的一个有机整体。网络信息体系是一个复杂巨系统，本质上是重塑信息时代的作战体系。

在这一概念中，网络、信息、体系都是网络信息体系的组成部分，共同组成网络信息体系这一有机整体，并在其中发挥不同作用。其中，网络是基础、是骨干和经络，网络的核心作用是支撑作战；数据/信息是血脉、是资源，数据/信息的核心作用是主导作战；体系是系统之系统、是整体，体系的核心作用是赋能、提高作战能力。

深刻领会网络信息体系的基本内涵，需从体系本身和思想理念两个层面来把握。网络信息体系首先是软硬结合的作战体系，是一个实体，不仅包括各种网络、系统和武器装备，还包括数据信息、作战力量、体制机制、交战规则等各个方面。同时，其还是一种新的理念，强调的是网络中心、信息主导、体系支撑、联合作战和全域作战，代表新时代作战理论的发展方向。

7.2.1 体系的概念内涵及演进发展

7.2.1.1 体系的概念内涵

国内外关于体系的定义有很多种版本，不同定义侧重点各有不同（见表 7-1）。但归纳起来，其基本含义是：体系是大规模集成的多种系统，这些系统异构并且各自独立运行，但都能够为实现某个共同目标而协同工作。体系又称为系统之系统（System of Systems），或复杂巨系统，是将若干相互独立、互不关联的不同系统根据相同使命而整合成的复杂巨系统。

表 7-1 对体系的 16 种典型定义

序 号	定义内容
定义 1	体系是系统的联接，在系统联接的体系中允许系统间进行相互协同与协作，如信息化战场的 C^4I（Command,Control,Computers,Communications and Information）与 ISR（Intelligence,Surveillance and Reconnaissance）系统。这一定义的应用背景是现代军事系统的集成以获取战场对抗的信息优势与决策优势
定义 2	体系是大规模分布、并发系统的集成体，组成体系的系统本身就是复杂单元。这一定义的应用背景是企业信息系统
定义 3	体系是系统的综合，系统综合以系统的演化发展、协同与优化为目的，最终达到提高整体效能的宗旨。体系不是单纯系统的集成，它具备以下 5 种特征：①组成系统独立运作；②组成系统独立维护管理；③组成系统的区域分布性；④具备"涌现"行为；⑤体系是不断演化发展的。这一定义的应用背景是未来战场环境信息系统的综合集成，军事领域复杂体系的发展规划
定义 4	体系是分布环境中异构系统组成网络的集成，体系中这些异构系统表现出独立运作、独立管理和区域分布特征，在系统和系统间交互被单独考虑的情况下，体系的"涌现"与演化行为不太明显。这一定义的应用背景是国家交通系统、军事体系和空间探索

(续表)

序 号	定义内容
定义 5	体系的组成不同于一般系统的内部结构（紧耦合），它是一种系统间的交互，而不是重叠。它具备如下特性：①能够提供单一系统简单集成所不具备的更多或更强的功能能力；②其组成系统是能够独立运作的单元，能够在体系所生存的环境发挥其自身的职能。这一定义的军事背景包括地面防空体系、战区导弹防御体系、作战群的编成体系等，其非军事背景如航天飞机
定义 6	体系是复杂的、有目的的整体，这一整体具备如下特征：①其组成成员是复杂的、独立的，并且具备较高的协同能力，这种协同使得体系组成不同的配置，进而形成不同体系；②其复杂特征在很大程度上影响其行为，使得体系问题难于理解和解决；③边界模糊或者不确定；④具备涌现行为
定义 7	体系是一种"元系统"，其自身由多个自主的、嵌入的系统构成，这些自主的、嵌入的系统在技术、环境、地理区域、运作方式及概念框架等方面是不同的
定义 8	体系是相互协作的系统的集成，这些组成系统具备两种附加特性，即运作的自主性与管理的自主性
定义 9	Kilicay N H 对体系的概念框架是从网络中心战需求出发给出了对体系的理解与定义
定义 10	国防大学陆军工业学院 Kaplan J 认为，体系是巨大的、复杂的、持久的独立系统的集成，这些是随着时间的推移通过各自的权威提供各自能力以支持总的使命从而形成体系
定义 11	美国国防部认为，"互相依赖的系统组合链接，提供的能力远大于这些系统的能力之和"。与体系的定义相对应，美国国防部同时定义了系统联邦，系统联邦是指具备下列特性的一组系统：①能力为所有组成成员的能力之和；②具有所有成员共有的特征；③系统的组合并不产生新的能力和属性
定义 12	体系是由复杂、独立系统组成的"超系统"，这些独立的系统通过交互实现其共同的目标。体系特征包括：①体系是巨型复杂系统；②它由相互独立的系统组成；③具有动态的开放环境。其实例包括天气、海洋及应付天气海况变化的应急体系等
定义 13	2005 年，美国参谋长联席会议主席在《联合能力集成与系统演化》（Joint Capabilities Integration and Development System，JCIDS）中给出的体系定义："体系是相互依赖的系统的集成，这些系统的关联与链接以提供一个既定的能力需求。去掉组成体系的任何一个系统将会在很大程度上影响体系整体的效能或能力。体系的演化需要在单一系统性能范围内权衡集成系统整体。战斗飞行器是体系研究典型案例，战斗飞行器既可以作为单一系统研究，也可以作为体系的子系统研究，作为体系研究时，其组成系统包括机身、引擎、雷达、电子设备等"
定义 14	美国陆军部在关于陆军软件模块化法规（版本 11.4E，2001.09）中对体系的定义："体系是系统的集合，这些系统在协同交互过程中实现信息的交换与共享"

(续表)

序 号	定义内容
定义 15	Maier 在 1996 年提出,体系是为实现共同目标聚合在一起的大型系统集合或网络;常见的 SoS 包括国际航空系统(飞机、机场、航空公司、航空交通控制系统)、海军水面舰艇火力支援 SoS(侦察、定位、武器系统和 C^4I)、战区弹道导弹防御 SoS(监视、跟踪、拦截系统和 C^4I)等
定义 16	Cook 在 2001 年提出,体系是包含人类活动的社会—技术复杂系统,通过组成系统之间的通信和控制实现整体涌现行为

7.2.1.2 体系的演进发展

在国外,体系(System of Systems,SoS)最早出现在 Berry B.J.L 于 1964 年写的一篇论文中,其主要用于讨论城市系统中的系统。随后,很快被转用于社会学、生物学和物理学领域。美国系统科学体系工程协会(SoSECE)主席 Reckmeyer W. J.认为,体系源于系统科学,是系统科学关于软系统和硬系统研究的综合,以及对大规模、超复杂系统的研究。在国内,体系一词与系统基本通用,如侦察情报体系、作战体系,也可称为侦察情报系统、作战系统等,其所表达的意思基本相同。近些年来,随着技术的发展和一些跨领域、跨行业的大型工程项目不断增多,仅用系统已不能准确表述这些规模巨大、情况复杂、相互独立且异构的系统之间的关系。体系的内涵已发生深刻变化,社会对体系的理解和认识不断加深,并开始将体系与系统区别开来研究。

最新研究认为,体系与系统有本质的不同。系统(system)一词来源于古代希腊文(systema),意为部分组成的整体。对于系统的定义,不同人和组织有不同的描述方式。我国著名科学家钱学森提出:系统是由相互作用和相互依赖的若干组成部分结合成的具有特定功能的有机整体。由此可以看出,系统是若干相互联系和相互作用的要素,按特定规律和要求组成的、具有特定功能的有机整体;系统内各要素不能脱离系统,否则系统将无法正常运转、发挥功能。

而体系虽然是由多种系统组合而成的复杂巨系统,但并不是将各系统简单叠加,而是通过重新组合,使各系统都融入体系并融合为一个有机整体,目标是形成新的能力涌现和整体效果,产生体系增量,实现"1+1>2"的能力倍增。体系内各系统虽然是体系的要素,但其在体系中既可独立运行、发挥自身功能,同时又能从体系得到反哺、生成新的能力；组成体系的各系统并非固定组合，而是根据功能需要，随机抽组不同的系统进入体系，也可能随时分离出某一系统。组成体系的各系统具有自主适应性，是形成体系涌现的重要机制，推动了体系结构与层次的不断演变，并在应用过程中渐进演化成型。特别是在对抗条件下，体系的使命任务、应用环境（包括体系对抗对手）、技术条件，以及人员和条令制度等因素不断变化，充满不确定性，从而使体系始终处于动态演进中，并在持续动态演化过程中不断涌现新的能力。

7.2.1.3 体系的基本特征

体系与系统相比具有六大特征：**一是开放性**。体系的结构是开放式的，会根据需要随时调整系统构成，淘汰某些旧系统，吸纳新系统。**二是协同性**。构成体系的系统能够通过相互协作，共同完成任务、达成目标。**三是多样性**。构成体系的系统类型各异、结构各异、功能各异，各具不同特性。**四是自治性**。构成体系的每个系统都能够自我管理、独立运行，各自发挥功能。**五是演进性**。体系不是一成不变的，而是随着技术发展和任务需要不断演化、不断发展的；构成体系的系统也是不断演进发展的，既有过去也有未来，而不是突然出现的。六是涌现性。构成体系的系统之间相互作用，能够产生单个系统不具备的新的能力，实现"1+1>2"的能力涌现效应。体系基本特征示意图如图 7-1 所示。

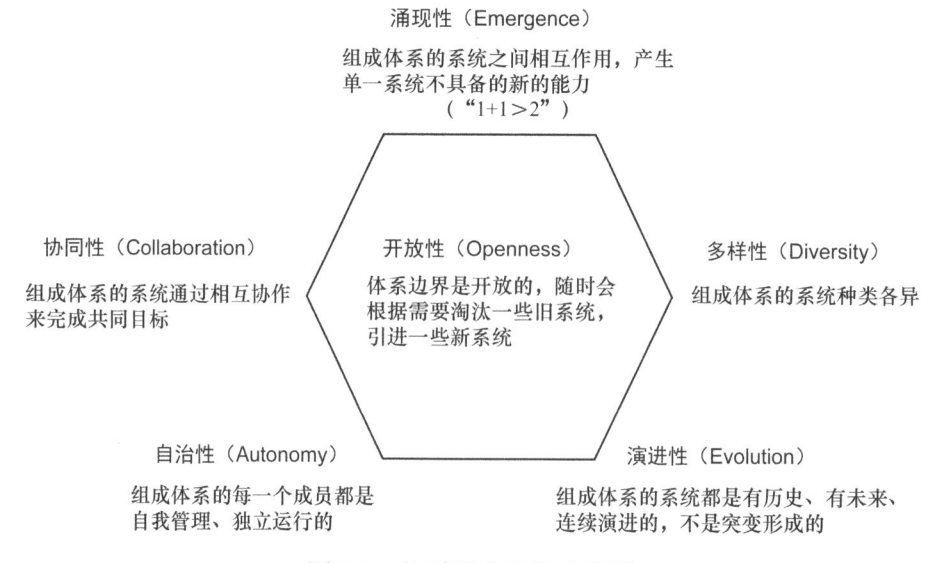

图 7-1 体系基本特征示意图

7.2.2 网络信息体系的本质是重塑信息时代的作战体系

网络信息体系是信息化作战体系的基本形态,这是网络信息体系的核心要义。

7.2.2.1 网络信息体系是系统集合体

网络信息体系是复杂的系统集合体,核心在于体系。体系与系统具有本质上的不同。系统是体系的要素,系统与系统在一定的使命任务要求下,按照一定的规则连接、互动才能构成体系;体系更加关注的是系统与系统之间的关系,而非系统内部的运行。可以说,系统是构建出来的,体系是生长出来的。网络信息体系不同于以往的作战系统。网络信息体系中的各个系统,既相互独立又相互关联,既可独立运行又能聚合生成新的能力,并可持续动态演化。网络信息体系不掩盖、不削弱成员系统的作战能力;系统相"+"形成体系后,既可从各个系统获得能力,又为各个系统反哺能力。

比如,城市公交体系。不仅仅有公交车系统,还有轨道交通系统、共享单车系统、出租车系统,以及气象数据系统和停车场管理系统,等等。城市公交体系是不同的系统不断地"+"出来的,或者是不断生长、不断演进出来的。再如,美军弹道导弹防御系统。在弹道导弹防御系统(BMDS)之上,又加入一个"C",在系统之上又构建一个系统,形成"指挥控制作战管理与通信"体系(Command and Control, Battle Management, Communications,C^2BMC),其将部署于不同地区、配属不同军种的装备连接在一起,实现各防御系统的互操作,并能够实现当前的体系结构与未来的探测器系统、现役或在研的拦截武器的集成。"萨德"系统并不强大,真正强大的是背后的 C^2BMC,它随时能与其他武器系统或传感器进行互联共享。

7.2.2.2 网络信息体系是动态演进的"活"体系

网络信息体系是"军事+互联网"所呈现的结果,其随着环境和条件变化而与时俱进,始终在线运行、技术不断迭代、能力不断提升,是

"活"的、动态演进的体系。这是新时代作战体系与传统作战体系的根本区别。

组成方式"活"。网络信息体系是线上要素、线上资源、线上活动、线上流程,与线下要素、线下资源、线下活动、线下流程高度融合所构成的新型作战体系,展现的是以"线上+线下"(Online+Offline)为典型特征的新型作战形态。在网络信息体系中,依托泛在网络,感知、决策、控制、交战、保障等作战资源从作战单元中解耦出来,虚拟化入"网",成为构建体系的"组件",形成全网共用的"云端化"资源池、信息池,并在智能化手段的支撑下,面向不同任务进行快速"柔性"组合和"动态"集成,实时智能地形成不同的应用系统,满足多样化作战任务需求。

资源使用"活"。在网络化环境下,通过资源虚拟化、功能服务化等途径,使得战场资源与组织关系解耦,作战单元具备的单项系统或装备能力可以"服务"等形式共享出来,并可实施更加灵活的战场资源管理和调度,为实现"泛在赋能"提供支撑。作战部队对各类资源的使用不再受限于陆海空天的地理部署位置或隶属关系,而是根据需要从"网"上按需选配资源和"服务"。

能力形成"活"。网络信息体系中,体系能力、系统能力、装备能力并存。与传统"刚性"系统不同,体系能力生成是通过对若干系统能力、装备能力的实时动态智能集成而实现的。针对具体作战任务,相关要素系统能够按照作战需求与战斗力生成要求,在恰当的时间窗口实现动态编组,构建敏捷适变的作战体系,有针对性地产生能力,支撑作战任务完成。

7.2.2.3 网络信息体系是信息时代作战体系的核心支撑

作战体系是战争的物质基础,与战争形态紧密关联。随着科学技术的发展进步,作战体系持续注入新的作战单元、作战要素和作战力量,推动指挥关系、组织关系和运行机制不断变革,对外呈现出新的不同表征。网络信息体系作为信息时代作战体系的核心支撑,具有信息时代鲜明的网络中心、信息主导、体系支撑特征。冷兵器、热兵器、机械化时代,战争胜负主要依靠体力和能量,武器、兵力是核心要素。信息时代，战争主要是打芯片、打计算、打数据，信息、网络等要素在作战体系中的"黏合剂"和"倍增器"作用更加突出，信息、网络已与武器、兵力并列成为作战体系的核心要素，体现了战争发展的时代性。这其中，信息是主导要素，是驱动体系运行的"血液"，促进感知、决策、控制、交战、保障等战场资源跨域融合与协同运用，形成更加高效的作战环路；对全维战场信息的高效智能获取、处理、共享、运用，是未来作战体系的核心能力。网络是支撑要素，既是信息流动的经络，也是武器、兵力联合运用和柔性重组的平台，体系基于网络构建，能力基于网络生成，以网聚能、以网释能，加速信息力向战斗力转换；广域覆盖、灵活重构、安全抗毁的网络能力，是未来作战体系的基本要求。武器、兵力是基础要素，其在信息、网络的支撑下插上信息化的翅膀，极大地扩展所固有能力或衍生出新质作战能力，发挥更大的作战效能，实现对抗效果最大化。通过武器、兵力、信息等战场要素的网络化，实现资源的共享、共用，达到作战能力倍增的效果。基于网络信息体系的作战是分布式全域作战，依靠网络支撑，分散部署在陆海空天网电各域的作战力量，围绕统一的作战意图实时共享战场态势，实现跨域协同联动，多域多点多项聚能，在决定性地点、时间、空间形成即时优势，使作战效能即时聚优，取得全域作战胜利。网络信息体系拓展了以往基于信息系统生成战斗力的基本内涵，本质上是优化和重塑作战体系。

7.2.2.4 网络信息体系的目的是实现体系制胜

作战体系是由各种作战系统按照一定的指挥关系、组织关系和运行机制构成的有机整体。如信息化作战体系是以网络化信息系统为基础、多种作战系统组合的，具有指挥控制一体、多维对抗联动、综合保障高效等特征的有机整体。作战体系中，作战要素是构成作战单元的必要元素，如指挥控制、情报侦察、火力打击、信息对抗等，以及炮兵、装甲兵、工程兵等；作战单元是由同一层次的不同作战要素组成，能在一定范围内独立遂行作战任务的作战单位，可以是作战编组，也可以是建制单位，如突击集团、火力打击群、特种作战组，以及陆军合成营、海军驱逐舰支队、空军航空兵大队等；作战力量是用于遂行作战任务的各种组织、人员及武器装备的统称，传统作战力量主要有陆军、海军、空军、火箭军等所属的部队，新型作战力量如战略预警、军事航天、防空反导、信息攻防、战略投送、远海防卫等力量等，其他作战力量如武警部队、民兵（预备役）等。

作战体系的概念可从四个方面理解：第一，作战体系的构成元素是作战系统，没有先进的作战系统，就没有强大的作战体系；第二，作战体系不是作战系统的简单叠加，而是在指挥关系、组织关系和运行机制约束下形成的有序组合；第三，作战体系对外呈现为一个整体，不是某一个或几个作战系统的能力，也不是接入体系的各作战系统能力的叠加；第四，作战体系是一个处于运转状态中的有机体，该状态源自明确的作战任务、作战目标和作战环境，并随条件变化进行适应性调整，适应性调整能力很大程度上决定了作战体系对抗能力的高低。

网络信息体系源于信息系统，但又不仅仅局限于信息系统，而是以信息系统为依托和纽带，融合各种作战力量、作战要素、作战单元，连接陆海空天电网多维战场空间，形成网络化、服务化的协同运行体系，支撑感知、指挥、打击、保障等行动，强调的是信息系统、武器系统乃至作战部队的深度融合。在网络信息体系中，各系统的独立性及其相互之间的关联性，造就了与以往作战系统不同的显著特征：地理空间分散部署、各个系统独立运行与使用、整体具备涌现能力、持续动态演化发展等。例如，陆军、海军、空军等不同军种系统，战场感知、指挥控制、作战保障等不同领域系统……均可按照各自路线独立发展、独立发挥自身作用，同时又能在网络信息体系大环境中聚合形成整体作战能力，并涌现出新的能力，实现倍增效果，即"体系制胜"，使得系统因体系而"增彩"。

7.2.3 网络信息体系由组织、人员、网络、装备、数据、规则六类要素构成

冷兵器、热兵器、机械化战争时代，战争胜负主要依靠"体力"和"能量"，作战体系虽然不断演进，但武器、人员一直是其核心要素；信息化战争时代，网络、数据/信息等要素在作战体系中的地位更加重要，其"黏合剂"和"倍增器"作用更加突出，信息力在体系作战能力生成

中开始居主导地位,信息流通过驱动物质流、能量流的有序流动,不断优化作战要素构成,催生新型作战样式和作战形态。就网络信息体系而言,主要由组织、人员、网络、装备、数据/信息、规则六类要素构成。

7.2.3.1 组织要素

科学的组织形态、优化的排列组合,可以使系统功能大于各要素性能的简单相加。网络信息体系中的组织由与作战直接或间接相关的各级各类组织构成,主要包括:军委、战区、军兵种作战部队各级指挥机构;军兵种作战部队力量编组、作战、后勤、装备等保障力量编组等。近年来,在网信技术驱动下,世界各国军队纷纷压缩军队规模、调整军兵种结构、发展新型作战力量,加快建设适应信息化战争、智能化战争的军队组织形态。在此背景下,加快构建科学合理、扁平网状的作战组织机构,形成信息化、扁平化的指挥体系和标准化、模块化、多能化、小型化、智能化的力量结构,是网络信息体系建设的重要任务。

7.2.3.2 人员要素

由与作战直接或间接相关的各级各类人员构成,包括指挥员、机关参谋人员、作战人员与保障人员等。人员体系注重的是对军事人才能力的培养,人员能力要与网络信息体系下的理论水平、技术水平、作战水平相匹配。需要指出的是,随着人工智能、大数据等技术的发展和应用,当前信息化部队形态将会被智能化部队所取代,智能化部队的主体将是无人作战部队,其核心则是脑机交互技术支撑、高度人机合一的"智兵"。

7.2.3.3 网络要素

由直接实施或支撑作战的各级各类网络构成,主要包括感知网、交战网、保障网、信息基础网等。随着移动网络、物联网等技术的发展,网络在作战能力增长中的"贡献率"不断扩大,网络已经成为网络信息体系中的"主角"。体系基于网络构建,能力基于网络生成,以网聚能、以网释能。传统的信息网络,也将会被物联网、智联网等更加泛在的"新型"网络所取代。这种"新型"网络不仅能网聚信息,还能网聚资源、网聚智力，作战能力基于网络智能生成，作战能力通过网络智能释放，作战效益将成倍提高。

7.2.3.4 装备要素

装备是武器装备的简称，是指用于作战和保障作战及其他军事行动的武器、武器系统、电子信息系统和技术设备、器材等的统称。装备主要指武装力量编制内的舰艇、飞机、导弹、雷达、坦克、火炮、车辆和工程机械等。装备分为战斗装备、电子信息装备和保障装备。在信息、网络的支撑下，传统武器装备插上了"信息化的翅膀"，极大地扩展了其固有能力或衍生出新质作战能力，从而可以发挥更大的作战效能。未来，数字化战车、数字化飞机、数字化舰船等新型武器将会大量出现并广泛应用，基于节点智能能力和网络智能支持能力的协调配合，数字化武器将实现远程化、实时化、协同化和智能化操作，极大地改变作战样式和制胜机理。

7.2.3.5 数据/信息要素

数据/信息要素由各功能使命域在作战、保障、战备训练建设与业务活动中产生的数据构成，包括情报数据、指挥数据、武器控制数据、保障数据、业务数据、基础运行数据等。在网络信息体系中，数据/信息已经成为驱动体系运行的"血液"，促进感知、决策、控制、交战、保障等战场资源跨域融合与协同运用，形成更加高效的作战环路，加速信息力向战斗力转换。

7.2.3.6 规则要素

规则是规范军队作战行动的军事法规和军事规章的统称，包括对作战活动过程起强制性规范和约束作用的法律法规、条令条例，还包括支撑性的规定规章、制度政策、标准规范，以及各功能域的领域知识、决策模型等。作战规则是形成整体作战能力的重要基础，也是网络信息体系建设的重要内容，其建设应在深入研究未来战争形态特点规律、制胜机理的基础上，突出对未来作战规律和作战指导规律的揭示与把握，构建具有我军特色、符合现代战争规律的先进作战规则体系，将"联"上升为法，为依法而联、依法促联提供依据。

在网络信息体系的六要素中，组织、人员、网络、装备是网络信息体系的"节点"，承载着独立的作战能力，是网络信息体系直接力量的体现；规则是网络信息体系中的"连接"，是体现体系能力生成与能力涌现的关键；数据作为流动在节点和连接之上的作战资源，按照任务需求交互规则，为各类节点赋能。从建设角度看，这六类要素各有规律，需独立区分，按照各自的特有规律进行规划、建设和管理；从发展角度看，六类要素又要在网络信息体系这一思维模式和发展理念指导下统筹推进。

7.2.4　网络信息体系是基于网-云-端架构的服务和应用新模式

物联网、云计算、大数据等新技术的快速发展，以及作战部队对战场资源高效组织运用的迫切需求，加速推进网络信息体系向"网-云-端"发展。网络信息体系是基于网-云-端架构的服务和应用，其中，"网"是"云"和"端"运行和互联的基础，已不仅是传统通信传输网，而发展成融入武器、兵力等要素的作战资源网，进而可衍生出各类作战应用逻辑网，如战场感知网、指挥控制网、火力打击网。"云"可以聚合各类"端"中的战场资源并提供服务能力，是各类"端"共享的"资源池"，支持"端"实现网络化的战场感知、指挥决策、精确打击、快速保障能力。"端"已不仅仅局限于传统的计算机、通信终端等，其通过"网"接入"云"，进一步扩展到传感器、指挥所、武器、战斗人员等作战要素，是提供资源和享受服务的实体。

网络信息体系要实现网-云-端架构的服务和应用，一个很重要的条件和途径就是终端的虚拟化。**一是虚拟入网**。依托泛在网络，感知、决策、控制、交战、保障等武器装备和其他战场资源从作战单元中解耦出来，虚拟化入"网"，形成全网共用的"云端化"资源池、信息池，形成泛在信息、泛在服务，成为构建体系的"组件"。各类资源的使用不再受限于陆海空天的地理部署位置或战区、军种隶属关系，能够支持更加灵活的战场资源管理和调度，为实现"泛在赋能"提供支撑。**二是软件定义**。就是广泛运用信号一体化、孔径一体化、通道一体化、处理一体化、管控一体化和体系一体化等关键技术，构建侦干探通攻管评一体化电子信息系统，根据作战任务和环境需要，采取软件定义的方式，按需生成所需的侦察探测、电子干扰、通信等功能装备。

从网信技术的发展趋势看，未来网络信息体系的技术架构有可能还会是网-云-端，但将是互联更加泛在的网络（泛在智能网络）-功能更加强大的云（超强云）-更加智能的端（高级智能端）。未来的网很可能进一步发展成为数据中心网络甚至知识中心网络，不仅是互联更加泛在的网络，而且是能够汇聚信息、汇聚资源进而汇聚知识的智联网；未来的云的种类会更多、功能也会更强大；未来的端不仅会更加智能，可能会更微观，不仅是每名士兵、每件装备，甚至是装备上的每一个器件都会成为一个端。

7.3 网络信息体系的核心支撑能力

网络信息体系的精髓是通过"节点+连接"提升体系作战能力。"节点+连接"是网络信息体系的基本物理形态。"节点"是体系的基本单元，是体系作战能力的载体，其范围涵盖军队作战、工作与生活等各方面各类人员、机构和武器装备、物资器材，既可以是提供单一功能的有形实体，如一名指挥员或其他决策者、一个传感器、一件武器、一台车辆、一台服务器等，也可以是作为整体发挥功能的一群实体或组织，如参谋部门、一支部队、一个作战单元或一个非利益群体等。"节点"广泛分布于陆海空天电网等多维空间；每个（类）节点提供局部或个体的能力。"连接"是体系能力生成的手段，也是控制规则，其基于多样化通信网络链路、信息交换机制，确保节点互联、万物互联、协同运行，实现单一能力的互联或融合，达成能力聚合。一方面，"连接"确定了不同节点的组织形式，如固定式常态化的连接、机动式自组织连接等，以适应复杂多变的任务环境；另一方面，"连接"聚合各节点的能力，每个节点通过与其他节点的连接，共享自己的能力，并从体系中获取其他所需的能力。所有节点本身都应具备独立的作战功能，并可随入随出体系，既为体系贡献自己的能力，又可以从体系中获得其他新的能力。

通过"节点+连接"提升体系作战能力，就是在网络增能、信息赋能、体系聚能的支撑下，实现信息资源和作战资源的充分共享和优化聚合。具体地讲，就是要突出战斗力第一要素——信息，突出网络中心、信息主导、体系支撑、联合制胜的重要作用，按照先进性、可靠性、安全性和管用性等基本要求，充分运用移动互联网、物联网、云计算、大数据、人工智能等先进信息技术，搭建平台、打平烟囱，建好网络信息体系，使各作战力量、作战要素、作战平台既可相对独立运用，又能在高度一致的作战指导下进行资源配置、柔性重组，构建形成具有我军特色的现代作战体系，向提高基于网络信息体系的联合作战能力、全域作战能力聚焦，为实现"能打胜仗"的强军目标提供有力的物质支撑和基础保障。

在体系聚优中，网络信息体系涵盖所有作战单元、作战要素，具备高度网络化、数字化特征，将主要提供联合/全域的态势感知、指挥决策、协同打击、支援保障、业务管理、基础支撑六种核心能力。

7.3.1 联合/全域态势感知能力

体系聚优的联合/全域态势感知能力，是指依托战场全维分布的感知终端和网络，实时收集汇总可支撑联合作战指挥员感知理解的战场态势多元结构的海量作战数据，借助战场信息通信网战场态势数据的多维交互，利用指挥信息系统实现战场态势数据的标准化、格式化及高效融合，通过深度挖掘发现战场态势数据的复杂关系、隐性关联和潜在价值，建立健全战场态势数据的生成、流转、处理和分发机制，按照指挥和作战行动的需要生成基于大数据支撑的准确实时、直观易懂、支持训算、便于分发的数据化战场态势图，为实现基于数据的作战指挥、形成基于网络信息体系的体系聚优提供物质基础和必要条件。

7.3.2 联合/全域指挥决策能力

体系聚优的联合/全域指挥决策能力，是指作战指挥员及其指挥机关依托指挥信息系统，按照作战任务和指挥权限，围绕联合/全域作战目标，对作战力量和作战行动组织实施的人机结合的筹划和决断。随着人工智能、大数据等技术的进一步发展，高度智能化的指挥信息系统将实现态势感知、情况判断、方案优选、任务规划、行动协同和效果评估的自主化、无人化,将会出现人在环路之中人力主导、人在环路之上人力掌控和人在环路之外机器自主决策的智能化指挥决策新模式,指挥决策的时效性将更强、科学性将更高,从而更加有力地支撑体系聚优的高效组织实施。

7.3.3 联合/全域协同打击能力

体系聚优的联合/全域协同打击能力,是指协同交战时使用高速数据链实时分发网络内的传感器数据,将参与体系聚优的各军兵种作战平台的指挥控制系统、传感器系统、武器系统联为一体,达成武器装备的要素级、平台级跨域联动,实现先敌发现、先敌决策、先敌开火、先敌评估,真正做到发现即摧毁。随着智能技术的发展,无人车辆、无人舰船、无人飞行器、机器人士兵将大量走向战场,人机协同将是体系聚优的主要方式,并逐渐向无人集群协同对抗的方向发展。

7.3.4 联合/全域支援保障能力

体系聚优的联合/全域支援保障能力,是指依托一体化保障信息平台,以作战效能的生成和对抗条件下的战斗力维护为核心,及时收集作战、后勤、装备等相关支援保障信息,为各级指挥所及作战部队实时感知支援保障需求、可视掌控支援保障资源、智能筹划支援保障任务、快速动员支援保障力量、精准配送支援保障资源、全程调控支援保障行动提供支撑,实现全系统、全过程、全方位的实时、精确、经济、高效支援服务保障。

7.3.5 联合/全域业务管理能力

体系聚优的联合/全域业务协同管理能力,是通过对业务资源及全局业务协同需求信息获取、动态规划和运维支撑,实现政治工作、后勤物资、装备、训练、国防动员等业务资源一体化管理、高效协同和调度,为部队遂行体系聚优任务提供支援。

7.3.6 联合/全域基础支撑能力

体系聚优的联合/全域信息基础支撑能力，是指依托天地一体化信息基础设施和云服务，通过统一管理泛在分布的基础资源，形成可供全军共用、功能强大的"泛在网络"，支持作战单元、作战力量所达之处随遇接入、动态组网；通过整合各作战单元内的信息、知识、服务等各类资源，形成"泛在信息""泛在服务"，支撑信息共享环境和各类作战应用构建；通过统一认证授权、网络准入控制、动态安全防御、跨域安全交换，增强体系安全保密能力；通过综合运维管理，增强对各专业管理的集成和统一运维能力，确保提供任务时空范围内的全时、全域、连续的网络与信息服务。

参考文献

[1] 穆罕默德·贾姆什迪. 体系工程——基础理论与应用[M]. 许建峰，郝政疆，黄辰，等译. 北京：电子工业出版社，2016.

[2] 中国电子科技集团公司发展战略研究中心. 网络信息体系构建方法和探索实践[M]. 北京：电子工业出版社，2020.

[3] 顾基发. 系统工程新发展—体系[J]. 科技导报，2018，36（20）：10-19.

8 外军篇
作战概念研究凸显体系聚优特点规律

伴随着人类战争形态由机械化战争向初具智能化特征的信息化战争转变，世界军事领域兴起了信息技术视角下军事理论研究的热潮。在波澜壮阔的信息化转型过程中，形成了一大批具有时代特色、反映信息化本质特征的军事理论研究成果，极大地丰富了世界军事理论研究的宝库，为军事革命发展提供了有力的理论支撑。其中最引人注目的是以信息化变革为背景的作战概念创新研究，其成果作为军事理论的核心部分，对作战样式、力量运用、军队建设发展产生了深刻影响。如果将信息化局部战争背景下的作战概念研究比作军事理论研究的一顶皇冠，那么"体系聚优"无疑是这顶皇冠上最耀眼的珍珠，而美军最具代表性的作战概念都体现了 C^4ISR 支撑下不断创新的体系化作战和在作战中实现能力聚优的思想。

8.1 美军作战理论体系及典型作战概念

作战概念的起源与发展主要来自美军。依靠其丰富的作战理论研究与战争/冲突经验，美军构建了类型丰富、跨度广泛、系统全面的作战概念体系，培育出多个具有生命力、可操作性且经过实战检验的作战概念。

8.1.1 美军的作战理论体系

自 20 世纪 90 年代以来，美军逐步形成了"构想—概念—条令"依次衔接、滚动发展的联合作战理论研发机制，构建起了一套完整、规范的联合作战理论体系，强调军兵种之间的结构优化、行动协同和力量合成。

8.1.1.1 作战理论体系

美军作战理论体系由联合和军种作战理论体系两部分构成，内容由作战构想体系（Vision）、作战概念体系（Concept）和作战条令体系（Doctrine）三部分构成。

作战构想体系是对未来安全环境、作战环境、作战样式、作战能力需求等的宏观展望，关注的时间跨度一般为 15~20 年，其一般来说比较宏观和概略，既不能直接落实到某项具体行动上去，也不能在未经实验和论证的情况下直接写入作战条令。联合构想指导各军种的构想开发，例如，美国参谋长联席会议于 1996 年 7 月颁发的《联合构想 2010》（*Joint Vision 2010*）和 2000 年 5 月颁发的《联合构想 2020》（*Joint Vision 2020*）就属于联合层面的作战构想文件，各军种在这些联合构想的指导下，审视自己在未来联合作战环境中的任务、能力和需求等，结合本军种的实际情况开发出各自的军种构想（Service Vision），如美国陆军《2010 年陆军构想》、美国海军《2020 年海军构想》、美国空军《2020 年空军构想》等。

作战概念体系是根据联合和军种作战构想开发的关于未来战争和作战的前沿理论，主要围绕未来 5~15 年内中长期安全挑战与威胁，针对军事力量的运用与建设而提出的理性思考，目的是预测战争、设计战争，并为准备和打赢战争提供咨询建议和理论支撑。2020 年 6 月新版美国国防部军语对"作战概念"（Concept of Operation）的定义为：一种文字或图表的陈述，能够清楚和简明地表达指挥官打算实现何种作战目的，以及如何利用可获得的资源来实现该作战目的。作战概念体现了作战思想在具体作战问题上的应用，是为实现既定作战意图而对作战能力及其组织运用的详细表述。自 20 世纪 90 年代起,美军开始采用"基于能力,概念驱动"的方法推进作战理论创新与军事转型,着力开发联合作战新概念。1999—2003 年,美军曾连续推出空地一体战、网络中心战等概念,试图将这些前沿概念推向全军。2003 年 11 月,美国国防部正式颁布《联合作战概念》文件,紧接着又颁布了《联合行动概念》《联合职能概念》《联合赋能概念》等下位概念文件,开始形成以《联合作战概念》为纲、以《联合行动概念》《联合职能概念》《联合赋能概念》系列为支撑的作战概念体系。

作战条令体系是美军整个理论体系的核心,由联合作战条令体系和各军兵种条令体系组成,是指导美军进行近 5 年内联合与军种作战训练的权威性文件。自 1991 年 11 月首次颁布 JP 1《美国武装部队的联合作战》以来,美军联合作战条令从无到有,从少到多,从分散到系统,至今已经形成比较成熟的理论体系。在近 20 年的发展过程中,美军根据联合作战和联合训练的实际情况,不断修订、增加、合并或减少联合作战条令,目的是使联合作战条令体系结构更趋合理。

8.1.1.2 作战概念体系

从近几年美军正式颁布的各种文件及相关资料可看出,美军针对联合作战需求,依据联合作战的不同层次和领域,对作战概念进行了分层细化的系列化描述。不同层级的作战概念构成了完善的作战概念体系。作战概念按照层级,以上统下,提供指导,渐进具化;以下承上,逐级集成,提供支撑。层级化的作战概念体系,是系统工程和体系工程研究方法在作战概念研究上的体现。

联合作战概念。联合作战概念以国家安全战略、国防战略、军事战略和战区战略为遵循,依据一体化联合作战思想,针对联合作战所面临的问题,提出组织联合部队的新方式和联合作战的新样式。联合作战概念是美军作战概念体系的核心,用于指导美军联合作战,并为顶层作战概念提供支持。联合作战概念由参谋长联席会议发布,2019 年提出的"联合全域作战"是美国新军事战略确定的最新的联合作战概念,即打破太空、网络等新兴作战域与海陆空三大传统作战域之间的隔阂,对各作战域给予同等重视,并根据具体作战任务需求整合不同作战域的作战能力，打造在不同作战域间"无缝"转换的作战能力。

军兵种作战概念。军兵种作战概念以联合作战概念为指导，提出组织军兵种部队参与构建联合部队的新方式和军兵种部队参与联合作战的新样式，用于指导军兵种作战并牵引军兵种装备发展，同时为顶层作战概念、联合作战概念提供支持。近年来，美军各军种提出了诸多新的作战概念，如陆军"多域作战"、海军"分布式海上作战"、空军"敏捷作战"等，这些概念的核心思想一脉相承，即整合多域作战力量、融合多域作战效果，实施联合作战，依托分布协同、智能柔性的作战体系获取作战优势。

装备作战使用概念。装备作战使用概念以国家、国防部、军兵种战略文件为遵循，以联合作战概念和军兵种作战概念为指导，提出装备作战使用的新方式、新方法，指导装备作战使用，并为联合作战概念、军兵种作战概念提供支持。装备作战使用概念由军兵种司令或作战部长发布，也有一些由装备科研部门提出，比较典型的如美国国防高级研究计划局（DARPA）提出的"马赛克战"概念，主张建设和应用由低成本、低复杂度的传感器、多域指挥控制节点、有人/无人系统等构成的智能化装备体系。

值得一提的是，美国一些重要智库在美军作战概念发展中也扮演了关键角色，如美国战略与预算评估中心（CSBA）是"空海一体战"概念（后更名为"全球公域介入与机动联合"）的早期提出者。自 2009 年 6 月"空海一体战"概念制定工作启动以来，CSBA 首先完成了对概念的初步构想，并撰写《空海一体战：初始作战概念》报告，引起了外界的广泛关注和研究；而美国官方的研究直至 2011 年 5 月（自项目开始 2 年后，CSBA 发布报告 1 年后）才完成了初始版的"空海一体战"文件。

8.1.2　美军作战概念演变的历史脉络

战争形态和战争制胜机理的演变，是美军作战概念体系发展的根本动力。经过长期的实践探索，美军逐步摸索出了一套独具特色的作战概念研发机制。一方面，美军从实战经验中发掘新的概念，如在海湾战争中运用空地一体理论对伊军实施的大规模空袭效果显著，而"空地一体战"概念是越战后大量吸收第四次中东战争和德军第二次世界大战时的经验，提出的适应当时安全环境的作战概念。另一方面，美军善于借鉴先进的民用技术和经济管理经验，如"网络中心战"的最初灵感是受以互联网技术为媒介的电子商务模式启迪而产生的。美军联合作战概念大致经历了从军种联合向跨域协同再向多域融合的发展历程。

8.1.2.1 军种联合时期

海湾战争以前，尽管通信、情报侦察、定位导航授时等信息技术已经在战场得到应用，但其作战效能潜力释放程度较低，各军兵种、武器装备间协同共享程度仍处于非常初级的水平。在海湾战争中，信息化武器装备大放异彩，军种联合程度空前提高，颠覆了人们对战争的传统认知，这场战争被称为"现代化、信息化战争的鼻祖"，也是"空地一体战"概念的牛刀初试。"空地一体战"首先出现于美军 1982 年版的《作战纲要》中，其主旨是：在扩大的战场上，综合运用陆军、空军，在必要时包括海军的各种作战手段和战法，积极主动地在战场的全纵深内打击并击败敌人。这一概念强调总体作战，要求陆军必须实现与空军的充分协调统一，空军必须实施战场空中遮断和进攻性空中支援等。

2010 年《空海一体战的初步构想》正式发布，标志着"空海一体战"作战理论的正式形成。这次美军史无前例地将矛头直接指向了中国，目标直指我军反介入/区域拒止能力，引发巨大关注。这一作战概念同样强调军种联合，是以西太平洋地区为主要作战区域，以太空和网络空间力量为先导，以空军和海军一体化打击部队为核心，实现空军和海军优势互补，并采用信息主导、远程投送、攻防一体、综合保障等非对称战法来有效破解美军所谓"反介入"和"区域拒止"威胁的作战理论。美军认为，任何单一军种都不具备在所有空间同时打击和击败对手的能力，只有将各军种资源有机融合，才能有效破解"反介入"和"区域拒止"的威胁。因此，"空海一体战"的顺利实施需要各军种在战时的密切配合与协同，尤其是美国空军和海军作战的高度集成。例如，空军通过太空对抗作战致盲对方的天基海洋监视系统，远程渗透打击摧毁对方的陆基远程对海监视系统和远程反舰弹道导弹发射装置等方式，使美国海军在海上领域拥有机动作战自由；海军则通过海基巡航导弹/航母舰载机打击对方的预警/监视/防空系统，航母舰载机为空军加油机等支援保障飞机护航，"宙斯盾"战舰参与弹道导弹防御，为空军前沿基地提供保护等方式保证空军的进攻作战。"空海一体战"的实施依赖高效融合的空海力量，在基于信息系统的体系作战中，实现这种融合的前提和基础是信息系统的互联互通互操作。

2015年1月8日，美国国防部正式将"空海一体战"作战概念更名为"全球公域介入与机动联合"概念，其中一个原因是希望随着陆军和海军陆战队在其中发挥作用的增大，进一步推进陆、海、空军和海军陆战队的一体化建设与作战，以最大限度地激发整个体系的作战潜力。

空地一体战。"空地一体战"是美国陆军提出的作战概念，用以制约苏联军队的大纵深概念，遏制苏联军队穿越欧洲，挺进至英吉利海峡。"空地一体战"强调现代战争的立体性质，需要综合运用各种作战样式和武器系统协调一致地打击敌人；提出把战场范围向前延伸至敌整个作战部署的纵深；摒弃了以往"以火力消耗敌军"和先打前沿、再打纵深的旧模式；强调人的因素在作战中的地位，重视避强击弱和机动作战。"空地一体战"理论使美国陆军和空军协同作战取得了重大突破，对美军后来的作战理论发展及陆军部队建设产生了革命性的影响。

美国陆军1976年颁布《FM 100-5号 美国陆军野战条令》，条令第8章明确指出："没有美国空军的支援，美国陆军无法在地面作战中取胜。"在随后6年中，美国陆军对机动作战和纵深打击问题进行了广泛研讨，并于1982年颁布了新版FM 100-5号条令，正式提出了"空地一体战"理论。1984年，美国陆军参谋长和空军参谋长签署备忘录《美国陆军和空军联合部队发展流程》，通常称"31项倡议"。该倡议认为陆军和空军必须组织、训练、装备一支彼此兼容、相互支持且国家可承受的全员部队，以最大限度地发挥能力遂行"空地一体战"行动。之后，美国陆军又在预测未来作战发展的基础上，制定了"2000年空地一体作战理论"，对20世纪80年代至21世纪初的战场特点、武器装备、部队编成和作战原则等进行了展望和设想，增加了外层空间的军事利用、在全球范围内对部队实施指挥与控制，以及对付低强度恐怖活动等新内容，并将修改后的理论称为"21世纪陆军"。

在1991年海湾战争中，美军运用了"空地一体战"理论，通过压倒性的制空优势，使用隐形战机和电子战机等先进武器率先对伊拉克纵深进行空袭，随后与地面部队协同进攻，歼灭半数伊拉克地面装甲部队，以较小的代价重创伊拉克军队，取得了决定性胜利。在后来的伊拉克战争与阿富汗战争中，美军也运用了同样的手段取得了阶段性胜利。

空海一体战。"空海一体战"是美军为保证战时能够顺利进入西太平洋和中东等地区，有效应对所谓的"反介入/区域拒止"挑战而提出的一体化作战构想。其前身就是"空地一体战"。"空海一体战"以海上、空中、太空、网络力量为主，将美国陆军、海军、海军陆战队和空军以全新和创造性的方式进行联合，实施高度一体化的联合作战。在作战力量方面，强调以海、空力量为主体，整合太空、网络和盟国力量，采用新式力量编组，构建多维一体的作战力量体系。在战场体系方面，着眼于战区的地理特征和地缘战略因素，以核心军事基地为支撑，优化战区基地布局，进一步扩大战略纵深，形成更加灵活的部署态势。

2009年9月，美国空军参谋长和美国海军作战部长联合签署了关于"空海一体战"的备忘录。次年2月，美国时任国防部部长罗伯特·盖茨签发《四年防务评估报告》，正式确认这一新型联合作战概念，"空海一体战"成为美军这一时期建设和作战运用的重点。

为打赢"空海一体战"，美军逐渐放缓了传统武器装备的研发，把更大的精力投入到未来武器装备的发展上，包括从航母起飞的X-47B无人驾驶隐形战斗机、EA-18G改进型电子战攻击机等。同时，全面提高海空装备的通用化和多功能化水平，发展综合型作战平台和装备，大力发展适用于多种作战平台的精确制导武器。美军还研制了新型战术数据链，以打破各种数据链和信息系统间的壁垒，从根本上改变美军各军种传感器与通信设备不兼容的状况。总之，美军着力发展通用化装备及信息系统，以期真正实现各个军种的兼容和融合，消除军种壁垒，使各个军种都得到全面发展、共同提高，在一定程度上加快各军种作战能力的一体化进程。

在作战指挥方面，美军以战区司令部为依托，完善指挥协调机制，特别是海空协调机制，构建更加灵活高效的联合作战指挥体系。在作战行动方面，美军以信息致盲为主导，实施隐身、远程和实时精确打击，夺控主动权，主要作战样式有防空反导作战、致盲作战、反导压制作战、防空体系压制作战、反潜作战、反水面作战和远程封锁作战。

全球公域介入与机动联合。"全球公域介入与机动联合"是由美军兵力投送这一核心能力自然发展而来的，它聚焦于获得并维持作战介入，以便在军事威胁越来越复杂且迅速扩散的时期保持全球公域内的行动自由。

2014年，美军各军种负责人会面并就"空海一体战"应被修订成权威的联合概念以支持联合作战介入概念（JOAC）达成了一致。在层级上，"空海一体战"位于联合作战介入的下一级。他们的结论是，在联合部队发展流程的监督下，将"空海一体战"从最初的多军种协议发展成完全一体化的联合概念，将是有组织地应对当前和未来对抗环境的正确发展方向。2015年年初，美军"空海一体战"办公室着手将该概念发展成为全球公域介入与机动联合的概念。美军联合参谋部部长于2015年1月发布了一份备忘录，正式指示变更名称，并把概念开发工作置于负责联合部队发展的联合参谋部J7管理局的监督之下。新概念的开发和成文是在当时正式的联合概念开发流程的指导下进行的。遵循这一系统流程，能确保"全球公域介入与机动联合"概念可获得联合参谋部提供给其他联合概念的必不可少的整合和监督。

8.1.2.2 跨域协同时期

21世纪以来，以网络为代表的信息技术迅猛发展，信息能力成为武器装备作战能力的核心要素。为了适应网络等信息技术的发展及军事转型的要求，美军提出网络化将成为未来提高战斗力的最重要途径，并将发展"网络中心战"能力作为军事转型的落脚点。"网络中心战"旨在将分散在各域的侦察感知系统、指挥控制系统及火力打击系统等高度集成，形成信息栅格，使各级作战人员得以共享战场态势信息，实现作战资源的最优化分配，最终实现真正的联合作战。这种跨域协同的理念与军种联合在本质上是相通的，在很长一段时间内也是同步推进的。

2001年7月，美国国防部向国会提交《网络中心战》报告，论述了"网络中心战"的基本概念，并强调"网络中心战应成为美国国防力量转型战略规划的基石"，标志着美国国防部正式开始推行"网络中心战"理论。美国国防部随后又发布《网络中心战：创造决定性作战优势》《网络中心战实施纲要》等文件指导网络中心战发展。美国对阿富汗军事打击行动是"网络中心战"的雏形,美军利用信息技术为作战"提供无缝、安全、宽频的链接和通用手段",把各军种、各战域联合到一起,进行各种军事行动,以达到作战目标。2003 年 11 月,美国陆、海、空三军联合发文总结了伊拉克战争的经验教训,认为伊拉克战争表明"网络中心战"具有巨大潜力。

这段时期,美军开始全力建设全球信息栅格(GIG),将其作为实现信息优势的主要手段,以及实施"网络中心战"的基石。全球信息栅格按照联合作战体系结构,建立了包含信息栅格、传感器栅格和交战栅格三个交织在一起的栅格状信息网络。其中,信息栅格提供通信、信息处理、信息存储和增值服务,使用户能高效利用信息、处理信息和交换信息;传感器栅格和交战栅格利用信息栅格部署的网络和节点实现自身节点间的联网,同时又依托信息栅格实现彼此之间,以及与指挥控制系统的综合集成,使战场感知系统、指挥控制系统和火力打击系统之间的连通由"烟囱"变成一体化的方式,为美军提供"传感器到射手"的无缝信息传输和共享能力。

2010 年,鉴于全球信息栅格存在的能力缺口问题,美军开始推动联合信息环境建设,目标是把国防部各种网络、系统、服务和应用整合集成为一个通用共享的全球架构,在整个国防部实现端到端的信息共享及无缝、互操作和高效的体系服务。美军重点开展的几项工作包括:一是规范和整合基地/哨所/军营/驻地或同等级别上的网络基础设施,减少网络数量,达到统一标准;二是通过整合和优化数据中心,建设核心数据集,提高运行效率,缩小易受攻击面的规模,更快地吸收新技术、新方法;三是建设"区域安全堆栈",推行"身份识别与访问管理",使网络防御扁平化,降低网络防御的复杂性和成本,使管理、运行和技术安全控制标准化。

8.1.2.3 多域融合时期

2016 年,美国陆军提出"多域战",并于同年 11 月将其列入陆军条令出版物《作战》,标志着联合作战进入多域融合阶段。多域融合不仅拓展了作战域,更着重于推动力量要素从联合走向融合。而 2019 年

"联合全域作战"的提出则将多域战从军种概念上升到联合概念，是对跨域协同思想和"多域战"等作战理论的继承、延续和升级，可以说将美军的多域融合推进到了一个新的发展阶段。这一时期比较典型的作战概念如下。

多域作战。"多域作战"是美国陆军为了适应国家战略转变需求而进行变革的产物，同时也是陆军为了谋求未来战争联合作战关键地位、维护自己军种利益和生存空间的必然结果。美军认为，未来作战中联合部队不会再处于较低强度、单一战域、优势压制、机动自由的对抗环境中，而是会与强大的作战对手在多个作战域展开全程、多维、立体的高强度对抗。当前联合作战模式存在的"缝隙"可能被敌人利用，并成为造成致命威胁的严重漏洞。为保持在未来战争中的绝对优势，美军需要通过多域战来打造高度融合的联合作战新模式，以作战要素的高度融合带来作战能力的倍增，保持其战力优势和行动自由，确保美军在战争中仍然能够保持主动。

2015年，时任美国国防部副部长沃克在陆军战争学院发表重要演讲，激起了陆军对未来战争的思考，其对"空地一体战"2.0版本的提法更是成为逻辑起点，激发了陆军对多域战的概念探索。2016年美军训练与条令司令部高层以多域作战为主题的系列公开演讲使"多域作战"正式走入人们的视野。2017年，美陆军陆续发布一系列有关多域作战的文件，其中陆军和海军陆战队联合发布的被称为概念0.5版本的白皮书《多域作战：21世纪的合成兵种》初步阐述了发展多域作战的背景、必要性和初步实施方案，形成了多域作战的概念雏形；同年10月，陆军发表被称为概念1.0版本的《多域作战：21世纪合成兵种的演变2015—2040》明确了以"多域作战"替代"空地一体战"成为陆军部队作战和建设的核心作战概念，同时也拓展了传统战场概念，重视多域作战对未来战争的影响。2018年美军训练与条令司令部又颁发《美国陆军多域作战2028》概念1.5版本。2019年随着陆军颁布《陆军现代化战略》，"多域作战"成为指导陆军建军备战的核心作战概念。2021年3月《陆军多域转型——准备在竞争和冲突中取胜》的发布，标志着美陆军在综合了前期大量相关研究成果后对"多域作战"概念进行了单军种概念的深入发展，准备加快推动美陆军多域转型。

分布式作战。"分布式作战"描述了一种作战途径，即通过有意识地分散、协同和相互支持来创造对敌优势，通过增加获取有用的支援，并增强小单位层级的作战能力实现战术使能。为了实现这种作战方式，需要将传统部队高层级中心化决策、班排级接受直接指令的指挥控制方式转变为去中心化，由班排级指挥官根据上级意图自主决策。作战中独立的或相互支持的部队（部分可能在联合作战区域外），共同进行作战计划或作战决策，以完成任务和指挥官目标。

"分布式作战"作为军种的作战概念，首次公开论述见于 2004 年罗伯特·E.施密德尔少将发表在美国海军陆战队协会官网的文章《分布式作战：由海上》。次年，美国海军陆战队司令正式签发了《分布式作战概念》，确立"分布式作战"为海军陆战队的一种作战概念。2006 年美国海军研究咨询委员会进一步将该概念具体化为，"通过空间上分散（作战）单元使之能够影响大的作战区域，能够使用召唤的或直接的火力，并能接收和使用实时、直接的情监侦。"2011 年美国联合司令部发布了《分布式部队联合支援司令官手册》，意味着美国海军陆战队所提出的"分布式作战"概念已经被各军种所接受，其中特别强调了转变垂直授权的决策为基于信息的全向交互和协同决策。2015 年 1 月美海军水面部队司令托马斯·罗登中将与大西洋水面部队司令彼得·古马陶少将、美国海军水面战主管彼得·芬达少将在美国海军学院《前进》杂志上联名发表题为《分布式杀伤》的文章，正式提出"分布式杀伤"作战概念。2017 年，"分布式杀伤"概念正式写入美国海军水面战战略，其概念表述为"通过增加单舰的进攻和防御能力，在广阔的海域以分散的编队部署，形成分布式火力"，并提出了"凡漂浮的皆能作战"的口号。

为了实现前沿部队的分散部署，不依赖机场的起降方式是分布式作战装备特别需要的能力。因此，美国海军及海军陆战队开始发展大型平台的短距/垂直起降和小型平台的发射/捕获回收能力。"分布式作战"需要分布、敏捷的后勤保障。为此美国海军陆战队考虑了多种无人车辆、无人机等补给手段。目前美国海军的低成本无人机计划、有人-无人协同舰队及海军陆战队集装箱式的模块化远征前进基地等，都是"分布式作战"的具体体现。

作战云。作战云是指综合运用网络通信技术、虚拟化技术、分布式计算技术等将分散部署的作战资源进行有机重组而形成的一种弹性、动态的作战资源池，具备虚拟化、连通性、分布式、易扩展和按需服务等特点，为作战按需获取资源提供可能，为达成跨域协同提供支撑，为实现云作战概念奠定基础。

为解决五代机与四代机互联互通等问题，美国空军于 2013 年 1 月率先提出作战云概念，力图通过快速、安全、实时的网络连接，在飞机、军舰、卫星、导弹等武器平台与人员之间分享数据，实现陆、海、空、天等各领域的信息共享，发挥各类作战资源的自主和聚能优势，形成集信息共享、态势感知和平台性能为一体的云端作战能力。2014 年 8 月，美国海军投资 1230 万美元启动为期 5 年的"战术云"项目，并在"三叉戟勇士-2016"演习中对其信息共享和分析处理能力进行测试。2016 年 3 月，美国空军公布了数据分发和信息共享网络的未来愿景，即"作战云"。目前，美军部分作战云软件已进入战场测试阶段，可初步实现共享前线作战单元的最新影像、地图及其他关键信息。

混合战争。混合战争这一概念首先是由美国军事学家弗兰克·霍夫曼于 2007 年提出的。他认为，传统的大规模正规战争和小规模正规战争正逐渐演变成为一种战争界限更加模糊、作战样式更加趋于融合的混合战争。2013 年 2 月，俄罗斯武装力量总参谋长格拉西莫夫大将在俄媒《军工信使》发表了一篇名为《科学技术在战争规律预测中的价值》的文章。文中指出，俄罗斯要使用一种军事、科技、媒体、政治、情报等各种策略同时运用的"21 世纪闪电战"。格拉西莫夫大将在其后的多篇文章中多次强调使用非传统手段的重要作用。格拉西莫夫大将的观点表明俄军高层对混合战争的深刻理解，也代表俄军未来战略战术的发展方向。俄罗斯在叙利亚战场的军事行动综合运用了外交战、网络战、舆论战、心理战等多种战术方法，可以被视为近几年来混合战争理念最成功的案例。虽然俄罗斯官方从不承认，但是俄罗斯在叙利亚战场的行动方式在形式上与混合战争相近，体现出混合战争的特点和优势。

8.2 美军联合作战概念不断迭代创新

近年来，美国国防部和各军种提出了一系列联合作战、新兴领域作战概念，力图通过联合作战概念创新，牵引作战力量发展，创造新的作战优势。这些概念的核心思想一脉相承，即整合多域作战力量、融合多域作战效果，实施联合作战，依托分布协同、智能柔性的作战体系获取作战优势，如图 8-1 所示。

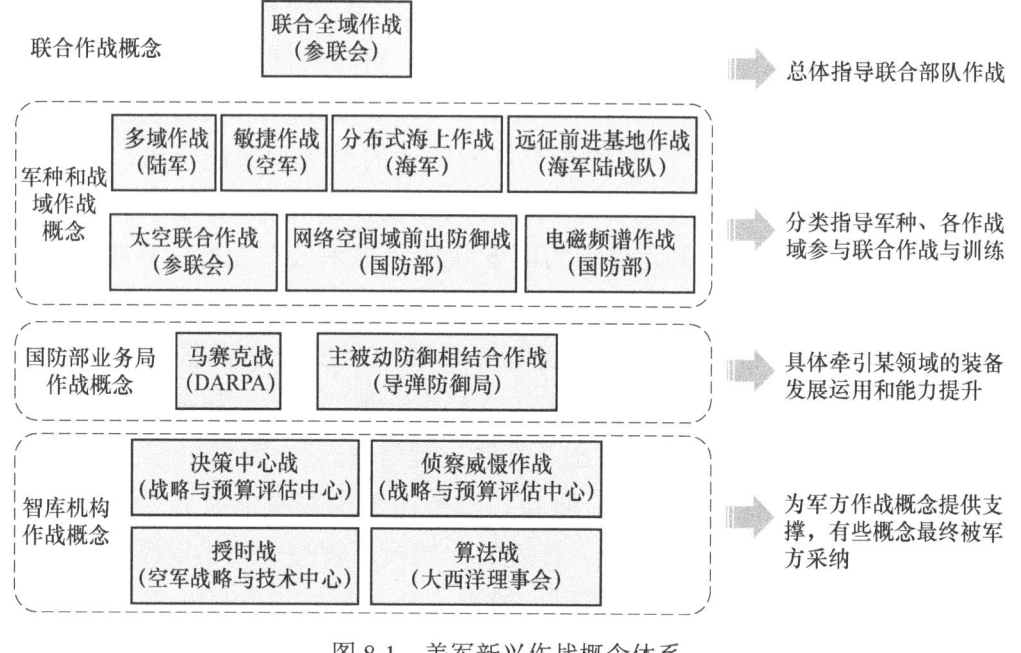

联合作战概念	联合全域作战（参联会）				总体指导联合部队作战
军种和战域作战概念	多域作战（陆军）	敏捷作战（空军）	分布式海上作战（海军）	远征前进基地作战（海军陆战队）	分类指导军种、各作战域参与联合作战与训练
	太空联合作战（参联会）	网络空间域前出防御战（国防部）	电磁频谱作战（国防部）		
国防部业务局作战概念	马赛克战（DARPA）	主被动防御相结合作战（导弹防御局）			具体牵引某领域的装备发展运用和能力提升
智库机构作战概念	决策中心战（战略与预算评估中心）	侦察威慑作战（战略与预算评估中心）			为军方作战概念提供支撑，有些概念最终被军方采纳
	授时战（空军战略与技术中心）	算法战（大西洋理事会）			

图 8-1 美军新兴作战概念体系

8.2.1 联合全域作战——体系联动、智能协同

近年来，美国陆军提出"多域作战"，海军提出"分布式海上作战"，不仅拓展了作战域，更着重于推动力量要素从"联合"走向"融合"。2019 年"联合全域作战"概念的提出则将全域融合从军种概念上升到联合概念，是对"多域作战"等作战理论的继承、延续和升级。

8.2.1.1 应现实需求而生

美军提出"联合全域作战"主要基于以下几点现实需求。**一是满足在未来战场应对高端对手的需要。** 美军认为其目前面临的最重大的作战挑战是中俄部署的远程传感器和打击武器，为应对中俄等强大对手持续增长的反介入/区域拒止（A2/AD）能力，需要在陆、海、空、太空和网络空间五个域开展协同作战,通过在所有域无缝地产生进攻和防御效果是达成这一目标的重要途径。**二是提升美军联合作战水平的需要。**根据美军传统的联合作战理论,每个作战域都由一名指挥官负责,即作战部门根据各自领域的专业知识提供部队和装备,以监管在该域中、从该域及通过该域产生的作战效果,这确保了在每个域内实现统一指挥,但是也导致了在该域的下级指挥节点形成了"烟囱式"作战模式,集成多个域需要多个步骤和批准环节,联合规划人员并不具备跨域专业知识或信息访问权限。这种"烟囱式"作战往往会延迟跨域能力整合,从而限制各个域之间的协同,无法以大国竞争需要的速度来规划、同步和开展联合行动。**三是将太空、网络等新兴域与传统域深入融合的需要。**由于太空和网络空间作战与传统域在能力运用方式、向联合部队指挥官提供能力的方式、指控权限、规划周期等方面有较大差异,美军太空和网络空间部队在融合程度上远低于陆、海、空。而"联合全域作战"的实现取决于对所有域的整合能力,美军必须把太空和网络空间纳入统一的规划周期以集成和同步所有域的感知、目标选取和执行活动,从而提升六大作战域的融合水平,通过在所有域实现协同来对抗对手。

8.2.1.2 以指挥控制为核心

"联合全域作战"是美军联合形式的演进,将以创新的体系架构打造全域一体的联合作战能力,其实现有三个关键要素:**一是建立以动态云环境为基础的关键支撑体系,提升美军分布式作战能力;二是改革组织编制,实现力量结构向全域要素融合转型;三是优化指挥控制机制流程,实现真正的联合全域指挥控制。**

作为"联合全域作战"的核心,联合全域指挥控制的主要特点是全域感知、动态规划、跨域协同。基于联合全域指挥控制,美军未来可获得以下作战优势。**一是全域全维信息融合能力。**联合全域指挥控制聚焦实现全域无缝"机器-机器"消息转换与通信,使各军种能够灵活调用非自身建制的传感能力,通过掌握陆、海、空、太空、网络空间等各域态势,形成及时、精确、统一的通用作战图,为后续作战行动提供信息优势。**二是智能主导态势认知能力。**通过分布部署更广泛的情报收集平台,结合人工智能技术的深度赋能和天基互联网的信息交互,使决策者能够清晰洞察多域数据之间的相互关系，以及对联合部队行动的影响，极大改善杀伤环中的感知和判断环节。**三是"人在回路上"高效智能决策**。利用人工智能、机器学习等前沿技术，借助持续的信息优势和信息共享，通过任务式指挥，解决在对抗环境中高级别指挥官无法持续对战术边缘提供反馈与指挥的困境，加深对不可预测和不确定战场环境的理解，加快决策和多域行动速度，同时保证人工智能决策的可靠、可控。**四是按需聚合、智能控制**。美军各军种无人作战系统通过在共用"武器池"统一注册，实现身份认同和敌我识别；在对抗作战环境中，根据作战任务可在广域战场空间按需聚合；通过综合运用人工智能、自主性技术等进行人机协作、自主决策，实现智能控制。

8.2.1.3 以智能化、体系性为特点

作战目标由摧毁敌人有生力量转变为获取选择权、掌握决策优势。 美军认为，在与大国的长期竞争中，美军在技术和作战方面都已优势不在。同时，现代战争的形态正在发生变化，逐步从传统的正规战争向界限更加模糊、作战样式更为融合的混合战争、灰色地带形态发展。美军认为，中国人民解放军的体系破击战概念和俄罗斯军方的新一代战争理念均把信息和决策作为未来冲突的主战场，而美军现有面向战区级高端冲突的想定不适应未来以信息和决策为主战场的新型冲突。

为适应未来以决策为中心的冲突形式，美军认为应采用全新的制胜机理和作战概念，重点在于比对手做出更快、更好的决策，而不是与敌方打消耗战。"联合全域作战"的核心——联合全域指挥控制正是关于决策的艺术和科学，其目标是能够在竞争连续体中达成作战和信息优势。美国空军前参谋长戴维·戈德费恩上将表示，"我们的目标是给对手制造多重困境，最好的结果是将'联合全域作战'改善到这样的程度，即鉴于其会给对手带来如此多的困境，以至于他们从一开始就选择不与我们作战。"这一策略明确体现了"联合全域作战"将作战目标由最大限度地消灭对手的有生力量转变为剥夺对手的决策能力与决策权限，从而击败对手。

面向任务，全面改革兵力设计、采办模式、作战方式、指挥权限和指控架构。在兵力设计方面，美国国防部目前还没有构建和实施作战司

令部所需联合能力的机制。每个军种都是针对其领域特有的问题而设计的，在缺乏通用部队设计的情况下，各个军种在为"联合全域作战"开发系统与技术时，主要关注的还是各军种自身的特定需求。在采办方面，美国国防部以平台为中心的采办对于无形的连通性和数据的开发缺少支撑。此外，开发通信网络及开发平台与利用这些平台的指挥控制能力之间的"连接"对于军工生产厂商来说往往不是一件利润丰厚的买卖，而"通信""连接"与"数据"对实现"联合全域作战"是至关重要的。在指挥权限和作战方式方面，美军基于军种/作战域的指挥权限和作战方式阻碍了无缝的联合作战的实施。各个军种组成部队不愿放松对其自身能力的控制，很难将自身领域的资产控制权交给另一个域的指挥官。

"联合全域作战"要求打破传统军种之间的界限，面向战场任务，从所有作战域中精选可用作战要素进行快速组合或重组，追求作战效果最优化。为此，"联合全域作战"将全面改革兵力设计和采办模式、作战组织方式、指挥权限和指挥架构，从单一军种和聚焦于作战域的兵力设计和指挥控制方式转变为面向任务的方式，建立分布在全球各地作战区域的联合全域作战中心（ADOC），ADOC 也必须连接到军种提供的多域兵力包和作战管理团队。ADOC 和作战管理团队利用共享的、情境相关的全域、各军种及所有合作伙伴的态势理解，取代由孤立的作战域或军种架构产生的碎片化态势感知。联合全域作战从作战规划时就充分考虑所有领域的融合，并在整个执行过程中在全域范围内动态调整和再分配任务，推动美军联合作战进入全域融合的新阶段。

构建以动态云环境为基础的关键支撑体系，连接每个传感器到每个射手。根据美国国防部规划，联合全域指挥控制的理想状态是提供类似优步（Uber）拼车服务的云环境，未来战场就如同"市场"：指挥官或作战人员作为"买方"，各作战能力作为"卖方"，买方可以向众多卖方提出能力"竞标"，"交易物"为作战能力，"交易平台"就是指挥控制体系。这种新型的指挥控制架构通过利用不同的通信路径和机器到机器的数据传输构建全域杀伤网，以此克服单域和跨域杀伤链的脆弱性，将所有域的传感器与射手互连，增强武器平台之间的可组合性，创造更多的杀伤效果，使美军的作战行动更加不可预测，从而让对手陷入多重困境。

利用人工智能、自主性等新兴技术实现分布式作战和任务式指挥。 人工智能等新兴技术是实现"联合全域作战"分布式指挥控制架构及任务式指挥的关键引擎。一方面，人工智能能够大幅提升决策支持工具的效率，使指挥官尤其是缺乏资源的低级别指挥官能够管理快速、复杂的作战，控制分布式部队，从而实现任务式指挥；另一方面，随着"联合全域作战"中作战空间的延伸，战场要素和数据量爆发式增长，人工智能技术可作为人脑的辅助和延伸，显著提升指挥官判断和决策的效率与科学性。自主性技术能够支撑更加分散的兵力设计方案，使美军能够运用更多数量的无人平台，增强武器平台的可组合性，创造更多的杀伤链效果，为对手制造多重困境。

8.2.2 马赛克战——化繁为简、化整为零

"马赛克战"（Mosaic Warfare）概念由美国国防部高级研究计划局（DARPA）于 2017 年 8 月提出，核心思想是利用相对较低成本、较低复杂度的传感器、多域指挥控制节点、有人/无人系统等，根据威胁目标、战场环境和作战需求，以自协调、自适应的方式快速构建作战体系、完成作战任务。

8.2.2.1 构建"马赛克拼图"式的未来作战体系

"马赛克战"类比了"马赛克拼图"的特点及思路，从功能角度将各种传感器、通信网络、指挥控制系统、武器系统或平台等视为"马赛克碎片"，通过信息网络将这些碎片单元连接起来并动态组合，增强碎片的自主性，形成一个极具弹性、灵活机动的作战体系。这个体系中的某个部分或组合在被敌方摧毁时，能自动快速反应，形成虽功能降级但仍能相互连接、适应战场情境和作战需求的作战体系。

从**兵力设计**的角度，"马赛克战"寻求充分利用大量、小型、低成本、多样化、自主化程度高的武器系统，这些系统作为感知单元、决策单元或行动单元分散部署，可根据不同作战需求柔性组合，不同单元的效能可通过"织网"实现多样化、灵活应用。这些功能相对单一、结构

相对简单的作战单元更容易利用新技术升级，也更便于组合应用于不同战术目的。

从**作用过程**的角度，"马赛克战"将效能链的功能（发现、定位、瞄准、跟踪、交战、评估，即 F2T2EA）进行解聚，解聚为来自全域的有人/无人系统的异构组合。这是在没有任何有关"特定效能链中哪些系统提供哪些对应功能"方面先验知识的情况下进行的高速、临机组合和重组，因此对于对手而言其效果是压倒性的、多样化的动能和非动能效能集。针对这样的效能集，既没有通用的应对之策，也没有通用的失效模式，因此会使得敌方陷入决策困境。

从**应用场景**的角度，"马赛克战"适用于几乎所有作战场景，如偏远沙漠中的动能打击、繁华大都市中的多个小型攻击队作战、对人口密集地区散播假消息的敌人实施信息作战等。从传统对抗到"灰色地带"冲突，"马赛克战"可根据战场实际态势统筹调度各种可用资源，实时地进行"动态"分配，形成最优自适应杀伤网，以实现最终作战目的。敌人或许可以破坏一部分"马赛克战"组件，但这个体系可以几乎不受影响地立即作出响应并获得预期效能。

8.2.2.2 统筹规划、分步推进

"马赛克战"采取渐进式的发展路径，大致可以分为分布式杀伤链、系统之系统、自适应杀伤网和马赛克战四个阶段，如图 8-2 所示。

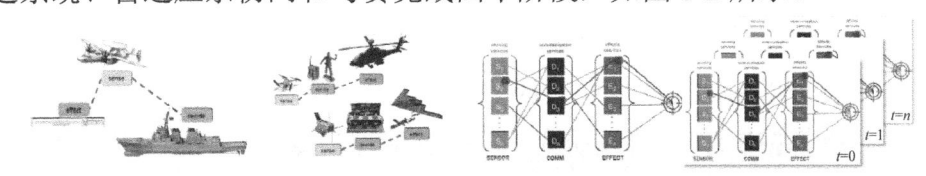

	分布式杀伤链	系统之系统	自适应杀伤网	马赛克战
示例	NIFC-CA	SoSITE	尚未部署	尚未部署
描述	现有系统的人工集成	系统可用于多种作战配置	能够在任务执行之前半自动选择预设效能网	能够在战时临机合成新效能网
优势	• 扩大有效射程 • 增加交战机会	• 实现更快的集成速度和更多样化的杀伤链	• 任务前的适应能力 • 更具杀伤性，对敌表现出更高的复杂度	• 可适应动态威胁和环境 • 可同时进行多个交战
挑战	• 静态 • 搭建时间长 • 操作和扩展难度大	• 每种架构均为静态 • 改编能力有限 • 无法空口增加新能力 • 操作和扩展难度大	• 静态"脚本" • 杀伤链数量有限 • 扩展性不佳	• 扩展能力受限于人类决策者

图 8-2 "马赛克战"发展阶段

阶段一：分布式杀伤链基于网络协同将探测—火控—打击—评估杀伤链的各功能分布在多种有人平台和无人平台组成的混合编队中，但总体而言仍是"链式"结构，非"网状"体系。

阶段二：系统之系统开始具有类似于拼图的概念，但拼图的每个部分都经过独特设计和集成以填补特定角色，整个系统的构造需要遵守特定的标准，设计达成后若要进行修改就必须重新设计，并且需要很长的工程开发周期来评估分析每个模块的变化对整个系统的影响，这大大限制了适应性、可扩展性和互操作性。

阶段三：自适应杀伤网初步实现"马赛克战"作战体系，但其效能网未达到按需生成、临机组合的状态，还依赖战前半预设，可提供的选项有限，扩展性不佳。

阶段四：最终的"马赛克战"提供一种自下而上的、完全灵活机动的组合能力，通过各种系统的快速、智能、战略性组合和分解，产生未经预设的效果。

截至 2021 年年底，"马赛克战"第二阶段研究取得一定成果，并启动了第三阶段相关研究。DARPA 聚焦以下五个领域积极布局相关项目。

体系架构研究：开发和演示创新的开放式体系架构，实现跨域、分布式、多平台间高效自主协同，布局"体系综合技术与试验"（SoSITE）、"拒止环境下协同作战"（CODE）等项目。2019 年 2 月，CODE 项目成功验证了无人机集群在强干扰、强对抗环境下的自主协同作战能力；2020 年 4 月，启动"自适应作战架构"项目，寻求开发能对各作战要素进行组合搭配、形成复杂效应的杀伤网作战架构。

指挥控制/作战管理研究：开发智能控制算法、辅助决策及人机交互技术，形成一体化的分布式指控管理能力，布局"分布式作战管理"（DBM）、"进攻型蜂群战术"（OFFSET）、"空战演进"（ACE）等项目。2020 年 3 月，ACE 项目针对空中格斗智能算法征集提案，旨在实现近距空中格斗的自动化和智能化，8 月举行首次挑战赛，智能算法击败人类飞行员；2021 年 12 月，OFFSET 项目完成最后一次外场试验，验证了空/地无人平台协同行动的"蜂群"技术可行性。

通信组网研究：开发低截获率、低探测率及抗干扰的通信组网技术，形成在拒止环境和恶劣条件下的可靠通信能力，布局"对抗环境通信"（C2E）、"海洋交战即时信息"（TIMEly）等项目。TIMEly 项目于 2019 年 6 月启动，旨在开发异构海洋通信架构，实现水下通信和潜艇、水下无人系统、水面舰艇、飞机与卫星之间的跨域通信。

武器平台研究：开发低成本、自主化、小型化的武器平台，支持分布式协同作战，布局"小精灵"（Gremlins）、"深海浮沉有效载荷"（UFP）、"垂钓者"（Angler）等项目。2019 年 11 月，"小精灵"项目完成了低成本、可重复使用无人平台 X-61A 的首次飞行试验，验证了 C-130A 战机发射、在空中稳定飞行及与地面系统建立连接、飞行终止和回收的能力。

基础支撑技术研究：开发支撑"马赛克战"的基础共性技术，布局射频任务中的"融合式协作组件"（CONCERTO）、"竞争环境目标识别与适应"（TRACE）等项目。2019 年 9 月，CONCERTO 项目进入第二阶段，最终开发搭载无人机平台的，以及能够在雷达、通信、电子战模式之间自适应、灵活切换的综合射频系统。

8.2.3 新域作战概念——制胜新域、抢占先机

适应信息化局部战争不断开拓作战新领域之趋势，美军作战概念不断向新兴作战域渗透发展，超前提出了太空域轨道战、网络空间域前出防御战、电磁频谱域电磁频谱战等一系列新域作战概念。

8.2.3.1 太空域——轨道战

为不断强化太空实战能力，美国太空军成立了一支专门负责太空"轨道战"的部队，命名为第 9 德尔塔部队。该部队主要负责监视太空目标，并在必要时对这些目标发动攻击，应对对手太空威胁。第 9 德尔塔部队下辖 4 个单位，分别为第 1 太空作战中队、第 3 太空作战中队、第 750 作战支援中队和第 1 特遣分队。其中，第 1 太空作战中队负责运行"天基空间监视系统"（SBSS）、"先进技术风险降低系统"（ATRR）、"作战响应型太空 5 号"（ORS-5）和"地球同步空间态势感知计划"（GSSAP）等天基监视卫星；第 3 太空作战中队负责管理"国防卫星通信系统三号"（DSCS III）和"宽带全球卫星通信"（WGS）等通信卫星星座，提

供安全的高速数据通信链接；第 750 作战支援中队负责日常训练、情报保障和其他支援保障任务；第 1 特遣分队是美太空军开展天基演示和试验的重要机构，负责利用创新和科学的方法，加速将研究概念转变为太空作战能力。尤其引人关注的是，第 1 特遣分队负责监管 X-37B 太空战机的运行工作，尚处在飞行测试阶段的 X-37B 经过模块化升级改造后，有望成为全球首款具备实战能力的太空战斗机，2020 年 5 月，X-37B 开始执行第 6 次无人太空任务。"轨道战"概念的提出，体现了一种在外层空间开展大规模太空行动的新型作战构想。从成立第 9 德尔塔部队与开展 X-37B 试验来看，美太空军十分重视"轨道战"能力的发展，积极加快部队编制与能力演示试验，逐步将太空军事化向纵深推进。

8.2.3.2 网络空间域——前出防御战

网络空间"前出防御战"概念旨在提高网络对抗主动性和威慑力，掌握网络空间对抗优势。核心思想是尽可能接近对手网络行动源头，发起持续对抗行动、不断纠缠和消耗对手，增加对手网络安全压力、网络安全风险和网络对抗成本，降低对手网络攻击能力，使美军不断攫取并稳固网络空间对抗优势。美国特朗普政府通过《国家网络战略》《国防部网络战略》和《第 13 号国家安全总统备忘录》三份战略政策文件，扭转了奥巴马时期相对"克制"的网络行动政策，美国网络力量的行动策略从被动防御转变为"前出防御"，强调更加主动的进攻性网络行动，通过尽可能接近对手行动源头，增强己方挖掘对手弱点的能力，掌握对手意图与行动，并予以反制。美国网络空间日光浴委员会 2020 年提出"分层网络威慑"战略，按照冲突的严重程度将己方所采取的手段措施分为塑造行为、拒止获益、施加成本三个层次。该战略再次强调前出防御作战，利用所有可利用的手段，包括政治、经济、军事等各方面，增加对手对己方进行网络攻击所需的成本，以达到慑止效果。

8.2.3.3 电磁频谱域——电磁频谱战

美国国防部 2017 年发布的《电子战战略》主张将电磁频谱作为一个新的作战域，提出电磁频谱是一个机动空间，而不仅是需要管理或分配的资源；将这一新作战域的行动称为电磁频谱战。电磁频谱战的思想进一步拓宽了电子战的内涵，不仅包括如何使用电磁频谱进行攻击、防护、支援等传统电子对抗行动，还包括如何让电磁频谱更好地服务作战任务，确保电磁环境为己所用；将电磁频谱作为一个整体来看待，而不是割裂为电子战和频谱管理等相互独立的部分，从全局角度最大限度地发挥电磁频谱的潜能，统一协调各用频系统。2020年7月，美参谋长联席会议公布《联合电磁频谱作战》条令，首次正式将"电磁频谱战"纳入联合条令。该条令阐释了"电磁频谱战"概念的内涵，即利用、攻击、防护、管理电磁环境协同的军事行动；明确了联合电磁频谱战的规划流程、组织机构、职能划分，以及与其他联合作战行动之间的关系。为推动"电磁频谱战"概念的实现，一是大力发展电磁战斗管理能力，美国国防部和各军种都实施了电磁战斗管理项目，其中国防部"全球电磁频谱信息系统"集成了各军种研发的联合频谱数据库、东道国频谱全球数据库在线、盟军联合频谱管理规划工具等，可实现频谱分配与协同、频谱态势感知、干扰缓解、频谱建模与仿真等关键能力；二是推动电磁频谱战装备向认知化、网络化、可重构方向发展。例如，美海军牵头开发的"复仇女神"（NEMESIS），集成众多分布式多域无人电子战平台/诱饵，投射具备飞机和舰艇目标特征的"幽灵舰队"，迷惑敌传感器网络，据悉2020年年初已具备实战能力。

8.3 美军作战概念普遍强调以体系之力量夺取作战优势

美军近些年提出的新兴、热点作战概念虽然处于研究论证和探索试验阶段，但万变不离其宗，其本质都是打破太空、网络空间新兴作战域与海陆空传统作战域之间的隔阂，构造智能、协同、韧性、灵活的作战体系，根据具体作战任务需求整合不同作战域的作战能力，实现在不同作战域间"无缝"转换。它们有如下共同的特点。

8.3.1 强调各军种联合、陆海空天网电全域协同

美军认为，未来的大国战争将是巨型军事系统之间的全方位冲突，

在所有作战领域进行并涉及人类的所有活动领域。网络、太空等新兴作战域的发展，虽然都是因军事需求而出现的，但发展的最大驱动力是经济、生产、社会等民用需求，并因与人类社会活动休戚相关，而展现出巨大的战争应用潜力。实际上，当前此轮军事变革推动的战争形态演变，在很大程度上是由太空、网络等新兴作战域日益成为决胜领域而引发的。在这些新兴领域，美军处于先发地位，其技术优势往往是跨代的，同时也是美军作战优势的集中体现。在自 20 世纪末以来的局部战争和武装冲突中，正是凭借这些新兴领域的不对称优势，美军往往可以在正面战场行动中轻易击败对手。

8.3.2 信息发挥核心作用

美军认为，信息时代的战争，每个作战任务都完全依赖整个行动过程中的信息获取和决策能力——信息即战斗力。随着诸如人工智能、大数据分析、云计算等信息技术的不断发展、成熟，信息处理过程越来越短、所需的人类参与度越来越少、效能越来越明显，基本上可以实现"随时获取、随时决策、随时行动"的理想目标。美军提出的新兴作战概念均将指挥控制作为关键要素，这里的指挥控制就是指信息的获取、传输、处理与应用。强大的指挥控制体系，可使感知更敏锐、决策更迅捷、打击更准确、评估更科学，是组织和协调联合全域作战的关键，是信息化作战体系的中枢。

8.3.3 敏锐应用先进信息技术

美军当前重点发展的作战概念均以智能无人、自主协同等为主要特征，其实现基础是人工智能、云计算、大数据分析等技术。例如，"马赛克战"要求连接大量、小型、低成本、分布式的作战单元，自主智能地构建动态、自适应、可重组、健壮性强、生存力好的作战体系。DARPA 进行了系统化的项目布局，项目突出人工智能、自主、无人、人机协同等支撑技术。支撑"联合全域作战"的"先进作战管理系统"中，运用了亚马逊和微软提供有关存储、处理不同密级数据的云计算服务；空军与各军种共建软件定义网络,设计了多个域与子网;研制阶段便嵌入机器学习算法和数据自动融合技术;运用 4G、5G 网络。

8.4 美军作战概念离不开 C^4KISR 系统的强力支撑

纵览美军作战概念创新发展历程不难看出,近些年作战概念的提出,都离不开其信息系统即 C^4KISR 系统的有力支撑。可以说,美军作战概念创新研究离不开 C^4KISR 系统,而作战概念的创新又有力牵引了 C^4KISR 系统的建设发展。

8.4.1 美军 C^4KISR 系统的发展历程

美军 C^4KISR 系统已经历 60 多年的发展历程,每一个发展时期都有其深刻的国际政治、军事背景,其信息系统装备也已从 C^2、C^3 发展到 C^3I、C^4I,再到 C^4ISR、C^4KISR,逐渐实现全功能、全要素一体化综合集成系统,网络化与智能化程度不断提高。纵观 60 余年的发展历史,大致可分为六个阶段。

第一阶段:20 世纪 50 年代的初建阶段

第二次世界大战之后,苏联成为核大国并研制出远程战略轰炸机,美国为加强核垄断和遏制苏联,并对盟国实行核保护政策,开始执行大规模核报复攻击战略。为支持大规模核报复政策,指挥控制系统应拥有绝对良好的预警能力和非常快速的通信能力。美国在各军种内建立了各自的自动化指挥系统,即 C^3 系统,但由于当时缺乏统一规划,各军种各自为政,致使有些地区的通信干线和通信枢纽平行重复,而另一些地区却短缺稀少,加之这些系统又是孤立、分散的,因此,不能及时、准确、迅速、可靠地保证指挥机构对部队实施集中指挥和控制。

第二阶段:20 世纪 60~70 年代建设全球军事指挥控制系统阶段

随着苏联军事力量的增强,美国于 20 世纪 60 年代初期制定了使用洲际弹道导弹、潜射弹道导弹和轰炸机进行大规模报复的策略。20 世纪 70 年代初,美国大规模报复策略遭到猛烈抨击,因而提出灵活运用各种实力(包括常规武器、核武器、战略武器等)控制战争的逐步升级。这种战略思想要求 C^3I 系统不仅为战略核大战服务,而且要为常规战争或局部战争服务。这要求指挥控制系统具有战术预警、侦察、攻击判断和对战略部队的指挥能力。因此,指挥控制系统包括高可靠的预警系统(具有对各种攻击的判断能力)、抗毁的通信设备和大容量的数据处理设备。

第三阶段:20 世纪 80 年代的 C^3I 系统发展成熟阶段

进入 20 世纪 80 年代之后,美国当局认识到未来战争并非一定是核大战,更多的可能是局部常规战争,因此,除继续发展战略核武器外,还积极发展战术武器。1981 年里根总统在一次讲话中指出,不仅要实现战略现代化计划,也要实现战场作战自动化。因此,美军在这一时期加快了全球军事指挥控制系统的现代化改进步伐。美军通过增加 C^3I 投资、提高 C^3I 项目在国防建设中的地位、设置 C^3I 执行委员会、调整和提高 C^3I 的组织管理机构层次,并以"空地一体战"等新的作战理论指导 C^3I 系统发展等多种举措,持续推动美军信息系统装备发展。在这一时期,美军既建成了能应付现代战争的 C^3I 系统,又为以后改进提高和建设新的 C^3I 系统打下了技术基础。

第四阶段:20 世纪 90 年代的 C^4I 系统发展阶段

20 世纪 90 年代初,东欧剧变,苏联华约相继解体,世界军事、政治形势发生急剧变化,美国针对冷战后的全球军事形势和未来高技术战争的需要,开始调整军事战略,指导思想是凭借其技术优势,在压缩部队编制的同时,继续保持其军事大国的地位,在作战方式方面则强调联合作战,不仅包括各军种的联合,而且包括与盟军和多国部队的联合(如海湾战争和科索沃战争)。因此,信息系统必须具备相应的能力。正当此时,1991 年发生了世人瞩目的海湾战争。战争中美国全球军事指挥控制系统发挥了巨大作用,却也暴露了这些"烟囱式"系统存在的许多严重问题。

因此,美国参谋长联席会议于 1992 年 2 月提出了"武士" C^4I 计划。1993 年 1 月,美国国防部批准了"国防信息基础设施"(DII)建设项目,DII 要求将"全球指挥控制系统"(GCCS)和"国防信息系统网"(DISN)统一建设,各军种共享;1995 年提出了建设综合 C^4I 系统;90 年代末,美国国防部开始建设作为公共信息处理平台的"全球指挥控制系统"（GCCS）、作为公共信息传输平台的"国防信息系统网"（DISN）和全球互联、端到端、具有全面互操作能力的安全的"全球信息栅格"（GIG）。通过这些系统和栅格的建设，美军电子信息系统已在一体化、综合化道路上前进了一大步，其中 GCCS 和 DISN 在"沙漠之狐"和科索沃战争中已有良好表现。

美军通过"武士"C^4I 计划这一总体发展纲领，为信息系统装备发展制定了完善的方针政策、标准原则、体系架构、管理方法及相关规章制度，注重应用商用技术及现有系统集成等一系列举措，推动了信息系统装备在一体化、综合化、互联互通互操作等方面取得巨大进展。

第五阶段：21 世纪以来 C^4ISR 系统全面建设并向 C^4KISR 演进

21 世纪初，美国防务理论由基于威胁转向基于能力，并将"网络中心战"列为主要作战理念。1997 年，美国国防部提出开发建设将陆、海、空和太空的各种传感器、指挥控制中心集成为一体的网络系统，即 C^4ISR；随后又将杀伤平台（K）纳入，旨在形成搜索侦察、监视、识别、打击和战损评估的杀伤链，使 C^4KISR 系统的各要素与主战武器杀伤过程更紧密结合，实现最佳作战效果。2001 年秋，DARPA 成立了信息开发办公室（IXO），负责开发 C^4KISR 系统，这一创新使美军进一步提高战斗空间的同步性，加快指挥速度，提高杀伤力、生存能力和响应能力，从而提升了部队战斗力。

第六阶段：新时代背景下 C^4KISR 系统现代化转型阶段

当前，美军联合作战、全域作战对信息系统的支撑能力提出了更高要求。尤其是特朗普政府上台后，更加强调与中俄的大国竞争，认为与竞争对手的对抗域正在向全球层面蔓延，向陆、海、空、天、网全域扩展，要求信息系统能够提供有效支撑。在亚太再平衡、大国竞争战略思想的牵引下，在人工智能、云计算等先进信息技术的推动下，美军继续深化 C^4KISR 系统的建设。

这一时期，美军信息系统建设从强调网络的互联互通向实现统一的信息环境转变，更多关注信息流的畅通性。美国 2011 年开始建设联合信息环境（JIE），目标是把国防部各种网络、系统、服务和应用整合集成为一个通用共享的全球架构，在整个国防部实现端到端的信息共享及无缝、互操作和高效的体系服务。2013 年 3 月，美国国防部首席信息官在其陈词中明确指出，JIE 将改变美军组织、配置、应用新兴和传统信息技术的方式，是实现美军"联合部队 2020"构想的主要使能器。

JIE 致力于实现三个统一：一是统一数据，即建设核心数据中心集，集成重要信息资源作为共用资源提供给各军种和各级机构；二是统一系统，即推进各类系统、设施、软件的全面标准化，提高兼容性和互操作性；三是统一网络，即简化网络构成，以一个统一网络取代大量单独设计和管理的网络。JIE 的建设过程更加注重人工智能、云计算、大数据分析等先进信息技术的应用，并且将网络安全作为最重要的考量之一。

8.4.2　C^4KISR 系统成为美军作战概念的强力支撑

美军是目前世界上网络信息技术运用最广泛的军队，其作战概念提出的背后，都深层次反映出作战概念与 C^4KISR 系统具有很深的关联度。诸如"网络中心战""决策中心战""联合全域作战"以及"马赛克战"等最新作战概念，无不以网络为实施作战的基础和依托。"网络中心战"是以网络为中心组织的作战，其对网络的依赖性无须赘述；"决策中心战"中，其关键的智能辅助决策所需战场态势海量数据信息，需要通过大带宽、高时效、低延迟的广域信息网络传输；"联合全域作战"中，空中、陆地、海上、太空和网络空间的力量实现集成重组，需要通过跨域指挥控制网络；"马赛克战""分布式作战"中，人机协同、机机协同及蜂群式作战，大量无人平台进行动态组合协作，形成敏捷集成、弹性坚韧的作战体系，需要网络传输指令、智能指挥控制。美军对网络的依赖性最强，受到网络攻击的威胁也最大，因而高度重视网络建设的健壮性、抗毁性。美军在 C^4KISR 系统建设中突出强调要抗毁、低截获、抗干扰、去中心化，以应对强对抗条件下的复杂电磁环境。针对军事对抗中通信将经常受到攻击、破坏的情况，强调坚守通信可用性原则，使用自主网络控制系统使指挥官能够对部队实施灵活指控。自主网络控制系统通过分配带宽、通信范围及延迟时间等，在指挥官所需要的任务部队之间建立通联。当然，美军虽然采取了去中心化、柔性组网等措施，减小了 C^4KISR 系统因节点被破坏而瘫痪的危险，但再强大的网络也会有弱点，肯定会有机可乘。

值得特别关注的是，美军最新作战理论和未来作战发展方向的"马赛克战"，即依托 C^4KISR 系统组织的典型的无人集群自主战。"马赛克战"是指利用相对较低成本、较低复杂度的传感器、多域指挥控制节点、有人/无人系统等，根据威胁目标、战场环境和作战需求，以自协调、自适应的方式快速构建作战体系、完成作战任务。"马赛克战"主要借鉴马赛克拼图的特点和思路，在 C^4KISR 系统支撑下，从功能角度将侦察感知、通信联络、指挥控制、电子干扰及火力打击等各种作战要素，分解到一个个"马赛克碎片"上，作战中通过动态弹性信息网络，快速将这些"碎片"连接拼装，组合形成一个灵活机动、动态协同的弹性作战体系，为敌方制造更大不确定性和决策复杂度，同时提升己方决策优势。"马赛克战"具有动态、分布、认知和自适应等特点，作战中充分利用大量、小型、低成本、多样化、自主化程度高的无人化平台武器系统，作为感知单元、决策单元或行动单元分散部署，根据不同作战需求进行快速、临机、柔性组合，使作战行动不断产生新的变化，给对手决策制造更多"迷雾"，使其难以及时适应变化、调整作战部署，从而为己方创造制胜良机。"马赛克战"作战概念示意图如图 8-3 所示。

图 8-3 "马赛克战"作战概念示意图

8.5 美军开发作战概念的典型做法与启示

美军高度重视作战概念创新与实践，着眼世界军事发展前沿，采用"以概念开发为先导"的发展模式，研究创新作战概念，催生新型作战样式，推动信息化、智能化武器装备快速发展并形成战斗力。主要作战对手的发展变化、科学技术的进步，以及战争形态和制胜机理的演变，是美军作战概念创新发展的源动力，"面向对手，概念引领""创新驱动、能力筑基""一场战争，一个打法"是美军在作战概念研究和实践中遵循的理念。美军依靠其深厚的作战理论研究基础，形成系统性、科学性较强的作战概念研究体系，通过源源不断地提出作战概念，并在战争和演习中开展试验评估，不但丰富完善了作战理论体系，还有力牵引了军队转型发展。

8.5.1 明确界定概念内涵，以概念创新引领军事发展

美军在军事理论创新研究中，特别强调把作战概念研究摆在突出位置，并在实践中逐渐形成了一整套适应作战概念开发研究的理论体系和基本做法，使作战概念研究具有坚实的理论基础。

美军认为，作战概念体现了作战思想在具体作战问题上的应用，是为实现既定作战构想和意图而对作战能力和任务组织进行的详细表述。

美军在实践中始终贯彻"从提出概念到实施战争"的思想，汲取一切有益于其理论创新的新理念，重视及时总结历史上军事理论创新中所提出的重要思想，为作战概念创新奠定基础。例如，在越战后，美军大量吸收第四次中东战争和德军第二次世界大战时的经验，提出了"空地一体战"等适应当时形势的作战概念，并写入1982年版的作战纲要，以此指导美军作战与训练，并推动"布雷德利"战车、"艾布拉姆斯"坦克、"黑鹰"直升机、"爱国者"导弹等先进武器装备研发与应用。"空地一体战"作战概念在海湾战争中发挥了巨大威力，指导美军打赢了一场颠覆传统模式的战争；海湾战争后，美军深刻反思作战中后勤保障混乱无序的问题，借鉴沃尔玛等公司的高效运营管理模式，摸索出"聚焦后

勤"概念，指导美军高效开展战时后勤管理。通过上述举措，美军不断巩固其在世界军事理论和实践中的领跑者地位。

8.5.2 分层构建概念体系，以体系融合丰富理论成果

美军作战概念是一个庞大复杂的理论体系，对作战问题的阐述既包含宏观的战略分析研判，也涉及具体战术运用。在作战概念体系建设上，美军以一体化联合作战为基本指导思想，依据联合作战的不同层次和领域，将作战概念细化为顶层作战概念、联合作战概念、支撑性作战概念、军种作战概念、装备作战使用概念等。顶层作战概念主要着眼未来战争设计，提出军队在未来战争中遂行什么任务、如何遂行任务、达成何种效果的构想。联合作战概念以顶层作战概念为指导，主要包括联合行动概念和支撑性作战概念。联合行动概念涉及安全合作、威慑行动、非正规战、大规模作战行动、稳定行动、国土防卫/民事支援等，涵盖和平时期、危机状态、战时、战后的所有军事行动，阐述了如何计划、准备、部署与运用联合部队。支撑性作战概念主要阐述特定领域联合作战的特性及能力需求，用于支持某一个或多个联合行动概念。军种作战概念由各军种主导，主要提出组织军种参与联合部队构建和联合作战的样式。装备作战使用概念主要提出装备作战运用新方式、新方法，指导装备作战使用。

美军通过构建层次分明、功能全面的作战概念体系，形成顶层作战概念宏观设计战争、联合作战概念总体指导联合部队作战、军种作战概念分类指导军种参与联合作战与训练、装备作战使用概念具体牵引装备发展和能力形成的格局。作战概念以上统下、提供指导、逐层细化，以下承上、逐级集成、提供支撑，从不同角度阐述联合作战问题，通过体系融合，催生诸如"平台中心战""网络中心战"等作战概念，牵引武器装备从机械化向信息化、智能化发展。

8.5.3 合理统筹开发力量，以军工企业推动手段创新

美军通过合理的组织机构和机制创新，打破各军种间的利益壁垒，

推动联合作战理论创新和实践高效开展。在国家层面，设立国防部净评估办公室，负责军事基本理论创新；成立参谋长联席会议，作为总统和国防部部长最高军事咨询机构，主导开发相关联合作战概念并规范联合作战概念开发机制；成立联合部队司令部，推动联合作战理论开发和联合作战实施。在军种层面，设立陆军训练与条令司令部、空军教育与训练司令部、海军陆战队教育与训练司令部等机构，专职于本军种作战概念研究创新。在军事院校层面，在重点军事院校成立作战理论研究机构，为作战概念创新提供支撑。此外，美国国防高级研究计划局（DARPA）、战略与预算评估中心（CSBA）等主要政府机构和知名智库等还积极主导开展未来作战概念创新，针对"马赛克战"等作战概念开展深入研究论证和评估。

美军还积极倡导军工企业与国防部建立紧密联系，依托技术优势和创新活力，推动作战概念研发手段创新。以洛克希德·马丁公司（以下简称"洛·马公司"）为例，洛·马公司将作战概念研究视为比先进武器装备技术研究更重要的领域来谋划思考，专门成立创新中心，核心职能是预研美国未来的作战概念，提供可行的新型作战模式，协助美国国防部研究如何在各个重要领域加强美国军事实力。洛·马公司创新中心充分运用虚拟现实、数字孪生、人工智能等先进信息技术创新作战概念研究手段，构建了开放式网络化的作战概念创新环境，打造了多视角可视化沉浸式三维数字场景，支持作战需求在线研讨、作战概念研究开发、作战效能仿真推演评估等。在先进技术手段支持下，作战指挥官与创新中心的技术专家通过战争模拟游戏等形式，共同对新开发的作战概念进行量化分析评估，加速作战概念形成实战能力。

8.5.4 科学开展概念研究，以试验演习检验作战效能

经过长期的实践探索，美军逐步摸索出了一套独具特色的作战概念研究方法，坚持以"螺旋方针"推动作战概念研究，有力地推动美军作战理论的发展，使作战概念创新提炼、理论研讨、试验评估等均有章可循。每个作战概念都要经过"制定初步构想—开展兵棋推演/实兵演习—量化分析结果"等一套螺旋反复的开发流程，在这一过程中，美军将军

事理论家提出的具备较多"艺术"成分的思想，转变成条令中可执行的原则和可操作的程序，从而实现作战概念创新从"思想争鸣"到"纳入条令"。

美军认为作战概念开发是理论与实践的统一，特别重视通过试验等"预实践"手段来评估作战概念，降低成果转化运用带来的风险。如CSBA在其公布的《马赛克战：利用人工智能和自主系统实施决策中心战》报告中，专门阐述了"马赛克战"概念的评估工具和方法，指出经过多次推演，测试了人机结合的指挥控制系统、即时的兵力编组、以快制慢的决策和行动方式等，验证了"马赛克战"的潜在价值。除了在实验室里进行作战运筹，军事演习也是美军检验作战概念的重要途径。美军成立了专门的试验部队，负责对作战概念的检验评估。通过频繁实施战役、战术不同级别，军种、联合或跨国性质的军事演习，推动新型作战概念在实践检验中进一步优化，加速形成战斗力。

参考文献

[1] 文予. 一字之差大不同[N]. 解放军报，2020-05-07（11）.

[2] 樊高月. 美军作战理论体系研究[J]. 外国军事学术，2010（2）：1-7.

[3] 李永生，王红霞. 美军信息化作战理论发展沿革探究[J]. 法制与社会，2015（27）：249-250.

[4] 高超，李亮亮."空海一体战"的前世今生[N]. 解放军报，2015-03-20（5）.

[5] 黄志澄. 美军的"网络中心战"和全球信息网格[J]. 中国信息导报，2003（3）：52-54.

[6] 陈军，王兴，李德超. 从美国智库战略与预算评估中心报告看美国A2/AD作战变化及应对措施[J]. 飞航导弹，2020（5）：10-13.

[7] 张文宇. 分布式作战与其中的航空装备[N]. 中国航空报，2018-09-06（12）.

[8] 黄汉桥，白俊强，周欢，等. 智能空战体系下无人协同作战发展现状及关键技术[J]. 导航与控制，2019，18（1）：10-18.

[9] 章池. 美军"作战云"项目持续受挫[N]. 中国国防报，2021-04-26（4）.

[10] 李硕，方芳，李祯静，等. 美军联合全域指挥控制发展浅析[J]. 中国电子科学研究院学报，2021，16（2）：197-202.

[11] 陈彩辉，缐珊珊. 美军"联合全域作战（JADO）"概念浅析[J]. 中国电子科学研究院学报，2020，15（10）：917-921.

[12] 杜燕波. 从"多域战"到"联合全域作战"，究竟有何玄机[J]. 军事文摘，2020（11）：56-59.

[13] 李磊，蒋琪，王彤. 美国马赛克战分析[J]. 战术导弹技术，2019（6）：108-114.

[14] 袁荣亮. 美国军事电子信息领域战略规划发布及实施情况研究[J]. 中国电子科学研究院学报，2021，16（4）：329-332，337.

[15] 罗敏. 美国国防工业发展历程和特点[J]. 信息化研究，2010，36（5）：6-12.

[16] 付翔，付斌，赵亮."马赛克战"对装备体系试验鉴定的启示[J]. 国防科技，2020，41（6）：8-15.

[17] 杨巍，王世忠，魏凡. 美军推进作战概念研究的主要做法及启示[C]. 第二届新兴领域战略高端论坛优秀论文集，2021.

[18] 焦亮，祁祺. 美军作战概念创新发展问题分析[J]. 军事文摘，2021（3）：6.

9 技术篇

实施体系聚优亟待破解的关键技术

从人类历史发展看，军事技术和武器装备发展催生出许多新颖的作战概念和军事理论，而作战概念和军事理论转化为作战指导、实战运用，更需要军事技术和武器装备支撑。体系聚优概念的产生是人工智能、物联网、云计算等先进网信技术发展的结果；使这一作战概念转化为实战运用，同样也需要先进网信技术支撑。从未来作战需求看，实现体系聚优需要具备实时准确、全时覆盖的全域态势感知能力，全域可达、安全高效的信息传输能力，即时响应、精准优选的指挥控制能力，全域一体、信火一体的灵活协同打击能力，需要重点关注人机混合智能感知、全域战场态势信息融合推送、柔性重组网络、新一代移动通信、量子通信、智能化指挥控制、类脑智能芯片、高能激光、高超声速、军用无人系统等先进技术的发展和运用。

9.1 作战概念落地依靠技术推动

纵观人类战争形态演变历程，每次重大科技革命都深刻影响着世界军事发展走向，引发战争形态和作战方式的重大变革。火药技术的发展运用，催生了火枪、火炮等火器，将战争从冷兵器时代推进到热兵器时代。蒸汽机与内燃机技术的发展运用，催生了坦克、飞机等机械化武器，军队的立体打击能力、远程机动能力、综合防护能力等都产生了质的飞跃，推动战争步入机械化战争时代。以微电子技术、传感器技术、计算机技术等为代表的信息技术的飞速发展，推动出现了数字化、网络化、精确化武器装备，以及战术互联网、指挥信息系统和数据链等系统平台。战场信息高度共享、态势可视，基于"一张网""一幅图""一平台"实施体系作战指挥成为现实。大体系支撑下的"侦、控、打、评、保"环环相扣、无缝衔接，联合作战更加注重信息主导、要素联动、全域机动。

当前，新一轮科技革命、产业革命和军事革命正在迅猛发展，战争形态、作战样式和制胜机理正发生深刻变化。从某种意义上讲，战争的背后实际上是交战双方在军事理论和军事科技领域的战略博弈。纵观外军发展实践，美军在近年来先后发展和实践的分布式作战、多域作战、马赛克战、联合全域作战等作战概念，背后都有先进技术的强力支撑。军事科学本身包括了军事理论和军事科技，是融哲学、社会科学、自然科学和技术科学等于一体的综合性科学。军事理论和军事科技从不同维度研究战争规律和制胜机理，是相互联系、相互贯通的。理论是科技创新的导航，科技是理论创新的翅膀。现代军事科学研究日益呈现出科技渗透、实践牵引、体系支撑等显著特征，对科学技术的依赖更加凸显。坚持理技融合研究设计战争特别是开发新型作战概念，已经成为科学推进战争设计的必由之路。特别是我们正处于新一轮科技大爆发的时代，人工智能、大数据、物联网、区块链、云计算等前沿技术演进之快、影响之广，已超出已有知识系统的认知范围，并呈现出多点迸发、群体突破、交叉融合的态势，已成为推动新一轮军事变革浪潮的强力引擎。可以预见，在先进技术支撑下，体系聚优这一作战思想将加速具象化，推动作战体系产生重大变革。

9.1.1　技术推动作战力量优化聚合

作战力量是形成战斗力的物质基础，作战力量的构成、功能及其相互间的组合和运行方式决定着战斗力量的整体功能和作用的发挥。在体系聚优中，战场态势瞬息万变，迫切需要作战力量即时聚优、敏捷适变。前沿技术的军事应用,将使分散配置的各作战力量、单元和要素能够根据战场态势的实时变化,围绕统一的作战目的,更加及时、主动地协调行动,加速作战能力聚合,实现战斗力量整体结构的最优化和整体效能发挥的最大化。

9.1.2 技术推动作战部署动态敏捷

作战部署的动态性,就是强调战斗力量在战场上的动态编组、适时聚散和灵活机动。体系聚优的高速度和快节奏,使作战进程极大缩短,军队需要广泛机动,实施动中作战。前沿技术的发展运用,将使作战指挥体系更加扁平,实现信息流程最优化,信息流转实时化,信息采集、传递、处理、存储、使用一体化,将促进军队机动能力的提高和指挥控制能力的增强,最大限度减少指挥层次,缩短信息流转时间,实现横向联通、纵横一体,大大提高指挥控制效率,为战斗部署的动态性提供坚实的基础。

9.1.3 技术推动作战行动并行高效

前沿技术的革命性不仅体现在对武器系统战斗效能的大幅提升,更在于促进了战场感知和信息传输能力的极大提高。在体系聚优中,用于侦察监视、跟踪识别、评估判定等的传感器,能够及时发现多维空间内的各种目标和对方的行动。信息处理、传输、分发的实时化,使参战的各种战斗力量能够根据战场情况的动态变化,在不同的战斗空间、以不同的战斗手段,围绕统一任务和共同目的,利用以先进技术为支撑的指挥信息系统,迅速做出判断和决策,并及时采取行动,从而实现各战斗力量之间自主协同基础上的并行作战。

9.1.4 技术推动作战保障及时精准

以人体机能改良、新生物医学技术、增材制造技术为代表的前沿技术发展,将给军事后勤和作战保障带来巨大变革,最为显著的特征就是可"随时随地"地实施精准保障。使用药物、技术、机器或基因技术提高机能的人体机能改良技术,以及轻型共形外骨骼、伤口快速愈合、人造血液等新生物医学技术,将极大提高后勤保障效率。将增材制造技术、自主系统和人工智能等颠覆性技术进行有机融合集成,可使部队就地利用可用材料,"打印"武器装备的特定部件,显著改变装备制造流程,提高装备的战术适应性。

9.2 体系聚优的能力需求

9.2.1 实时准确、全时覆盖全域态势感知能力

在体系聚优中,各类传感器大量使用,战场信息获取能力成为获得信息优势乃至决定战争成败的关键因素。依托战场全维分布的感知终端和网络,能对作战对手连续侦察监视和精确定位,并实时掌握己方各种作战力量、手段和装备情况及战场环境信息,实时搜集汇总战场海量数据,借助战场通信和指挥系统实现数据交互、高效融合,通过深度挖掘准确掌握作战对手情报信息,快速融合生成统一战场态势,实现战场全面、深度、精确感知,赢得"制透明权",为指挥决策、作战行动提供有力情报信息保障。

体系聚优所需的全域态势感知和"制透明权"能力主要表现如下。**一是覆盖全球的态势感知能力**。由立足本土和近海防御向覆盖全球内陆、远洋、水下的全时段、全天候监视发展,尤其是天基预警侦察系统、海基系统等具有全球性、广域性的战略型系统装备,实现陆海空天电网一体的全球感知能力,实现对全球重点区域、热点地区、热点时段的持续监视,最终实现对全球区域军事行动的全球覆盖、全程连续、精准识别。**二是更加全面、精细的态势感知能力**。作战空间中传统及新型威胁日益严峻,对态势感知提出了更加全面、精细的要求。主要是:探测目标更小、更高、更远、更快,包括对分布式集群目标、临近空间目标、地面隐蔽目标、新型掠海目标、水下静音目标等新式目标的探测;分辨率、数据率更高,对中高轨空间目标具备小角度捕获和厘米级高分辨成像能力;全天时、全天候能力更强,具备助推段拦截能力。**三是面向社会安全的新型态势感知能力**。要发展基于天-空-地、无人、网络、

新频段、新体制等多种态势感知手段，实现对社会舆论形势、公共场所人员活动、隐蔽可疑装备的实时侦察，以及对恐怖活动计划、恐怖分子信息联络的及时感知，为精准高效的反恐行动提供强有力的信息保障。

9.2.2 全域可达、安全高效的信息传输能力

未来将是网罗一切、万物互联的时代。在体系聚优中，体系基于网络构建，网络基于连接聚能。网络不再是传统意义上的通信网络，也不再是平台，而是一个连接了传感器、信息系统、武器平台和作战人员的有机整体，所有节点都能够按照指挥员的意图来形成优先顺序和布局，都能在交战中发挥决定性作用。网络要支持战场上各作战单元、作战要素充分互联，实现"一网打尽"。

网络空间成为体系聚优跨越陆海空天电的新兴战略疆域和作战空间，掀起了全球新一轮装备技术发展、军事力量建设和战略竞争调整的热潮，对网络空间侦攻防提出了若干能力需求。**一是网络全域覆盖能力**。连接感知、处理和打击等各独立节点，并通过网络与其他节点连接；连接整个作战空间内的传感器、打击系统，实现网络整体作战，而不是单个要素作战；覆盖国土领海领空、周边区域及主要战略通道，并向深海、深空、深地等新边疆及全球范围拓展，确保战场上信息链路全程贯通。**二是信息按需共享能力**。网络聚能的关键在于实现数据、信息、知识、智慧的高速转换与流动。网络不仅是信息传输的手段，提供端到端的互联互操作，还作为信息存储的载体，将数据、信息转化为知识、决策。基于网络迅速收集、融合并分发准确、及时、相关的信息，实现数据、信息、知识、智慧的高速转换与流动，使战场上各传感器、决策者、武器融合成联合作战体系。人员、机构、设施、环境、装备、物资、行动等各类军事信息全面入网，并能根据任务或场景按需聚合与分发，及时准确地交付用户。通过把传感器获取的数据进行加工处理提取出信息，然后对信息进行归纳演绎，形成知识甚至是常识，最后再加入人的主观能动性和人对战争理解的艺术就变成了智慧。这个智慧是决策者对所有信息进行采纳、使用、加工，最终在头脑里形成的一种能够支持决策的知识体系，然后再反过来重新变成指令，变成数据去驱动平

台。**三是时空全域统一能力。**提供统一的时空基准和全球可达的时空信息传递链路，以及到战术末端的高精度定位导航授时服务。**四是安全高效运行能力。**具有完备的系统安全防护和运维管理手段，有力抵御物理或网络、电磁攻击，确保在强对抗条件下仍能继续提供有效服务。

9.2.3 即时响应、精准优选的指挥控制能力

体系聚优是全域力量共同参加的联合作战，如何实现对各种作战力量、作战要素、作战单元快速精准地组织指挥，形成从传感器到射手的杀伤链杀伤网，是体系聚优对技术支撑的突出体现。**一是具备联合态势综合分析与认知能力。**体系聚优是跨作战域、跨军兵种、成体系对抗的联合作战，必须对整个战场进行联合态势分析与认知，才能正确展现出战场态势。要求利用大数据等技术，及时辨识和挖掘出有价值的战场信息，动态展示多作战领域相互影响的战场态势，运用网络中心技术、协同作战概念和前端处理技术，实现以网络为中心的协同目标定位，与现存的特种情报侦察监视（ISR）系统的补充能力实现交互，提高目标探测的可能性、减少虚警、显著提高准确性和及时性，提高关键目标攻击的速度和准确性。**二是具备多域、灵活的联合作战指挥控制能力。**针对跨作战域、跨军兵种、成体系对抗的联合作战，需要根据不同的作战任务，有选择性地将相关作战要素组织起来，并制订出最佳的作战决策，才能真正发挥联合作战优势。要求综合考虑陆海空天电网等各作战领域和各军兵种作战力量，构建具有易响应性、可恢复性、健壮性、灵活性、自适应性和创新性六个特征的指挥控制系统，支撑全域的指挥控制信息共享、联合作战态势认知、联合作战规划与方案优选、作战效能评估与战中计划调整，打造联合作战优势，满足从战略到战术不同级别的联合作战任务要求。**三是具备无人化作战指挥控制能力。**针对体系聚优中大量部署的无人化作战力量，需要构建无人化和无人有人混合的指挥控制系统，能够将不同作战领域的无人和有人作战力量的感知信息有效融合和综合分析，对无人集群、无人有人混合作战的作战效果进行计划、集成和同步，实现无人力量集群的作战效应，促进体系聚优中无人化装备效能的充分发挥。

9.2.4 全域一体、信火一体的灵活协同打击能力

体系聚优的关键是，在网络信息体系支撑下，各种作战力量、作战单元、作战要素形成结构紧密的联合作战整体，形成杀伤链杀伤网，以体系聚优实现能力聚优，这就要求战场态势信息共享，依照统一的作战目标、协同规则，并行、有序地开展联合打击行动。因此，要使用高速数据链实时分发传感器数据，将指挥控制系统、传感器系统和武器系统联为一体，支持更加灵活的侦察预警、作战协同和有人无人协同，以及自主引导控制与临机调整，通过对兵力、火力、网电攻防等末端要素的精确控制，实现高效协同。在火力打击中，采用无人集群的方式和有人作战力量发射打击弹药直接攻击地面、海上目标，使敌方的防御能力在短时间内处于无法应对的饱和状态，提高突防概率。在非火力打击中，通过携带非火力武器，破坏敌方的电气、通信网络；携带非致命武器，实现对目标的驱散和非致命性打击；携带电磁干扰载荷，实现规模化干扰、多样化干扰、近距离干扰等集群电子战。最终实现"先敌发现、先敌决策、先敌开火、先敌评估"，真正做到"发现即摧毁"。

形成全域一体、信火一体的灵活协同打击能力。**一是信息火力高度融合**。在体系聚优中，传递信息的速度相比指挥和作战速度有明显提升，缩短了作战和态势感知环节的时间间隔，使火力、机动力和指挥力三方达到速度和精度两个层面的协调统一，从而在联合攻击中避免时间冲突、能量抵消、认知分歧，实现态势共享、信息互联、行动一致。**二是依托体系高效聚能**。作战体系的主体是精确打击平台，核心是指挥控制系统，支撑是网络信息体系，依托是后勤装备保障系统，在此作战体系下，各个作战要素深度融合，从而使整个作战体系在时空、效能、行动上都能有效联动。**三是力量体系协调有序**。在网络信息体系的支撑下，各领域、各军种的精确打击力量能够以整体的形式，在共同的目标和任务指引下，应对纷繁复杂的战场形势，在态势感知、信息传输、指挥控制、协同打击等环节快速响应、整体联动，占据战场主动权。**四是目标攻击点位精准**。与粗放型的整体杀伤不同，精确打击更加强调以

"点穴"的方式精准制敌，对分辨率和精确度要求更高。例如，当打击目标是敌舰时，则将这个整体目标拆解为若干"点"，这些"点"包括武器、雷达、载机等，攻击时根据各个"点"的关联关系、打击效果、对作战能力的贡献率等确定攻击对象和优先级。**五是打击手段多能高效**。随着技术的进步，攻击弹药的物理尺寸逐渐向小型、微型甚至是纳米尺度发展，小当量战斗有着多样的形态、多元的战斗机理及更强的针对性，可以通过集群化运用的方式形成"察打一体战斗云"，实现以众欺寡、以小吃大的打击效果，可以与传统打击武器有效配合，完成任务。**六是毁伤效果集约可控**。在实施精确打击时，可以根据打击目标的要求确定攻击顺序、方法等，从而达到不同等级的杀伤效果。

9.3 体系聚优的关键技术支撑

组织实施体系聚优，离不开网络信息体系的核心支撑，网络信息体系的核心支撑力对体系聚优产生决定性影响。在以往战争时代，由于信息能力和指挥控制手段水平低下，作战能力的整体性程度不高，而网络信息体系的发展运用，为体系聚优形成能力聚优提供了物质基础条件。从这个意义上讲，网络信息体系支撑力越强，体系聚优组织实施的基础就越牢固，实现能力聚优也就更有把握。因此，应以体系聚优能力需求为牵引，夯实在态势感知、信息传输、指挥控制、火力打击等关键环节的技术支撑和作战运用，突破关键共性与支撑技术，不断提高网络信息体系的核心支撑力。

9.3.1 战场态势感知环节的技术应用

信息是体系的核心，是驱动体系运行的"血液"，是作战体系中不可或缺的关键资源和基础。全景式直观掌握全域战场态势信息，实现全域战场态势感知，是体系聚优作战链中的首要环节，是顺利组织实施体系聚优的先决条件。加强态势感知环节关键技术攻关，建立网络信息体系中的态势感知系统，对取得体系聚优胜利具有重要支撑作用。当前，尤其要加大智能感知与融合处理技术的研究攻关，为全域战场态势的感知和融合处理注入新动能，重点发展智能态势感知、多源异构信息融合处理、智能情报分析等技术，促进感知、决策、控制、交战、保障等战场资源跨域融合、协同运用、按需聚能，形成更加高效的作战环路，加速推动信息力向战斗力转换，实现决策优势、行动优势。

9.3.1.1 人机混合智能感知技术

人机混合智能理论着重描述一种人类智能与机器/群体智能有机结合、相互影响而产生的新型智能科学体系，与单纯的人类智能和机器智能不同，主要探讨人脑与计算机结合的智能问题。相比于日常生活应用，体系聚优中战场环境的复杂性和态势感知信息的不确定性为人机混合智能技术带来巨大障碍，首要解决的就是人机混合背景下的战场态势感知问题，但现有专家系统和传统的机器学习目前仅能对大数据做预处理，无法对深层信息进一步挖掘。因此，大数据和深度学习等技术的运用对于理解和认知战场态势具有很大的潜在价值。**一是要用深度学习解决态势理解的数据支撑问题，重点关注小样本数据的态势特征提取；二是将深度学习与算法结合，使机器在提取态势特征时具备人的认知能力，实现人机智能感知。**

9.3.1.2 全域战场态势信息融合推送技术

全域战场态势信息融合推送是指发挥网络信息体系的有机融合性、快速流动性特征，将分散部署在各作战域中传感器获取的战场态势信息，经过融合处理后迅速推送到指挥控制系统和作战平台。实现全域战场态势信息融合处理和实时推送是体系聚优组织实施的重要前提条件。当前，全域战场态势感知在陆、海、空等传统作战域技术较为成熟，在太空、电磁、网络空间等新兴作战领域技术相对滞后，尤其需要在运用量子雷达和太赫兹雷达等新体制探测技术、智能化信号处理技术、海量信息融合技术、大数据量适时推送技术等方面取得攻关突破，构建起适应体系聚优需要的全域战场态势信息融合推送链条，为指挥决策和火力打击奠定坚实基础。

9.3.2 信息传输环节的技术应用

体系聚优是在广阔战场上组织实施的全域联合作战，参战的各作战力量、作战单元、作战要素分布在不同的战场空间，实现体系聚优依靠连续不间断的信息传输作保障，综合运用柔性重组网络、新一代移动通信、量子通信等先进信息传输技术完善现有无线、有线指挥通信，建立快速高效且具韧性的信息传输网，提高信息传输品质，是组织实施体系聚优的基本要求。

9.3.2.1 柔性重组网络技术

在体系聚优中，体系基于网络构建，网络基于连接聚能。网络不再是传统意义上的通信网络，也不是平台，而是一个连接了传感器、信息系统、武器平台和作战人员的有机整体，所有节点都能够按照指挥员意图形成优先顺序和布局，都能在交战中发挥决定性作用。网络作为连接各类作战要素的"神经"，必须具有高度的弹性、自适应性和集成性，可实现作战力量、作战单元、作战要素等全网资源在全域优化调度、自主协同与能力聚合，支撑柔性作战体系产生，为形成体系优势提供支撑。需要重点发展陆海空天一体弹性泛在网络、量子通信、可演进智能网络、天基多轨道多链路组网与控制、水下综合光通信等技术，持续优化网络架构和技术体制，实现网络柔性重组和自主重构，支持构建机动与固定一体的网络，为各类信息系统提供可信、可控、高性能统一承载平台，资源动态按需扩展、智能无缝随遇接入和端到端网络服务保障能力不断提高，有效满足体系聚优对信息突发性、要素机动性的发展需求。

9.3.2.2 新一代移动通信技术

以 5G 通信为代表的新一代移动通信技术，具有低时延、高速率、大链接等特征，在连接数密度、流量密度、传输时延和用户体验速率等多个指标上实现了大幅跨越，是实现人机物互联的网络基础设施，对联合全域作战背景下的体系聚优指挥通信产生至关重要的影响。应加快推进

5G 等新一代移动通信技术在军事领域的应用，进一步拓展指挥通信网的功能，适应体系聚优信息聚优、决策聚优、行动聚优。**一是打造更加高效且坚韧的 5G 通信网**。5G 通信技术涉及现有通信资源和毫米波通信资源，打造 5G 通信网，将使体系聚优拥有专门的通信频率，与民用移动通信系统有效区分，在频段上避免重叠和干扰。同时还将实现战场信息网络深度融合，推动战场全域武器平台互联互通，以更快速的信息传输实现更高效的作战行动。从体系聚优需求看，打造 5G 通信网，利用其高速率、低时延的特性，能够大幅提升无人系统特别是无人"蜂群"的自主能力；由于 5G 通信网具备接入大量不同类型的战场终端，将能够在人工智能基础支撑下，实现对各类战场终端数据的大数据分析，大幅提升智能化程度。**二是构建快速机动部署的 5G 通信系统**。体系聚优是适应不同作战方向、作战环境、作战场景的新型作战概念，既可能依托陆上既设战场组织实施，也可能在远离既设战场体系保障的远海地区或战场保障能力较弱的高原地区组织实施。构建能够快速机动部署的 5G 机动通信系统，作为 5G 通信网的补充，可以根据体系聚优战场环境的变化，以最快的速度在作战地区形成机动通信网络，适应其在不同作战场景下信息传输的需要。**三是推进 5G 通信技术的试验验证**。5G 通信是一种新兴的高科技无线通信技术，在军事领域应用尚处在论证起步阶段，应以体系聚优为作战需求场景，深入开展 5G 通信技术在作战中的试验验证，进一步明晰使用需求、厘清建设思路，组织开展高速率传输信息、大量战场数据接入和数据传输保密等关键技术攻关，评估如何减少 5G 漏洞并克服漏洞运行 5G，制定 5G 通信标准和相关法规，为 5G 通信技术在实战中的运用提供支撑。

9.3.2.3　量子通信技术

量子通信是利用量子态或量子纠缠效应进行信息或密钥传输的通信方式，主要有量子密钥分发和量子隐形传态两类，即在传统通信辅助之下，利用量子纠缠与物理信息的转换来传送量子态至任意距离，其传输的不再是传统信息而是量子态携带的量子信息。量子通信技术有着广阔的发展前景，其中尤以广域量子通信发展更为迅速，其发展路线图如图 9-1 所示。

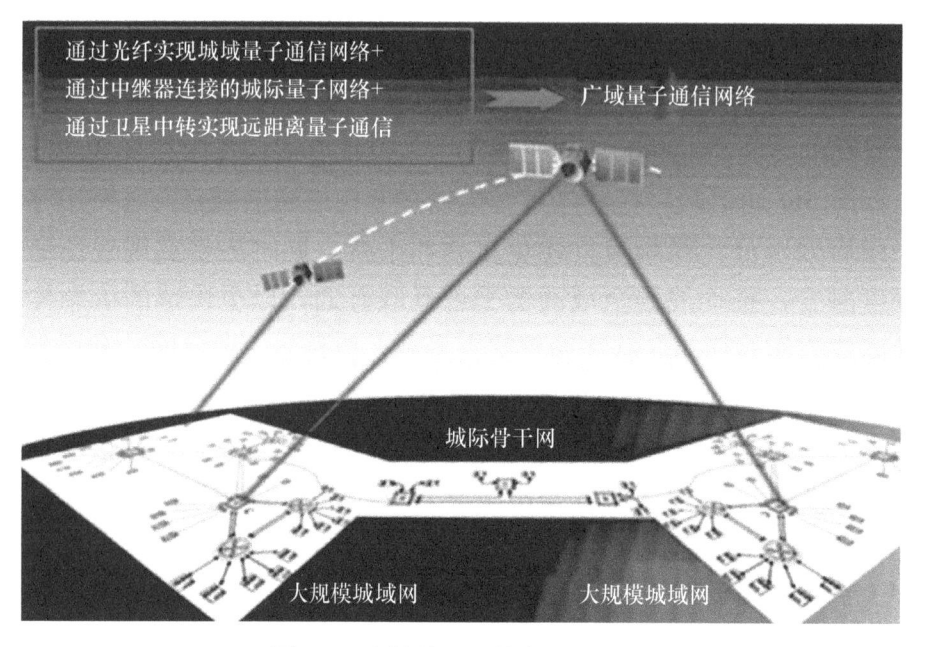

图 9-1　广域量子通信发展路线图

量子通信技术具有以下主要特点。**一是具有极高的安全性和保密性**。信息传递过程中采用"一次一密"的加密方式，第三方无法进行无线监听或探测，保证两方通信的可靠性。**二是超大信道容量**。量子通信容量比传统光通信提高了几个数量级，其大容量传输特性可以满足干线宽带大容量信息传输需求，在国防干线、重要支线、专线等均有重要应用价值。**三是传输能力强，无须介质**。量子通信传输不会被任何障碍阻隔，在海底、光纤、太空等介质中均能通信。基于量子纠缠的隐形传输技术，不需要借助传输介质，应用会更加广泛。**四是时效性高、传输速度快**。量子通信几乎不存在线路延时，并且其传输速度是传统通信的几十倍。**五是抗干扰能力强**。量子通信有独立的传输信道，与空间环境无关，不受传播媒介的影响，与传统通信手段相比，量子通信在同等条件下信噪比更高。

量子通信具有极高的安全性、抗干扰性和隐蔽性，使其在军事信息传递方面拥有巨大的优势。体系聚优是联合全域作战，是多种作战力量跨域行动的敏捷机动战，需要运用量子通信技术对现有指挥通信网进行改造完善，提高其在复杂电磁环境下的信息传输能力，为体系聚优提供更高效、更安全、更保密的信息传输手段。应加强量子通信技术攻关和军事应用试验。**一是研究论证构建量子通信网**。深入开展运用量子通信技术构建指挥通信网的需求研究,依托现有光纤通信加快构建更加安全、可靠、保密的指挥通信网,使体系聚优作战指挥信息的传输建立在更加安全可靠的基础上。**二是研究论证机动式无线指挥通信网**。充分发挥量子通信技术安全保密可防窃听的优势,以天基卫星、空中飞机、海上舰船、陆上车辆为机动平台,搭载量子通信技术手段,建立无线机动通信网,构建形成有线固定、无线机动相结合的指挥信息传输系统。**三是开展量子通信技术在体系聚优场景下建设运用的试验验证**。开展关键技术攻关和组织样机试验,使研究成果尽快走出实验室,并运用到战场通信建设中。

9.3.3 指挥控制环节的技术应用

在体系聚优中,指挥控制是其最重要的环节,指挥控制活动的基本价值追求是将部署在陆、海、空、天、物理域,电磁、网络空间信息域,心理、舆论认知域的各种作战力量和作战行动有机组合在一起,形成作战整体与敌进行体系对抗。以往指挥员靠直觉和经验从海量复杂战场数据中挖掘有价值信息支持决策,将越来越困难。这就需要加强人工智能、类脑芯片等先进技术在指挥控制环节的运用,进一步完善指挥控制系统,用智能化指挥控制手段辅助决策,保障体系聚优的各项指挥控制活动顺利实施,能对各个域的作战行动实施有效指挥和控制。

9.3.3.1 智能化指挥控制技术

人工智能技术是一种研究、开发用于模拟、延伸和扩展人的智能的理论、方法、技术及应用系统的一门新的技术科学,主要研究使计算机系统拥有像人类一样的学习、感知、决策等能力。全域联合作战场景下的体系聚优,其指挥控制活动具有指挥范围广、跨域大、时效性高、精确性高等特点,对指挥控制系统依赖性大,运用人工智能技术加强指挥控制系统建设,提高其对体系聚优的适应性迫在眉睫。应加强人工智能技术在指挥控制系统的深度融合运用,以海量算据、多种算法和超强算力,在仿真建模、作战任务规划、作战计划矛盾点查找、作战计划优劣评估等辅助决策支撑上取得突破，进一步完善指挥辅助决策系统，使其具备作战人员难以达到的精准分析能力、高速运算能力和瞬间处理能力，有效突破人类分析能力局限性，保证指挥员快速准确判断和预测战局发展，定下作战决心，形成对敌决策优势。当需要在模糊的信息下做出决策时，智能化辅助决策系统能够对敌我双方战场上的各种信息进行定量计算和定性分析，加快处理和检索信息速度，并对生成的作战方案和具体任务规划方案进行作战模拟和科学评估，不断修改完善作战方案计划，提供科学可靠的决策建议。同时，使指挥员和参谋人员从面对海量数据繁杂计算和观察分析等低效活动中解脱出来，把精力集中于战法运用和控制协调，避免陷入大量程序化的繁杂事务之中。

9.3.3.2 类脑智能芯片技术

类脑智能芯片技术是指，以神经科学和信息技术为基础，借鉴生物神经原理发展出新型信息处理芯片，采取植入芯片、脑-机接口等技术，将机器的存储、计算、记忆等能力与人的认知能力相互协同直至融合，实现人脑功能的辅助增强。类脑智能芯片通常分为两大类，一是侧重于**参照人脑神经元模型及其组织结构来设计芯片结构**，二是侧重于**参照人脑感知认知的计算模型而非神经元组织结构来高效支持人工神经网络或深度神经网络等成熟的认知计算算法**。类脑智能芯片技术为人工智能技术提供生理学原理、数据、机制等，突破现有人工智能理论、方法与模态固有的局限性，启发更具通用性和自主性的人工智能新模态，推动人工智能模式识别理论与方法的创新。类脑智能芯片技术在军事领域的深度运用，对于提高指挥控制系统辅助决策的智能化水平有着重要意义，为体系聚优实现能力聚优赋能增能，主要表现如下。

实施脑控作战——用人类意念直接操控智能作战体。脑控作战的技术基础是脑控技术。脑控技术，是在人脑与外部设备间创建直接连接通路，检测并记录人脑的运动，并将大脑信号翻译成计算机能够理解的语言，实现人脑和计算机及任何外部设备之间的单向或双向的信息传递，是人机交互的未来趋势。通过人脑-机器交互，智能设备将懂得人类潜在的意图，并按照人类的意图执行和反馈。未来智能设备还将读懂人类的思维与认知状态，并辅助做出更精准的决策。脑控作战，是运用脑电波直接控制人与智能武器进行的人机一体协同作战,是人类运用意念直接远程控制智能武器的新型作战模式。随着脑控技术和装备的发展,智能武器装备将可以直接读懂大脑神经信号,并根据大脑发出的指令实施侦察、攻击、防护、保障等行动。在未来体系聚优中,由人脑直接控制的侦察、攻击、电子战、保障等智能武器装备或将主宰未来战场,人想到哪里,智能作战体就打到哪里。

实施控脑作战——让敌方大脑和智能作战体受控于我方意志。控脑作战的技术基础是控脑技术,即通过外界干预,干扰甚至控制人的神经活动、思维能力,使人产生幻觉甚至产生违背个人利益的行为,其关键是开发能够监测和干预大脑思维活动的信息系统。从原理上讲,控脑技术其实是一种致幻效应,让受控方大脑接收到信号后,按照对方的意图做出决策和行动。而控脑作战,是通过向敌方作战人员大脑直接植入信息,改变其记忆、思维乃至信仰,进而控制其行为的作战。与昔日战场高音喇叭喊话、漫天撒传单等不同,控脑作战主要通过植入信息、控制意志的方式进行,可以让战场的敌人在"自杀""逃跑""投降"等信号诱导下自动放弃抵抗,作战效果更加简单高效。随着脑控技术和装备的发展,在未来体系聚优中,或许会出现像计算机黑客那样的大脑黑客,大脑黑客在千里之外就能控制敌方指挥官的大脑,诱导其发令让其有人作战系统、无人作战系统放弃抵抗、缴枪投降,甚至掉转枪口攻击己方目标。

实施脑防作战——筑牢大脑和机器脑安全的坚固防线。脑防作战的技术基础是脑防技术,也称大脑防护技术,与控脑技术是盾与矛的关系。其基本原理是采用电磁波、生物、材料等技术,增强人脑对脑控攻击的防御能力,防止人脑被欺骗、被控制和智能水平被降低。早在1995年,日本专利厅就发布了一项可用于阻止脑控的专利技术。该技术主要通过侦收分析窃听电波引起的共振信号,从而发现认知窃听行为,并向被窃听对象发出预警,根据需要发出杂波干扰。当前,世界上一些国家正在竞相发展脑防技术,包括屏蔽技术、削弱技术和思维训练技术等,以推动脑防作战概念的形成。脑防作战,也称为护脑作战,是指防止己方作战人员大脑被入侵、行动被控制的作战,主要包括反脑控侦察、脑控攻击探测与定位、对脑控攻击的防护与功能恢复等。随着脑防技术和装备的发展,在未来体系聚优中,或许会出现像网络防御部队那样的脑防御部队,为己方指挥员大脑和作战智能体机器脑建立起攻不进、打不垮、毁不了的安全防线,确保有人无人自主协同作战的有序高效实施。

9.3.4 打击环节的技术应用

在体系聚优中,打击环节是其作战链条中的最后一击。按照指挥员既定作战决心,对作战目标实施高效精准猎杀,是对打击环节的基本要求,也是实现作战目标的关键性步骤。运用高能激光技术、高超声速技术、无人系统作战技术等加强打击手段建设,对提高该作战环节的作战效能具有重要影响。

9.3.4.1 高能激光技术

高能激光技术是利用高功率强激光直接毁伤目标或使之失效的定向能技术的一种,按照美国国防部的定义,其平均输出功率≥20kW 或每个脉冲能量≥30kJ。高能激光武器主要由高能激光器、精密瞄准跟踪系统和光束控制发射系统组成。根据作战对象的不同,高能激光武器分为战术、战役和战略激光武器。目前,军用高能激光功率通常大于 1kW。高能激光能量集中、响应快、打击精准、作战距离远、抗干扰能力强,特别适合对付高速目标,其军事应用前景一直备受瞩目。

高能激光毁坏目标的机理是:目标不断吸收照射在其表面上的部分激光能量,被激光照射的部分不断被加热、升温,当目标被激光照射部分的温度升高到材料熔化或气化的温度时,目标被照射部分形成凹坑或穿孔,甚至由于高温产生的高压而产生热爆炸,从而造成目标结构破坏。激光武器对目标的破坏主要表现在以下三个方面。一是**热作用影响**。当激光功率大于一定值时,可造成目标物部分气化,形成凹陷或穿孔。二是**力学影响**。靶材表面吸收激光能量后,原子被电离,形成等离子体,向外膨胀喷射形成应力波向深处传播。应力波的反射造成靶材被拉断,形成"层裂"破坏。三是**辐射影响**。被激光破坏后,目标物气化形成等离子云,这些等离子云可产生射线继续损伤目标物。

在世界定向能武器系统中，高能激光武器取得了里程碑式的发展，关键技术创新与装备研发取得突破。高能激光武器是新一代利用高能量密度光束替代常规子弹的新概念武器，是武器装备发展历程中继冷兵器、火器和核武器等之后又一个重要的里程碑。随着各国高能激光武器计划的不断深入，目前已经初步形成以天基、空基、陆基、海基为平台的多种类型激光武器。高能激光武器的紧凑化、模块化和普及化发展，将使未来战争的军事思维和作战模式发生深刻变化，主要表现如下。**一是关键技术指标接近实用**。在激光器发射功率、有效作用距离等影响作战效能的关键技术指标上已实现万瓦、千米的试验水平，初步具备实战应用的可能。**二是新型激光光源更加实用**。新一代高能激光武器普遍选择采用电能源的固体/光纤激光器，可在更高集成度情况下实现对炮弹、火箭弹、导弹、无人机、橡皮艇、战车等目标的有效杀伤，且便于保障维护。**三是武器系统集成度更高**。多个样机系统已实现单车级集成，已经或正在开发、试验可与多种平台（车辆、舰船、飞机等）进行系统集成的激光武器，初步显示出战场机动条件下的对抗能力。**四是战场环境适应性进一步加强**。目前部分样机系统开展了这方面的适应性试验，在复杂气象等环境条件下经受了试验考验。

高能激光武器系统在展现强大杀伤威力的同时，也带来了高度复杂的决策空间，仅依靠人类操作员的能力进行快速、准确决策及执行打击任务，稍有失误，将造成极其严重的灾难性后果，激光武器决策及操控的复杂性对未来作战构成了新的挑战。人工智能可为激光武器智能启用自动决策辅助功能，根据情况快速计算首选武器选项及打击流程，是解决这种决策复杂性、支持有效的人机协作以有效且安全操作激光武器的必要方法。激光武器和人工智能两种新兴技术的发展和结合正催生出认知激光解决方案，为未来的作战人员提供了新的作战能力。

可以预料，高能激光武器一旦投入使用，将对体系聚优产生深刻影响。应加强高能激光技术的攻关研究，特别是加强人工智能技术的赋能运用，提高高能激光武器的认知能力，尽快形成可用于实战的技术手段，为体系聚优提供新装备、新手段。

9.3.4.2 高超声速技术

高超声速技术是指可使飞行器的飞行速度超过 5 倍声速的推进技术。目前，研制中的高超声速武器均已实现速度超过 5 马赫的飞行，并将设计目标指向 10～20 马赫的新高度。高超声速武器融合了高速度、高机动、高毁伤、高生存力及远程精确打击等诸多优点，能够快速响应远距离威胁，将大幅提升军队的打击/持久作战能力、空中优势/防御能力、快速进入太空能力等，代表新一代空天打击武器的发展方向。依据技术原理和飞行样式的不同，高超声速武器可分为三种类型。**一是吸气式高超声速巡航飞行器**，发动机只能在大气层中工作，飞行器必须依靠吸收周围的空气提供燃烧条件。**二是高超声速助推滑翔导弹**，这种导弹把火箭助推与高超声速滑翔技术相结合，具有极高突防能力，可用于全球常规快速打击。**三是小型空天飞机**，这种飞行器具有适应在稀薄大气层飞行的高升阻比气动布局，可长时间在轨飞行，并依靠很高的再入速度，在临近空间进行高超声速远距离滑翔甚至跳跃式机动飞行，最大飞行速度可达 20 马赫，飞行高度在 30～100 千米，这种飞机最终可演变为"从天而降"的对地打击武器。

高超声速技术是近年来最重要的战略前沿技术之一，将对未来战争产生深刻的影响。**一是扩大融合战争空间。**高超声速武器不仅扩大了战争的地理空间，而且在高度上扩展到 20～100 千米的临近空间，从而把联合作战空间从稠密大气层一直向太空拓展，进一步加速通往空天一体化领域，促使"空天一体战""多域战"等战争模式高度融合。此外，随着高超声速武器不断更新换代，打击高价值目标的选择和定位能力不断提升，使得战场前后方界限愈加模糊，甚至彻底消除、完全倒置，战场前沿变成战场后方，一切均取决于"高价值目标"位置的移动和变化。例如，美国 X-37B 空天战斗机可利用火箭升空进入临近空间和深太空，利用现有机场着陆并可重复使用，可搭载远程空天攻击武器从临近空间对敌领土、领海、领空的高价值目标实施精确快速打击，甚至可发展成为航天母舰搭载更多航天器，实施多样化的空天一体作战行动。**二是全球区域任意进入。**高超声速武器能够在短时间内到达全球任何地点执行任务，对未来战争形态产生很大影响。美国空军联合会的米切尔空天研究所发表报告指出，高超声速武器能够在一天时间内抵达全球任意目标区，具有很高的攻击力和生存能力。因此，高超声速武器一旦投入实际运用，将在全球区域内任意驰骋，对空天安全构成巨大威胁。另外，高超声速情报侦察（ISR）系统也能够以比卫星更快的速度，在一天内抵达目标区进行快速侦察探测，生存率也得到大幅提升。**三是夺取战场制时间权**。在未来军事斗争中，速度将与信息一起成为取得胜利的决定性因素。美军常采用"观察、判断、决策、行动"（OODA）杀伤链，描述战争决策和行动周期，谁能更快更好地完成 OODA 链，谁就能获得战场主动权。高超声速武器的高速度，大幅压缩了 OODA 链到达节点的响应时间，突出了在战争中的速度制胜、瘫痪要害的优势，从而使响应较慢的国家在采取行动前就被解除了反击能力。可以预见，高超声速武器一旦进入未来战场，将呈现"快打快收""攻易防难"等显著特点，或将始于无形、处于无声、毁于首战、终于一瞬，进入一个"秒杀"的战争时代，极大缩短"发射器到目标"的时间，并能更高效地利用情报信息，快速突击敌方关键目标，产生巨大震慑力，使得"制时间权"成为万众瞩目的焦点。**四是打破长期攻守平衡**。高超声速武器以 5 马赫以上的速度实施突防，将导致现有防空反导系统没有足够的预警时间，即使发现目标也难以拦截，从而颠覆了现有的空防规则。例如，美军现役航母战斗群对空警戒雷达网可有效探测 750～1100 千米外的空中目标，舰载战斗机和"宙斯盾"防空反导系统可在距航母 185～400 千米外对攻击航母战斗群的目标实施拦截，现有战斗机和飞航式导弹很难对航母战斗群构成有效威胁，而高超声速武器所具有的速度和射程优势，将大大缩短航母战斗群的探测预警时间，使其无法进行有效拦截。美国"臭鼬工厂"曾对高超声速武器攻防对抗进行仿真，结果说明增加武器的飞行速度和高度，将大幅增大对现有防空反导系统的突防成功概率，以雷达反射面积为 0.5 平方米的武器为例，当其飞行速度从 5 马赫增加到 6 马赫时，突防成功概率将从 78%增大到 88%，对现有攻防体系产生了重大影响。

  体系聚优是联合全域作战，活动在太空和临近空间的高超声速武器，居高临下，敏捷机动，快速反应，将对体系聚优作战全局产生至关重要的影响。加强高超声速技术在军事领域的应用，加快形成实战能力，将使体系聚优的能力聚优在新"发动机"推动下增添新动能。

9.3.4.3 军用无人系统技术

军用无人系统是指无人驾驶的、通过遥控/预编程操作或自主运行的、可搭载各类任务载荷遂行作战任务的系统。按照活动的物理空间划分，军用无人系统主要分为地面无人系统、海上无人系统和空中无人系统等。作为一种新质作战力量，无人系统正成为世界军事大国高度关注和发力博弈的焦点，并逐步在局部战争和热点冲突中走向实战应用。例如，军用无人系统已经在 2020 年年初的斩首苏莱曼尼行动、年中的"纳卡"冲突、年底的刺杀伊朗首席核科学家法赫里扎德行动中开展实战运用并扮演重要角色。在斩首苏莱曼尼行动中，MQ-9"死神"长航时察打一体无人机在近万米高空寻弋待战，锁定目标行踪后，迅即从高空发射 AGM-114"地狱火"导弹实施远程"精确斩首战"，实现"从传感器到射手"作战流程的迅速闭环。在"纳卡"冲突中，阿塞拜疆军方运用安-2 无人机、哈比反辐射无人机、BT-2 察打一体无人机对亚美尼亚军队成功实施"诱饵战""捕捉战""点穴战"，诱骗雷达和防空导弹系统开机并抓住战机实施压制摧毁，同时对地面部队的坦克装甲及通信、指挥、防御阵地等高价值目标实施点穴精打，仅开战一星期，阿方就摧毁亚方坦克 230 辆、火炮 250 门、防空导弹系统 38 台套、指挥控制中心 10 个、弹药库 7 个。在刺杀伊朗首席核科学家行动中，荷枪实弹的无人车在卫星等天基信息系统支撑下自主实施"闪击战"，仅用 3 分钟就将目标精准击杀。军用无人系统通过这些实战化运用战例已经凸显出独特优势，未来必将在物理域、信息域、认知域跨域融合运用，并释放巨大威力和惊人作战效能。

在人工智能、大数据、云计算、物联网等前沿技术的大力推动下，在体系聚优作战运用中，军用无人系统将与作战体系深度铰链，从服务和优化现有作战体系向重塑未来作战体系转变，引发作战体系的重大变革。军用无人系统将不仅仅服务现有作战体系，扮演作战人员或武器装备的"替代者"在极端危险恶劣环境中执行任务，还将优化现有作战体系，形成独立遂行战术任务的能力，扮演克敌制胜的"特种兵"，为现有作战体系提供新的作战选项，极大拓展作战效能。在不远的未来，无人系统更将凭借持久隐蔽监视、远程精确打击、即时效能评估、迅速闭环杀伤链等能力优势，有人/无人系统可紧密协同的运用优势，以及用有限代价和成本换取高价值和非对称战果的高效费比优势，取代士兵及传统的作战装备成为战场"主力军"，颠覆以往战场上单纯由人操作武器装备、人与人直接搏杀对抗的局面，重塑未来作战体系，揭开智能化战争序幕，推动战争形态发生革命性变化。

一是作战模式向人机协作、机器主战发展。作战力量结构将由传统的陆、海、空军种结构向有人/无人力量结构发展；作战编成将向联合跨域、弹性抗毁、智能聚优、人机混合方向发展，基于特定环境、特定任务或特定威胁的编组作战将成为新范式；无人系统将人与武器逐步分离，人由战争的前沿退向后方，主要负责战略决策和战役指挥；无人系统走向战争前沿，成为战术层面的主要执行者，"平台无人、系统有人、自主运行"将成为无人系统的典型特征。在人工智能算法的深度赋能下，无人系统自主性将持续升级，推动"观察-判断-决策-行动"（OODA）链的运行质量和效率大幅提升，牢牢掌控战场主动权。

二是作战重心向精打要害、瘫痪体系发展。战争和冲突的门槛将进一步降低，军事对峙冲突概率甚至武装冲突风险将持续增大，交战双方更加倾向在无人系统的支撑下，运用精确斩首战术，通过打击摧毁关键节点、要害目标来瘫痪对手作战体系，冲突规模小但瞬时强度大，人员伤亡少但效果影响大，针对首脑要害等高价值目标"私人定制"式的精确无人打击将成为作战行动"一剑封喉"的重要选项，将给被袭方造成心理、军事、政治、经济等全方位的震慑和打击，应对无人系统的隐蔽预置、侦察渗透、闪击行动将成为新挑战。

三是作战空间向全域多维、跨域融合发展。军用无人系统能够克服人类固有的生理、心理极限，在高温、高压、极寒、缺氧、有毒、辐射等人类无法涉足的极端恶劣环境中遂行枯燥、恶劣和危险的作战任务，从"深空"到"深海"甚至"深地"的广大空间将不再有无人系统作战的"真空地带"，作战空间向全域多维延展，物理域实体摧毁、信息域无形破坏、认知域智力搏杀等新的作战形式将持续涌现并跨域融合运用，各作战空间的边界将逐渐模糊。

参考文献

[1] 魏凡，王世忠，郝政疆. 面向智能化战争的电子信息装备需求和方向分析[J]. 中国电子科学研究院学报，2019，14（10）：6.

[2] 范承斌，袁博，张煜. 精确打击武器在联合作战中的运用[J]. 战术导弹技术，2019（1）：5.

[3] 刘伟. 人机融合智能的现状与展望[J]. 国家治理，2019（4）：9.

[4] 张晓海，操新文. 基于深度学习的军事智能决策支持系统[J]. 指挥控制与仿真，2018，40（2）：7.

[5] 王鹏. 5G通信技术的军事应用[N]. 中国青年报，2019-01-17（12）.

[6] 徐兵杰，刘文林，毛钧庆，等. 量子通信技术发展现状及面临的问题研究[J]. 通信技术，2014，47（5）：6.

[7] 孙其峰，庆柯欣夫. 量子信息技术概览[J]. 军事文摘，2020（5）：6.

[8] 彭承志，潘建伟. 量子科学实验卫星——"墨子号"[J]. 中国科学院院刊，2016，31（9）：1096-1104.

[9] 王世忠，郝政疆. 脑对抗：人与武器实现高度融合[N]. 解放军报，2019-01-25（11）.

[10] 吴勤. 颠覆未来作战的前沿技术系列之脑科学[J]. 军事文摘，2015（19）：4.

[11] 伍尚慧. 美国高能激光武器最新发展现状及趋势[J]. 军事文摘，2020（3）：5.

[12] 高鹏，田伟. 反激光武器技术探索[J]. 光电技术应用，2020，35（5）：6.

[13] 杨巍，秦浩，魏凡. 国外军用无人系统发展运用新动向探析[C]. 第九届中国电科战略情报研讨会论文集，2021.

[14] 罗凤歧，朱晓萌. 盘点无人作战新趋势[N]. 解放军报，2021-05-25（9）.

10 预实践篇
体系聚优走向战场的摇篮

体系聚优作为信息化局部战争场景下诞生的新型作战概念，尚需进行深入研究，并在实战中检验完善，使之更加贴近战争指导规律，具有更强大的生命力。从世界许多国家做法看，一个新型作战概念的出台和不断完善发展，大多进入作战实验体系进行检验完善，之后走向部队、走向演训，在实验验证体系中"预实践"，最终走向战场。由此可以看出，体系聚优的"预实践"是指，在实战检验之前，通过作战实验对体系聚优的作战概念和作战理论进行实验和评估。体系聚优的作战实验，即运用作战模拟的原理、方法和技术，在虚拟作战环境中，运用系统仿真和运筹分析等先进技术方法，推导式地研究体系聚优的特点规律，验证体系聚优的制胜机理和战法对策。作战实验能够为体系聚优提供"预实践"战场，在不断深化发展作战概念的同时，带动作战力量、武器装备、训练演习等的发展。纵观世界军事领域，打造作战实验体系，为作战概念提供"预实践"战场，已成为许多国家军队的共同做法，更是体系聚优不断孕育发展并走向成熟的摇篮。

10.1 作战实验对研究开发作战概念作用巨大

依托作战实验体系进行仿真模拟和兵棋对弈等作战实验活动，能够创新作战概念，把错综复杂的作战问题框架化、定量化，辅助指挥员进行战法验证和策略选择，评估优选各类不同的作战方案；通过虚实结合、人在回路的演练，能够以模拟"蓝军"为对手，把指挥机关和部队放在近似实战的环境中检验指挥水平和作战能力；通过对装备效能的实验评估，能够从体系对抗和体系贡献率的分析中产生军事需求，牵引新装备和新技术的研究发展。

10.1.1 分析战略问题的有效手段

作战实验的科学特点决定了其善于从影响战略决策问题的众多因素中抽取主要因素作为考察对象，从而把错综复杂的战略问题简单化、条理化，帮助决策人员探讨对策方案。实验中，通过改变军队的规模、兵力结构，分别评估不同规模和兵力结构情况下部队的作战能力，可以找出它们之间的因果关系和影响程度，可以用来研究总兵力规划，并提出各军种军事战略方面的要求。运用作战实验还可以对军费分配的长远规划、年度计划等提出建议。

美军在海湾战争爆发前，针对处理波斯湾地区危机的作战预案进行了实验研究，研究结果形成了一份关于突发事件快速反应的分析报告，由陆军分析实验部门送交给陆军总部负责作战和计划的决策人员。从海湾战争地面战争开始到结束，美陆军分析实验部门运用仿真评估方法，对"沙漠盾牌""沙漠风暴"等行动的战略部署、部队需求、战区导弹防御、联军潜力等重要问题进行了 500 多次作战实验。美军运用作战实验研究战略问题的经典案例，是针对台海问题开展的"恐怖的海峡"系列研究。美国兰德公司受军方高层委托，运用推演实验方法，对台海问题进行了"恐怖的海峡Ⅰ""恐怖的海峡Ⅱ"两次实验活动，就中国台湾的防御和美国未来对台政策等问题，向军方高层提出了对策建议。

10.1.2 创新作战概念的预实践孵化器

作战概念是指对未来作战样式、所需作战能力的设想，它是未来部队建设、武器装备发展的依据。随着信息技术的快速发展，战争样式的稳定周期越来越短，传统的"从战争中学习战争"的方法越来越不能满足需求，运用作战实验的方法研究战争成为重要的手段。在信息化战争时代，需要借助信息论、控制论、系统论、决策科学等现代科学理论，以及仿真技术、计算机技术、网络技术等现代化手段，才能在军事理论创新上取得重大突破。有关战争的新概念、新理论的提出和验证越来越依赖作战实验。

作战实验为分析危机、挑战和潜在对手的威胁提供了科学的环境和手段。在虚拟的战争环境里，能够超越当前实践，克服现实物理时空和物质条件的局限，全面客观地反映现代战争全貌，形象逼真地展现风云变幻的全维战场、由成千上万种武器系统组成的作战体系和各种规模样式的军事对抗行动，精细地刻画实际存在但又不易实现的作战事件或对抗过程，虚拟出由于目前经济、安全、环保、法律、道德等方面原因导致的难以进行或者无法进行的军事现实，模拟出当前或潜在对手，反复与其进行交战，对对手的情况进行反复研究，真正做到"知彼"，为提出新的作战思想奠定基础。

作战实验还可以超越现有历史阶段，用前瞻的方法研究军队的转型方式及可能的风险。通过实验中科学客观的仿真类比、观察分析和检验论证，军事人员能够穿梭于"明天的现实"，对未来战争中有可能发生的事件过程进行超前探索与预先实践，进而获取和验证规律性的军事认识；通过逼近客观实际的作战预演，军事人员能够更加理性地认识未来作战，为提出新的战争理念和长远建设思路提供支持。

美国国防部高级研究计划局（DARPA）下属战略技术办公室在2017年公布了获取非对称优势的新概念——马赛克战。马赛克作战系统是由无数个"马赛克碎片"组成的系统，具有单元简单、功能多样、可快速拼装等特点，并且缺少部分碎片并不会对全局造成很大影响。DARPA将未来战场描绘为：低成本传感器、多域指挥控制节点、有人和无人系统等"碎片"实时灵活组合，构成任务不同、灵活机动的作战网络。即使局部被毁，系统也能及时反应，基本维持整体作战效能。大量简单系统集成后具有很强的生命力，可在战场上快速规划和构建作战资源网络，配置兵力与后勤，快速变换作战体系和交战环境，使对手陷入判断和决策困境。为推动马赛克战概念和能力的发展，DARPA提出要发展"马赛克实验能力"。虽然"马赛克实验"目前仍处于概念开发阶段，但美军已超前进行实验/试验技术研发和部署，将利用各种实兵演习的机会，针对作战规划、分布式作战、对抗环境下的通信和动态适应网络、低轨道星座、快速响应系统、无人装备和预置武器、多域指挥控制、智能系统等技术及集成系统，进行一系列作战实验。

10.1.3　评估作战方案的重要工具

作战实验的核心是能对军事问题进行定量分析，预测计划和方案的执行结果，可以用于作战方案的制定和优选。一方面，信息化条件下局部战争的组织指挥异常复杂，在筹划准备阶段，指挥员和指挥机关面临一系列需要通过定量分析回答的问题，特别是主要方向和关键时节的作战行动，能够通过模拟实验手段得出较为客观、可信的结果，辅助决策人员进行分析、判断从而制定合理的作战方案。另一方面，现代战争的参战兵力多、作战空间广阔，各兵力之间、各任务之间关系比较复杂，是一个不易被掌握的复杂系统。通过作战实验，能够发现计划、方案中许多不完全展开、仅凭大脑不能发现的缺陷和漏洞，避免在作战运用中导致重大损失和失败；能够对战法进行多层面的分析，找出该战法的有效使用条件，比较各种战法的优劣，从而优化作战方法。

美军在科索沃战争、阿富汗战争和伊拉克战争中，运用联合分析系统、联合战区级仿真系统、扩展防空仿真系统等工具，对作战方案进行了检验，取得了良好的实战效果。

10.1.4　验证武器装备的实验场所

在信息化条件下，军事技术创新的速度非常之快，运用作战实验能够很好地应对这种挑战，确保装备系统建设中以需求牵引技术创新的主导地位，辅助新型武器装备性能验证、战技术指标测试，实时监控在役武器装备状态并提供远程技术维修服务，为发展前沿技术、预研新概念武器提供决策支持。一方面，作战实验能够充分发挥对武器装备新原理、新技术和新概念进行先期技术演示与概念验证的作用，牵引技术的突破和整合。利用作战实验对武器装备研制全过程进行支持，包括概念演示、方案论证、装备研发、装备维修等，可以缩短研制时间、节约费用、提高质量。另一方面，作战实验还可以模拟中远期作战需求，在现实和未来技术发展的基础上，提出"明天"和"后天"对武器装备的新要求，使其能够满足部队的具体需求。利用作战实验可以检验融入信息技术的现有武器装备和新型武器装备的预期作战效果，有利于现有装备的信息化及新型武器装备的形成和发展；可以对不同结构的武器装备进行组合试验，制定武器装备发展的战略规划。

美军作战实验室在武器装备发展中发挥了重大作用。美国国防部每年都可能收到几百项申请，但只有数十项能够入选，入选项目都要求在作战需求和技术能力之间做出权衡，确保先进技术能够最大限度地满足作战部门的军事需求，而作战实验室是评估入选项目的重要手段。美军在"联合攻击战斗机"项目研制过程中，从需求分析，到工程仿真、虚拟制造、半实物仿真、仿真验证，最后到系统集成的全过程，都采用了仿真实验技术，既缩短了研制时间、节约了费用，又提高了研制质量。在伊拉克战争中，无人机极大地增强了美军的作战力量，而无人机的许多成果都是在作战实验室里获得的。例如，"捕食者"和"全球鹰"这两种无人机通过先期概念技术演示验证，在作战实验室里进行能力开发，之后又在一些实兵演习中得到验证，随后直接参加了阿富汗战争和伊拉克战争的实践，并取得了很好的战绩。

总之，打赢信息化局部战争强烈呼唤实验室，推动联合作战体制高效运转迫切需要实验室，催生验证新型作战理论和作战概念必须依赖实验室，实验验证武器装备性能和战术技术指标离不开实验室。作战实验，将成为训练演习的"新平台"、作战概念的"催生器"和决策指挥的"好助手"。将体系聚优等新型作战概念纳入作战实验体系进行检验完善，成为其走向战场之前的必然选择。

10.2 依托作战实验探索新型作战概念成为共性做法

作战实验是在可控、可测、近似真实的模拟对抗环境中，运用作战模拟手段研究作战问题的实验活动。作战实验具有明显的战争预实践特征，可以预设未来的战场环境和作战条件，建立以虚兵为主体的作战体系，进行"预先试错"和"求败式"的探索性实验。现代作战实验首先发端于美军。从 1996 年开始，美陆军、海军、空军及海军陆战队相继建立了自己的作战实验室，陆续开展了一系列旨在推进信息化转型的军兵种作战实验活动。进入 21 世纪，美军各战区司令部相继组建联合作战实验室，创新作战概念，验证作战理论，结合战略方向开展联合作战概念研究和实验验证，推动作战概念创新发展，构建军种与战区相结合的实验室体系。

10.2.1　美陆军作战实验室及其实验

美陆军是最早建设实验室的军种，建设的原则是，按照指挥控制、机动、火力、支援、防护等作战要素确定实验室种类，对有些要素，根据可能的作战行动进一步细化，分别建设实验室。例如，对机动这一要素，进一步细化为乘车机动、徒步机动和空中机动几种，并建有相应的作战实验室。按照这一原则，美陆军先后建设了九个作战实验室，即作战指挥实验室、徒步战斗空间实验室、乘车机动战斗空间实验室、空中机动实验室、全纵深同时攻击实验室、战斗勤务支援实验室、机动支援实验室、空间和导弹防御实验室、早期进入杀伤力与生存力实验室。美陆军作战实验室的主要任务是，实验新战法、探索新规律、研究新战术、论证新装备，探索提高陆军战斗力的正确思路，从而把部队改造成 21 世纪陆军。

美陆军进行的主要实验如下。**数字化排实验**。实验内容是提供初期数字化能力、进行编制重组和验证新的战术、技术与程序。**沙漠铁锤实验**。实验内容是数字化部队与非数字化部队的对抗演习，是后继作战实验的基准。**大西洋决心、战区导弹防御、草原武士/机动打击部队、焦点快递和武士焦点实验**。实验内容是用五次作战实验成果确定未来部队编制的基础。**21 世纪特遣队高级作战实验**。实验内容是旅、师和军三级规模的数字化作战实验，目的是在 21 世纪部队野战装备之前，对数字化概念、部队编制和设备进行研究。**新技术和新部队概念实验/目标部队实验/未来部队实验**。实验内容是提高迅速、决定性的应急反应能力；实验并论证建立旅规模"打击部队"的可能性；探索"后天的陆军"可能采取的作战模式。**统一追求系列实验**。统一追求（2003年、2004年）的实验内容是持续冲突世界中的安全问题和长期战争问题；统一追求（2005年、2006年）的实验内容是全球动荡下的长期战争问题；统一追求（2007年、2008年）的实验内容是21世纪的冲突动态和同时应对两场大规模战争问题。

以上是美陆军几次典型的实验，实际上，美陆军每年都进行大量的实验活动，仅作战指挥实验室进行的实验就有作战指挥改进计划、交互式训练工具与作战指挥官战术技术训练与规程、快速兵力投送实验、诸军兵种联合作战互操作能力的验证、机动打击部队的高级实验、战场可视化等。自1992年成立作战实验室以来，美陆军的作战实验大致可分为三个阶段：1997年前，主要是进行数字化部队实验；1997—2002年，主要是进行"后天"的陆军实验，包括目标部队实验和未来部队实验等；2002年后，主要是进行以"统一追求"为代表的联合作战实验。

10.2.2 美空军作战实验室及其实验

美空军作战实验室建设的原则，同样是按照作战要素分类建设的，如空中/空间优势、全球快速机动、全球攻击、精确打击、信息优势和灵活的作战支援等。按照这一原则，自1996年以来，美空军组建了七个作战实验室，即信息作战战斗实验室、空中远征部队战斗实验室、空间战斗实验室、部队保护战斗实验室、指挥控制和作战管理战斗实验室、无人机战斗实验室和空中机动战斗实验室。美空军除七个战斗实验室外，还有很多其他机构或设施为作战实验提供支持，如蓝旗、红旗和绿旗演习设施、指挥控制战斗实验室的建模仿真设备等。其中，美空军的实验办公室在美空军的实验中扮演着非常重要的角色。该办公室于1998年组建，隶属于空军作战司令部，是美空军大型实验活动的管理者。美空军进行的联合远征部队大型实验，都是在该办公室管理下进行的。美空军的作战实验通常在作战部门的组织下，由主要司令部和与之相关的战斗实验室，在其他机构的支援下共同实施。其他机构包括空军条令中心、空军研究实验室和空军实验办公室等。

以美空军为主进行的大型联合实验主要如下。**远征部队实验 98**。用于探索航空航天远征部队进入受威胁的地区后，可能采取的新战法。**联合远征部队系列实验**。"联合远征部队实验 99"的主要科目是航空航天远征部队向前沿战区实施紧急部署以及一体化太空和盟军作战；"联合远征部队实验 00"主要研究航空航天远征部队如何提供灵活的战斗支援；"联合远征部队实验 02"用于研究关键目标瞄准；"联合远征部队实验 04"和"联合远征部队实验 06"实验网络中心作战；"联合远征部队实验 08"实验联合指挥控制。**施里弗系列实验**。"施里弗Ⅱ"研究新型航天系统的军事应用与美军未来的太空作战；"施里弗Ⅳ"研究未来太空系统的作战和生存能力。**统一交战系列实验**。"统一交战 06"研究以空军为主的未来联合作战问题，2006 年进行；"统一交战 07"是与联合部队司令部共同进行的未来作战问题研究。

10.2.3　美海军作战实验室及其实验

美海军组建作战实验室的做法与陆军和空军不同。海军的作战实验一般由海军各舰队轮流承担，因此，海军各舰队都是事实上的作战实验室。尽管如此，1995 年美海军仍然在海军战斗发展司令部的领导下，成立了作战实验机构"海上战斗中心"。该中心成立的目的，主要是服务于海军的舰队战斗实验。因此，海上战斗中心本质上是美海军舰队战斗实验的协调与管理机构。2000 年，美海军海上战斗中心与国防部高级研究计划署合作，在海军第三舰队"科罗拉多"号上正式组建了"海上作战实验室"。海上作战实验室自成立以来，以提供技术支援的方式，参加了海军各舰队或盟国海军组织的各种作战实验活动。

美海军进行的主要作战实验如下。**舰队战斗系列实验**。"舰队战斗实验 A、B"实验使用新的指挥控制机制和先进弹药，研究舰载火力对陆上作战支援的概念；"舰队战斗实验 C、D"实验探索在濒海环境下，运用火力环概念实施联合火力支援的战术、技术和程序；"舰队战斗实验 E、F"实验研究不对称威胁、海上联合力量到达问题；"舰队战斗实验 G、H"实验研究战区空中导弹防御、灵活的指挥体制；"舰队战斗实验 I"实验研究紧急情况下部队进入和到达问题；"舰队战斗实验 J"实验研究确保到达和海上指挥控制。**三叉戟勇士**。"三叉戟勇士 03"演示"部队网"原型能力;"三叉戟勇士 04"研究人与系统的集成效果;"三叉戟勇士 05"研究加速形成能力问题;"三叉戟勇士 06"研究海域感知与远征作战;"三叉戟勇士 07"实验海域安全;"三叉戟勇士 08"实验海域感知与海上安全。

10.2.4 美海军陆战队作战实验室及其实验

美海军陆战队于 1995 年组建了海军陆战队作战实验室。该实验室自成立以来,从战术、技术、战法与程序等方面的基础性验证入手,有计划地组织的主要作战实验如下。**猎人勇士实验**。实验开阔地作战。**城市勇士实验**。实验城市作战。**干练勇士实验**。实验机动作战与战役欺骗。**千年龙实验**。实验登陆夺港与城市作战。**海盗系列实验**。"海盗 04"实验联合强行进入作战;"海盗 06"和"海盗 08"实验分布式作战。**远征勇士系列实验**。"远征勇士 06"实验太平洋地区的复杂作战概念开发;"远征勇士 07"实验太平洋地区的复杂作战;"远征勇士 08"促进对海上基地概念的理解,检验联合海上基地面临的互操作性和集成性问题。**联合城市勇士系列实验**。"联合城市勇士 06"进行联合城市作战概念开发与实验;"联合城市勇士 07"进行联合城市作战概念开发。

10.2.5 美军联合作战实验室及其实验

美军联合作战实验室组建于 1999 年,原隶属于大西洋司令部,职责是开发未来联合作战概念、战术、技术和程序,探索新的作战原则、编制、训练、装备、指挥和人员的各种组合方案,以增强未来联合作战能力。2002 年,大西洋司令部更名为联合部队司令部,原隶属于美陆军训练与条令司令部的联合作战中心和联合 C^4ISR 作战中心也随之编入该司令部。联合作战中心组建于 1993 年,是一个具有研究和业务管理双重职能的机构。其职责是支持各总部的训练演习、提出联合条令,并从事未来联合作战概念等问题的研究。联合 C^4ISR 作战中心组建于 1997 年,主要任务是支持各总部对 C^4ISR 能力研究的需求,帮助联合特遣队准备演习，设计实验方案以对联合作战能力进行评估，协调和培养联合特遣部队的 C^4ISR 互通能力，支持联合作战的新技术迅速应用于作战部队等。因此，隶属于联合部队司令部的联合作战实验室实际上有 3 个，即联合作战实验室、联合作战中心和联合 C^4ISR 作战中心。

联合作战实验室进行的主要作战实验如下。**流沙联合演习实验**。实验内容是联合压制敌人防空、联合战术火力合成、战术弹道导弹防御作战效能先期概念技术演示。**信息优势实验**。实验内容是联合作战中信息空间优势问题研究。**对重要机动目标攻击行动实验**。实验内容是对重要机动目标攻击行动的程序、方法和战术实验，实验方式为人在回路的虚拟仿真实验。**快速决定性作战实验**。实验内容是快速决定性作战的战术、技术、程序和方法的联合分析模拟实验，实验方式为作战模拟与结构性仿真。**非运动技术有限目标实验**。实验内容是非运动技术在联合作战中的运用，实验方式为结构仿真实验。**作战净评估有限目标实验**。实验内容是作战净评估方法研究，实验方式为作战模拟与人在回路仿真实验。**千年挑战系列野战实验**。"千年挑战 2000"的实验内容是通用相关作战图像；"千年挑战 2002"的实验内容是快速决定性作战实验。**多国系列实验**。"多国实验 1""多国实验 2"又称作"顶点影响"实验；"多国实验 3""多国实验 4"的实验内容是基于效果作战的计划；"多国实验 5"的实验内容是整体政府或全面方法。**城市决心系列实验**。"城市决心-2005"，内容是联合城市作战中态势感知的作用；"城市决心-2015"实验，内容是联合城市作战空间的塑造实验；"城市决心-未来"实验，内容是复杂的城市作战空间中稳定行动研究。**统一行动实验**。内容是作战司令部级跨部门协调。**崇高决心系列实验**。"崇高决心 2007"的实验内容是本土防御与灾难救援；"崇高决心 2008"的实验内容是非洲司令建设与全球反恐。

回顾美国各军兵种作战实验室的建设和发展历程，可见美军作战实验室建设呈现多方面转型的趋势：由单一军种作战实验室，向联合作战实验室转型；由陆、海、空单域作战实验室，向多域、全域作战实验室转型；由单一功能作战实验室，向多功能作战实验室转型。

10.3 体系聚优作战实验室模型设计

体系聚优作为信息化局部战争场景下的新型作战概念，迫切需要在作战实验体系中进行实验验证。打造体系聚优作战实验室，应以信息化局部战争为时代背景，以联合全域作战为作战场景，具备验证作战概念、评估作战计划、模拟对抗演练、验证武器装备等多项功能，为体系聚优提供"预实践"战场。

10.3.1 体系聚优作战实验室的核心功能

体系聚优作战实验室的核心功能主要有四项：**一是体系聚优作战概念创新验证功能**。支持开展体系聚优作战理论创新研究，对新作战概念进行验证，催生新的联合作战理论及战法；**二是体系聚优作战方案规划和验证评估功能**。通过精算细算深算，辅助作战方案计划制订和作战任务具体规划，对作战方案计划进行验证评估和选优；**三是体系聚优作战对抗训练演练功能**。保障受训人员依托构建生成的联合作战战场环境和战场态势，开展红蓝对抗或人机对抗训练和演练；**四是武器装备验证和管理维护功能**。辅助新型武器装备性能验证、战技术指标测试，实时监控在役武器装备状态并提供远程技术维修服务，为发展前沿技术、预研新概念武器提供决策支持。

10.3.2 体系聚优作战实验室的体系模型

从外军联合作战实验室的建设实践看，实验成果要走出去并运用到实际作战和建设中，必须建立"**实验室-实验场-实验体**"三位一体的体系链条。**实验室**主要负责理论战法创新和武器装备验证等；**实验场**主要负责将实验室产生的新成果放在与实际作战环境相似的场所进行实验验证；**实验体**主要由相关部队进行实体验证，最终将实验成果定型并推广运用。在规划建设智能化联合作战实验室的同时，应同步规划实验场建设，协调军方指定相关部队作为实验体，逐步建立起一体化实验体系，构建形成"实验室-实验场-实验体"智能化作战实验链条。当前应以实验室建设为先导,先行一步展开建设,并以此为突破口,逐步推动实验室与实验场相配套,实验与实战相依托,确保实验成果向实验场和部队作战建设延伸运用。实验室最重要的组成部分是实验用仿真系统,而仿真系统可进一步区分为软件系统和硬件设备等。软件系统主要包括作战实验模型、作战实验平台、数据分析等软件工具,硬件设备主要包括基础设施、计算机、通信网络等硬件设施。

10.3.3 体系聚优作战实验室的功能架构

体系聚优作战实验室主要包括六大分系统:**一是战场环境分析分系统**。模拟制作自然环境、人文环境、电磁环境及战场建设等情况,直观展现战场视景、声效及作战实体行动等要素;**二是战场态势生成分系统**。将陆、海、空、天、电、网六维战场空间内的兵力、火力、机动力、信息力等海量信息融合生成联合作战战场态势图,全景展示多域战场动态信息,为战略战役筹划、战术指挥控制和火力打击等提供支撑;**三是辅助决策分系统**。通过建模与仿真等作战实验活动,对新作战概念进行验证,对作战方案进行任务规划和评估选优,为联合作战提供"预实践";**四是模拟仿真推演分系统**。主要基于作战方案、计划,利用虚实智能自主仿真手段,构建智能蓝军和红军联合作战体,采取虚实结合、人在回路的方式,通过虚拟兵力在多维空间的机动和对抗,为受训人员练指挥、练战法、练保障提供环境条件;**五是武器装备验证和管理分系统**。主要演示验证武器装备在联合作战体系中的运行方式和体系效能,新技术和预研装备的应用前景。依托可视化系统、会议系统、外接实验系统、密码系统等监控在役装备动态信息并提供远程管理维护;**六是数据存储分析支撑分系统**。按照统一标准和规范,采集作战理论、作战标准、编制体制、武器装备、作战环境等数据资源,构建完善标准的作战规则、数据目录和结构,并基于数据交换、融合与按需流动,提供图、文、声、像等各种数据采集、编录、查询、分析和共享等基本功能。

10.4 新一代信息技术为作战实验体系构建提供了支撑

作战实验是多种技术方法的综合运用，面向体系聚优的作战实验尤其需要新一代信息技术的支持。近年来，信息技术的高速发展和广泛应用为作战实验提供了有力的技术支持和实践条件。运用虚拟现实、云计算和虚拟化、人工智能等关键技术，打造网络信息体系支撑下的作战实验体系，为体系聚优作战概念验证奠定技术基础。

10.4.1 虚拟现实技术

虚拟现实是一个计算机生成的环境，使观众能够完全沉浸在 3D 数字环境之中。军事和国防是虚拟现实技术最重要的应用领域之一，虚拟现实甚至是美国国防部列出的 21 世纪关键技术之一。虚拟现实的历史经常受到国防工业的影响，第一批虚拟现实项目之一是在 20 世纪 60 年代为美国军事作战系统开发的。虚拟现实一直在军事领域发挥着重要作用，并被美陆军、海军和空军等所有军种所采用。它主要用于部队训练，在作战实验中虚拟现实也是一个强大的工具。

在虚拟现实中能够创建专门的军事训练环境。虚拟现实能够替代一部分罕见、昂贵或危险的训练任务，通过模拟实际车辆、士兵和作战环境来培养小规模单位或单个士兵的作战技能。通过虚拟现实耳机和控制器，受训者完全沉浸在虚拟环境中。例如，可以让一个飞行模拟器覆盖一个虚拟世界，呈现一个完整的飞行员训练的真实战场，并可以为用户的所有感官提供逼真体验，完全重现飞行员训练。再如，可以运用虚拟现实构建驾驶模拟器，可以模拟车辆碰撞或敌对武装力量打击等不同的事件，也可以在近乎真实情况下检查驾驶舱的设计是否符合人类工程学，例如，仪表板是否使用舒适，以及所有的按钮和命令是否都可以正常工作。

传统的军事演习费用昂贵，而且持续时间非常长。通过使用虚拟现实技术，这两个不足都可以显著减弱，因为可以在不危及作战人员的情况下复现逼真的战场环境。例如，可以让一个团队在逼真的对抗环境中解决问题，而不受地理区域的限制。此外，虚拟现实也有助于实战中的决策和战术。通过在虚拟现实中渲染实际战场，给用户以完全沉浸式的体验，指挥人员可以轻松掌握战况。通过运行模拟和测试，指挥官可以了解一系列可能的结果，并制定更好的作战计划。

10.4.2 云计算和虚拟化技术

云计算已经被用作军用和民用建模和仿真的基础设施和平台，在作战实验中将发挥关键作用。互联网上已经有建模和仿真软件作为云服务提供，这也被称为"建模和仿真即服务"（MSaaS）。在 MSaaS 模式中，云服务提供商（CSP）根据用户要求提供建模和仿真服务，并对用户隐藏底层基础设施、平台和软件需求等技术细节。CSP 负责许可证、软件升级、根据不断变化的需求扩展基础架构，并为用户提供服务级别协议中规定的服务级别和服务质量。

虚拟化和云计算是两个联系紧密的技术。虚拟化被普遍认为是云计算的推动者，硬件虚拟化提供了对底层硬件的抽象，并用于创建虚拟机器，这些机器就像在一台物理机器上运行操作系统的独立计算机。这允许在实际机器（主机）上运行具有不同操作系统的多个虚拟机（客户机）。在主机上运行以创建和管理客户机的软件或固件称为虚拟机管理程序或虚拟机监视器。在虚拟机上运行服务器软件现在非常普遍。许多大型组织和公司已开始应用桌面虚拟化，即每个桌面的虚拟机在中央主机上运行。用户可以通过各种类型的硬件——通常是专门为此目的设计的瘦客户端——来访问桌面虚拟机。服务器或桌面虚拟化的主要优势包括管理任务的集中化、更高的可扩展性和更好的资源利用率。软件可以升级，硬件可以维护，而且不会打乱用户的正常工作，因为虚拟机可以在运行时从一台主机迁移到另一台主机。所有这些都大大提高了效率和灵活性。

云计算技术将极大提升作战实验的效率和灵活性。云计算将支撑作战实验中的建模和仿真软件，按需提供计算和数据管理服务。原则上，云计算隐藏了通信、网络、硬件、软件等底层架构和基础设施的所有复杂性，并且用户不需要特定的硬件来获得服务。按需自助服务和计量服务是云计算的特征之一，支持用户按使用量付费。云计算促进了用户的快速弹性和资源的更好利用,同样的硬件和软件被许多人共享。此外,云计算需要较少数量的技术管理员,软件许可证也可以共享,因此能够极大地降低成本。云计算还支持自我配置和优化机制,即自动决定哪些用户进程将使用哪些计算和内存资源,以及哪些用户数据将存储在哪个数据中心。云计算的自愈机制还能够规划、准备和执行从故障中自动恢复的过程。

10.4.3 人工智能技术

人工智能对于创建逼真的沉浸式模拟环境至关重要,这些模拟环境可提升作战人员在作战实验中的真实感,真正实现"边打边练"的效果。利用人工智能技术,可以在沉浸式模拟中构建真实、智能的战场环境,帮助作战人员适应未来复杂战场。基于人工智能的沉浸式培训模拟,将具有逼真的物理和社会文化互动,以满足战略和战术规划和执行的训练需求。建模和模拟能力还必须与作战环境的复杂性相匹配,以便模拟的交互能够将技能和知识有效地转移到实际作战环境中。

将机器学习和其他人工智能技术融入训练场景,可以帮助部队在混合战争的多方面环境中发挥效力。人类智能体团队——士兵与机器人和其他具有不同自主程度的智能系统合作——将在未来的战场上无处不在。这些系统将有选择地收集和处理信息,帮助士兵了解他们所处的环境,并在适当的人为监督下,采取协调的进攻和防御行动。这种系统可以自主或在人的控制下执行单独的行动,集体提供持久和完整的战场覆盖,作为防御盾牌或感应场,或者作为群体或"狼群"发挥作用,发动强大的协同攻击。在未来地面战争的愿景中,一个关键的挑战是使自主系统和士兵能够在广泛的作战功能中有效和自然地交互。人工智能协作是一个活跃的研究领域,致力于提升信任和透明度、对态势感知的共同理解以及人工智能对话和协作。

10.4.4 数据采集与共享技术

在作战实验活动中,数据是一种重要的基础性支撑,是作战实验各环节最活跃的内容之一。分析计算和仿真都离不开数据的支撑；拟制想定需要大量基础数据的支持；仿真过程中会产生大量的数据，分析活动的本质是对数据进行深度的分析挖掘，获取信息和知识。在作战实验的全过程中，离不开数据采集与共享技术的支撑。

数据采集技术。数据采集是通过自动、人工等多种方式，按要求获取所需数据的手段和过程，以及将数据进行数字化和标准化的过程。数据采集是作战实验数据准备的基础，针对不同情况下的数据采集需求，需要不同的数据采集技术和工具。针对大量的实兵演习和靶场实弹实验数据，主要利用研制的自动化数据采集终端设备，配备到单兵或单个武器装备平台上，在实验过程中实时全程自动记录单兵或单个实体的状态信息，同时生成相应格式的数据文件，根据数据采集和数据处理的需求，利用物联网技术进行实时发送，或按照预设的时间节点进行打包发送，或在实验完成后，由读卡器等设备进行集中式的数据卸载，一次性导入软件系统，实现数据汇总。对于实验室内的实验活动，由于主要借助各种计算机系统和网络，既可以利用数据预处理技术和系统实现实验所需数据的批量采集、导入和预处理，还可以实现过程数据的实时采集与共享。

数据共享技术。数据共享技术是作战实验中的重点信息技术之一，是跨系统之间互联互通、联合作战实验的重要支撑。解决数据共享问题的技术方案有不同的技术路线，但总体思路基本不变，即基于网络进行有限的数据共享。在这样一个总体思路下，在不同的实验条件下适合应用不同的数据共享技术，主要有以下几种。**一是基于局域网的授权共享访问**。即利用网络安全控制和在应用系统中开发的共享访问控制功能，提供数据共享。这种技术，目前已没有任何技术瓶颈和开发难度，只需要将应用需求梳理清楚，对共享内容和访问权限等级进行设置即可。**二是基于请求/应答的定制式共享机制**。可以根据实验过程中军事人员的动态需求提供不同平台、系统之间或不同客户端之间的数据服务。这种机制设计起来有一定的难度，主要集中于对请求的实时包装与解析，对请求响应集的实时生成与包装。在具体的技术实现上，通常借助 XML 来实现。**三是基于服务的灵活共享机制**。在面向服务的体系架构下，原有各应用系统和底层数据存储与管理机制保持稳定，通过对原有系统功能进行服务包装，实现服务定制、服务请求与服务响应，提供灵活的跨平台、跨语言、跨系统的数据共享功能。**四是基于云计算的更加灵活的共享机制。**借助云计算技术，可以对原有的数据共享机制和产品进行改造，实现多个可提供不同专业服务的"云"，为分布式实验提供更加灵活和广泛的共享机制。

没有科技上的优势，就难有军事上的胜势。当前战争形态和作战方式正在发生革命性变化，新的战争和作战理论层出不穷。体系聚优作为一种新型作战概念，要具有强大的生命力，必须经过实战检验，而走进作战实验体系，剖析其作战机理，验证其作战样式，不断丰富完善其理论体系，不失为一种离战争实践最近的方式方法。因此，基于虚拟现实、云计算、人工智能、数据采集与共享等先进信息技术和网络信息体系，打造集实验室-实验场-实验体于一体的作战实验体系，既是深刻认识体系聚优制胜机理、验证其作战概念的紧迫之需，更是建设信息化军队、打赢信息化战争的应有之义。军事理论研究人员需要深刻认识现代战争中技术因素作用日益提升的发展趋势，努力将理论创新的增长点转到基于科技进步和运用科学方法上来；增强对新技术、新发明的敏锐性，密切关注科技发展前沿，及时掌握技术动态，充分吸纳科技发展的最新成果，加快理论和技术有机融合，把握胜战规律、探寻制胜机理，力争抢占新一轮军事革命的战略制高点。

参考文献

[1] 谢苏明. 面向未来战争预实践的现代作战实验室——从虚拟战场博弈到体系工程创新[J].现代军事，2017（Z1）：219-222.

[2] 钱东，赵江. 海上实兵作战实验综述——概念、案例与方法[J]. 水下无人系统学报，2020，28（3）：231-251.

[3] 李辉. 美军作战实验研究教程[M]. 北京：军事科学出版社，2013.

[4] 战晓苏. 作战实验：争夺发展主动权的新领域[N]. 光明日报，2016-06-29（11）.

[5] 王辉青. 作战实验若干基本理论问题探讨[J]. 军事运筹与系统工程，2008（1）：3-8.

后记
体系聚优是怎样提出的

　　技术决定战术，战争实践催生新的理论。作战概念作为作战理论的先导和核心，其产生和发展无一例外都是技术驱动和需求牵引"双驱双牵"的结果。近几年来，在人工智能、大数据、云计算等技术的强力驱动下，网络信息体系应运而生并不断发展，许多人都在思考着这样的一个问题：网络信息体系支撑下的作战是怎样的？与此同时，美军猎杀本·拉登、斩首巴格达迪、定点清除苏莱曼尼等行动，已经展现出大作战体系支撑下的远程精兵作战新模式。特别是在2020年9月阿塞拜疆与亚美尼亚之间爆发的纳卡冲突中，交战双方开创了"无人机大战"的新时代，点名式打击、巡弋式猎杀、察打一体攻击等新作战样式和作战方法令人耳目一新。2022年2月爆发的俄乌冲突，具有信息化条件下联合全域作战、混合战争的鲜明特征。特别是乌军在外国信息系统和情报信息支援下，形成了大作战体系支撑下的在线游猎打击新样式。上述两场冲突从一定程度上揭示了未来智能化作战方式演进的新方向，描绘了网络信息体系支撑下的智能化作战新场景。体系聚优的作战概念就是在这样的时代背景下产生和形成的。

　　第二次世界大战前后，飞机、坦克、火炮等在英国、法国、俄国、德国等国家军队都进行了大规模的装备与应用，但"闪电战"概念的产生与应用却只率先在德国实现。因此，作战概念的产生与形成，还有一个主观见之于客观的过程。"仁者见仁，智能见智。"本书所提出的体系聚优概念，只是站在我们的立场角度、基于我们的经验认识，对网络信息体系支撑下如何作战的一个侧面、一个局部的理解与思考。"怀胎十月，一朝分娩。"尽管它有可能是不成熟的，有些观点甚至是错误的，但它仍经历了一个从孕育到诞生再到不断成长的"三部曲"发展过程，才逐渐呈现在了我们的面前。

孕育阶段

2014年7、8月间，我们接到了军方某专业杂志的约稿，要我们写一个关于网络信息体系内涵特征理解认识的稿子。当时，网络信息体系的研究刚刚起步，这方面的研究成果还很少见。我们从信息系统的视角，对网络信息体系的内涵、特征、构成、发展等进行了思考与研讨。不久，我们撰写的《对网络信息体系本质特征与体系构成的基本认识》文章就发表在这一专业杂志2014年第3期上（该期杂志的出版日期为2014年9月15日），后来有人将其戏称为公开研究网络信息体系的第一文。现在看来，这篇文章对网络信息体系的理解认识还十分稚嫩，观点也有些狭隘和不完善，仍然把网络信息体系的本质理解为"各种信息系统"的集合体，无论是本质特征还是体系构成都带有浓厚的"信息系统"色彩，但开始尝试把网络信息体系视为"实现各种作战要素、作战系统、作战单元能力聚合的网络化作战体系"。特别是当时提出的网络是中心、信息是主导、体系是支撑、能力是目标等观点，与我们现在耳熟能详的"网络中心、信息主导、体系制胜"网络信息体系机理还是十分接近的。在文章成稿的过程中，我们曾萌生了依托网络信息体系怎么打仗的想法，但并没有展开进一步的深入思考。也许就在那时，体系聚优的"种子"已经悄然埋下。

之后，我们又陆续承担了一些网络信息体系研究的任务。2016年仲夏，某上级机关把网络信息体系基本内涵与发展思路的研究任务赋予了我们。在这个研究任务完成过程中，我们把当时关于网络信息体系的成果进行了搜集与梳理，对网络信息体系是什么、建什么、怎么建等进行了较为全面和深入的研究。该研究成果中的一些认识和观点，即使在今天看来仍有可圈可点之处。例如，该研究成果认为对网络信息体系可以有广义和狭义两种理解。**从广义上理解**，网络信息体系是指以"网络中心、信息主导、体系支撑"为主要特征，以军事信息系统为依托和纽带，将各作战部队、主战武器系统（平台）、支援保障系统等连接为整体而形成的信息化作战体系。**从武器装备建设角度理解**，网络信息体系可以理解为以军队共用信息基础设施为依托，综合集成情报侦察监视、联合指挥控制、综合信息保障等功能信息系统，全面接入主战武器系统（平台）、电子战系统和支援保障系统而形成的有机整体，强调从指挥信息系统向主战武器（平台）系统、电子战系统和支援保障系统等延伸，从而推动作战体系的演进和作战能力的提升。在这一课题研究过程中，受柔性生产的启发，我们尝试性开展了柔性作战概念的研究。与传统作战概念相比，柔性作战特别强调在网络信息体系的支撑下，依托赛博化（CPS 化）的武器装备，采取柔性化的作战编组，实施自协同的攻防行动和按需自主保障，创新弹性适变的新型作战形式。但限于各种原因，这一作战概念研究最终并未能结出丰硕的果实。

诞生阶段

从 2017 年到 2019 年，是我们对网络信息体系进行广泛和深入研究的几年，我们支撑集团公司领导在军队和地方等多个战略论坛上做主旨发言，完成了网络信息体系核心思想、未来战争形态与网信技术智能化发展等系列课题的研究。在进一步理解认识网络信息体系是什么的基础上，我们开始对网络信息体系建什么、怎么建、如何用等更深层的问题进行探索与思考，并取得了初步的研究成果。

2018 年 10 月，我们在军方某专业杂志上发表了《全域作战中网络空间作战样式设计与运用》一文，对网络信息体系支撑下的作战方式进行了初步探索。文章指出，全域作战是指依托网络信息体系，在陆海空天电网各空间域，以及信息域、认知域和社会域进行的跨域融合、整体联动作战。其基本作战过程是：在网络信息体系支撑下，通过资源虚拟化、功能服务化等途径，各作战域的作战力量或能力以"服务"的形式共享出来，作战部队可根据需要从"网"上按需选配资源和"服务"，进行快速"柔性"重组和"动态"集成，实现全域作战力量和能力的实时动态编组与智能集成。同时指出，全域作战的进程和最终胜利，不仅仅取决于物理战场上的血腥厮杀,而是更多地依赖信息域、认知域和社会域进行作战筹划、科学决策、精确控制、全程监控,最终实现实体域和虚拟域的跨域融合、整体联动,形成各维度战场空间的体系对抗。之后,我们又陆续开展了作战需求与作战概念的研究,先后提出了脑对抗作战、人机一体协同作战、意识空间战、"互联网+"作战等一系列作战概念与理念,陆续发表在《解放军报》《中国军事科学》等报刊上,还在青岛举行的一个高端论坛上做了分论坛报告,为基于网络信息体系的新型作战概念研究完成了思想发动。

2019年年初,我们集中力量对网络信息体系建什么、怎么建的方法论问题进行了十个多月的研究,于2020年4月正式出版了《网络信息体系构建方法和探索实践》一书,在军内外引起较大的关注和反响,在某军队领导机关和某高级军事院校该著作被推荐列入了必读书目,一些领导和专家对该书也给予了较高评价。在这一著作中,我们按照加快军事智能化发展,提高基于网络信息体系的联合作战能力、全域作战能力的要求,力求从理论和实践相统一、技术和战术相结合的角度,对网络信息体系的基本内涵(是什么)、构建方法(怎么建)、探索实践(怎么用)等问题做出初步回答。在2019年12月召开的未来战争研讨会上,我们对著作中的一些观点进行了公开宣讲。例如,在网络信息体系内涵理解认识上,我们认为网络信息体系首先是一个体系,具有体系的特征;网络信息体系是信息时代的体系;网络信息体系是网络中心、信息主导、体系支撑的作战体系。在网络信息体系建设方法和途径上,我们提出了开放式系统方法、体系架构、网络中心化、建模仿真、体系管理评估等现代体系工程方法基本原理及其在网络信息体系中的应用,指出要以数字化、网络化、服务化、智能化为路径,推动从传统业务信息化到信息时代业务体系的转变,通过"软件定义要素(SDX)+体系智能化组织"重塑信息时代的作战体系。体系聚优概念的稚嫩幼芽已悄然钻出了地面。

成长阶段

2020年春节刚过,集团公司领导向我们提出了一个思考良久的问题：网络信息体系支撑下的作战是什么，美国叫网络中心战，我们能不能叫体系中心战？据此，我们开展了体系中心战的研究，后来又将其改称为体系聚优。2020年8月，在南京召开的集团公司一次座谈会上，我们鲜明提出，在做好网络信息体系"是什么"这个上半篇文章的同时，要把研究重点转移到网络信息体系"怎么用"这个下半篇文章上来，着力研究在网络信息体系的支撑下，作战体系要组合什么、组合成什么、如何组合等基本问题，推动网信技术从服务原有作战体系、优化原有作战体系到重塑未来作战体系的转变。特别提出，要继承和发扬集中优势、灵活机动、人民战争等传统作战思想，在网络信息体系支撑下，开展体系聚优、柔性敏捷、精准保障等新型作战概念研究，牵引装备成体系建设。之后，我们在分析未来作战场景、网信技术发展的基础上，重点对体系聚优的概念内涵、制胜机理、作战样式、能力需求和技术支撑等基本问题进行了专题研究。2020年12月，我们申报的体系聚优研究任务获得了与会评审专家的称赞，一位长期从事装备发展研究的将军兴奋地说：这个课题太有意义了，这正是我们所需要的。2021年3月，体系聚优著作撰写工作正式启动。

战略中心把体系聚优著作撰写作为一项战略性工程，成立了以"5老+8青"为核心的研究撰写组。5位老同志曾长期在军队相关机关和研究机构工作，他们对作战理论、装备发展、作战组织实施等有着深厚的理论功底和丰富的实践经验，自然成为作战概念研究的指路人和先行者。8位青年研究者大都是博士，不仅专业知识功底极为深厚，对外军作战概念、网信技术发展应用、作战实验等也有着深入的研究和独特的见解，特别是他们思维活跃、敢想肯干，乐于接受新思想、新理念和新观点，进入情况快、研究能力强，很快成为新型作战概念研究的有生力量。除此之外，在体系聚优概念的研究队伍中还活跃着另一群年轻人，他们更年轻也更有激情，始终以昂扬的士气和不懈的干劲投入到研究撰写的各项工作之中，或参与研讨梳理观点，或加班加点收集资料，或统稿校对担负琐碎工作，为体系聚优的成长默默施肥、浇水、锄草。

本著作研究和撰写分工如下：第1章（王世忠）、第2章（杨晨星、张丹）、第3章（赵子骏、段希冉）、第4章（杨巍）、第5章（周东民、裴永康)、第 6 章(王世忠)、第 7 章(杨巍)、第 8 章(方芳、杨巍)、第 9 章(李欣欣、刘轶男、杨巍)、第 10 章(邹明、魏凡)、后记(王世忠),邓彦伶、刘从、高柯娇、苏小莉、段希冉等参与了专著研究、统稿等工作。

　　直到著作书稿送交给出版社,我们探索前行的步伐也不敢、也不愿停下。我们深深地知道,当前对体系聚优的认识理解、探求论证,离形成一种人们能够接受、认可的理论还相差很远。我们最初的愿望是提出一个作战概念,描述一个作战场景,揭示一个作战必然,现在看来也远没有实现。我们将继续对未来作战发展的方向和趋势做进一步的深入研讨,也希望更多的人参与到这项工作中来。

　　就在不久前,我们去拜望了刚退下来的一位老领导。当说起当今有一些人甚至身处高位的领导也言必称美军、言必称"马赛克战"时,这位老领导的心情也一下子变得沉重起来。静默良久之后,他说:"从风靡世界的《孙子兵法》,到备受推崇的毛泽东军事思想,我们从什么时候起开始热衷于他人的作战理念和思想了。我们在武器装备十分落后的情况下,打败日本鬼子、打败蒋匪军、打败美帝侵略者,从某一方面讲就是因为我们有先进的作战理论做指导,因为我们有灵活机动的战略战术。我们如果缺失了自己的作战理论和思想,在将来又怎么能够克敌制胜。"我们在汇报了体系聚优研究进展的一些情况后,这位深知言必称苏军十大突击之害、言必称美军海湾战争和伊拉克战争之害的老军人突然从沙发上站了起来,提高了声音喊道:

　　我们一定要有自己的作战理论!

　　我们一定要有自己的作战理论!!

　　我们一定要有自己的作战理论!!!

　　也许体系聚优只是我们一厢情愿的昙花一现,但我们始终不敢忘记报国的责任!

　　让我们携起手来,为"一定要有自己的作战理论"而奋勇前行!

作　者
2022 年 4 月于北京八大处